出纳入门全知道

杨成贤 编著

企业管理出版社

图书在版编目（CIP）数据

出纳入门全知道/杨成贤编著. -北京：企业管理出版社，2011.3
ISBN 978 - 7 - 80255 - 768 - 0

Ⅰ. 出… Ⅱ. 杨… Ⅲ. 现金出纳管理 Ⅳ. F23

中国版本图书馆 CIP 数据核字（2011）第 027304 号

书　　名：	出纳入门全知道
作　　者：	杨成贤
责任编辑：	木　兰
书　　号：	ISBN 978 - 7 - 80255 - 768 - 0
出版发行：	企业管理出版社
地　　址：	北京市海淀区紫竹院南路 17 号　　邮编：100048
网　　址：	http://www.emph.cn
电　　话：	出版部（010）68701719　发行部（010）68467871　编辑部（010）68414643
电子信箱：	80147@sina.com　　zbs@emph.cn
印　　刷：	香河县宏润印刷有限公司
经　　销：	新华书店
规　　格：	170 毫米×240 毫米　16 开本　18.5 印张　260 千字
版　　次：	2011 年 3 月第 1 版　2011 年 3 月第 1 次印刷
定　　价：	32.00 元

版权所有　翻印必究·印装有误　负责调换

前 言

任何工作都有自身的特点和工作规律，出纳工作是会计工作的组成部分，是一个企业最基本的会计工作环节，具有一般会计工作的本质属性，但它又是一个专门的岗位，一项专门的技术。

随着社会主义市场经济的发展，会计工作越来越多地引起社会各界的普遍关注和重视，在会计工作的诸多环节中，出纳工作是会计工作关键的内容之一，重要性可见一斑。企业的一切会计信息来源可以说都和各类的出纳工作密不可分，各个单位的出纳人员是企业每项交易的第一道关口，他们首先对各业务进行记录、计算，然后再从这里一道道向上传递，这些数据的传递对企业财务工作有着重要的影响。作为出纳人员，我们尤其要牢记这项工作的重要性。出纳最重要和最关键的是责任心和细心。

作为一个财务人，上至财务总监，下至基层的财务人员，都需要对财务领域的细微变化有灵敏的嗅觉，在熟读《中华人民共和国会计法》的前提下，紧跟形势，随时学习新的会计准则，及时将其熟练掌握，融汇于自我的知识体系，应用于实践工作之中。

财务知识全知道系列，是在财务职业发展的现实要求下推出的。其中，《出纳入门全知道》一书，根据新会计准则编写，从出纳的工作对象入手，对出纳账簿的设置、记账规则、错账的更正、

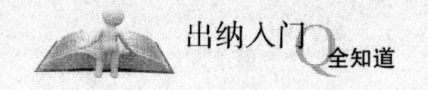

对账与结账的要求以及出纳报告的编制等均作了全面、系统、深入浅出的讲解，摒弃陈旧的知识内容，将新的财务思考和财务技巧引入，对出纳所必须的现金管理知识、银行账户管理知识、支付结算知识、会计基础知识、账户管理与税务知识等也做了通俗易懂的介绍。全书内容丰富，资料翔实，选材极具实用性和操作性。

出纳工作人员要从人生发展的角度思考财务，思考出纳职业的发展走向，才能为未来的自身职业发展打下坚实的基础。仔细阅读思考，必将大受启发，多有裨益。衷心希望出纳工作人员不断在工作生活中发展完善，精心结合出纳业务知识，吸取经验教训，在平凡的工作岗位上取得不平凡的成绩，稳中求升，争取更大的成功。

通过本书的学习，相信您一定会在出纳这个岗位上快速胜出，使得老板和同事对您刮目相看。新会计准则的实施，势必会经历一个不断完善的过程，由于本书许多业务首次采用会计准则进行处理，其间必有把握不准确的地方，书中疏漏之处在所难免，敬请广大读者朋友给予批评、指正。

编　者

目 录

第一章 培养职业素养

本章深意：出纳岗位是特殊的，在出纳实务操作中需要遵循一定的处事规则，灵活有效地处理问题。

一、整理和保管出纳归档资料 /2

二、人民币的防伪技巧与残缺币处理 /6

三、点钞技术要领 /13

四、书写技巧运用 /18

五、出纳人员的素质要求 /19

六、出纳工作的岗位责任 /22

第二章 了解基础知识

本章深意：基于对出纳的感性认识，需要对出纳的基本职能详细了解，进而窥探到出纳业务中的核心内容。

一、出纳职业了解 /26

二、出纳工作的业务流程 /28

三、新手上路所需了解的内容 /30

四、出纳人员的职责与权限 /31

五、出纳日常工作的内容 /33

六、出纳的职业发展方向 /36

第三章 扎实财务技能

本章深意：出纳人员见微知著，快速理解和领悟能力的培养，需要建立在扎实的财务基本功上。

一、出纳与会计的关联 /40

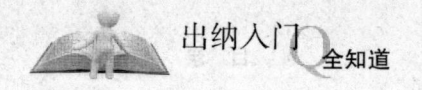

二、企业会计工作的目的 /42

三、会计核算的基本前提 /46

四、核算的会计要素 /54

五、会计科目与账户设置 /58

六、会计的核算方法 /65

七、复式记账法及其原理 /72

八、会计电算化的作用 /74

九、出纳技能的熟练掌握 /78

十、出纳报告的格式及编制要求 /82

十一、财务报表的内容 /85

第四章 熟练凭证管理

本章深意：凭证是财务处理的依据，出纳人员需要掌握凭证管理的技巧，完全解读企业的财务信息。

一、对会计凭证的认识 /96

二、原始凭证的填制及审核 /96

三、记账凭证的填制、粘贴、审核及更正 /99

四、现金日记账的登记 /106

五、银行日记账的登记 /108

六、出纳凭证的保管 /110

七、印章、印签及支票的保管 /114

第五章 重中之重现金管理

本章深意：现金是出纳管理的重点，疏忽不得，出纳人员需要察微而知细，做好现金管理的控制工作。

一、现金管理的内部控制 /118

二、现金的提取与送存 /120

三、现金出纳凭证与账簿 /126

四、现金、空白支票、空白收据的日常
　　　　管理 /130
　　五、现金管理的内容 /132
　　六、有价证券管理 /142
　　七、现金收、付款凭证的复核 /145

第六章　了解银行管理

本章深意：出纳日常管理活动与银行业务有紧密的联系，获取必要的银行管理知识是出纳人员所必需的。

　　一、银行存款内部控制制度 /152
　　二、银行存款管理的内容 /156
　　三、银行账户管理 /157
　　四、银行借款业务管理 /165
　　五、银行存款的核算 /173
　　六、银行结算的内容 /180

第七章　明悉工作交接

本章深意：由于出纳工作的特殊性，出纳人员需要保持良好的工作独立性，所以其在工作交接时需要做到权责分明，有效管理。

　　一、出纳工作的交接手续 /190
　　二、出纳交接移交表 /192
　　三、出纳交接的内容 /195
　　四、出纳交接应注意的事项 /197

第八章　掌握纠错技能

本章深意：出纳还需要有纠错的专业技能，核查错误，及时准确地纠正错误，达到财务信息的完整有效。

　　一、出纳工作中应控制的关键点 /200
　　二、现金的清查 /201

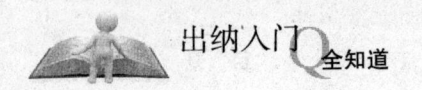

三、错款和失款 /203

四、错账的查找 /204

五、对应收账款业务错弊的关注 /209

六、凭证和账簿中常见的错弊 /212

第九章 兼修相关技巧

本章深意：出纳工作涉及财务管理的多个方面，与税务、工商都有很大的关联，出纳人员内外兼修，必能达到出纳工作的理想境界。

一、资产负债表的编制 /218

二、利润表的编制 /223

三、现金流量表的编制 /226

四、税务登记证的办理、使用及管理 /233

五、发票的领购、填开、保管及缴销 /236

六、如何办理税务登记 /241

七、如何申报纳税 /245

八、如何合理纳税 /248

九、如何办理出口退税 /249

第十章 怡然自得的出纳人生

本章深意：财务有其严格的管理要求，也有其特有的工作乐趣，轻松看待一种生活，使财务人生变得丰满有趣。

一、孔子的会计理论 /254

二、并存的机遇与挑战 /256

三、好出纳的"七心" /258

四、会计职场轻松胜出 /260

五、出纳之歌 /262

附录 人民币银行结算账户管理办法 /263

企业会计准则——基本准则 /279

全知道 ①

本章深意：出纳岗位是特殊的，在出纳实务操作中需要遵循一定的处事规则，灵活有效地处理问题。

第一章 培养职业素养

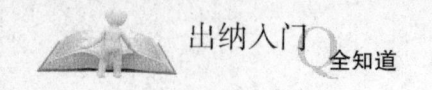

一、整理和保管出纳归档资料

出纳人员在办理正常的资金收付业务的同时，还应当做好出纳档案的保管及相关工作。在离开出纳岗位之前，应认真办理相应的交接手续，圆满地结束出纳工作。单位为了加强对出纳工作的管理，提高工作效率和质量，也应定期或不定期地对出纳工作进行有效的考核。

《会计档案管理办法》第四条规定：各单位必须加强对会计档案管理工作的领导，建立会计档案的立卷、归档、保管、查阅和销毁等管理制度，保证会计档案妥善保管、有序存放、方便查阅、严防毁损、散失和外泄。而出纳档案是会计档案的重要组成部分，是记录出纳业务内容，明确相关经济责任的书面证明或其他资料，一旦遗失或因保管不善而毁坏，将给出纳员本人和单位带来严重的不良影响。因此，出纳员必须按规定对有关的会计资料进行妥善的保管，保证会计档案记录的真实性、完整性、连续性和准确性。

出纳档案归档的原则是"有用、真实、有效"，因此，出纳员应先对会计资料进行整理，哪些能用，哪些不需用，都要按照有关的规定和本单位的管理要求对会计资料进行挑选整理，做到定期归集、分类整理、按序排放。

1. 出纳档案的保管范围

出纳档案是指会计凭证、会计账簿和财务报告等会计核算专业材料，同时也包括相关的重要单证等，具体包括：

（1）会计凭证类。

反映资金收付业务的原始单证、记账凭证、汇总凭证及其他出纳凭证。

（2）会计账簿类。

现金日记账、银行存款日记账、其他货币资金明细账、辅助账簿及其他备查簿。

（3）财务报告类。

包括月度、季度、年度的出纳报告、附注及文字说明、银行存款对账单及银行存款余额调节表，其他出纳报告。

（4）其他类。

作为收付依据的合同、协议及其他文件；按规定应单独存放保管的重要票证单据，如作废的支票、发票存根联及作废发票、收据存根联及作废收据、出纳盘点表和出纳考核报告等。

（5）档案管理类

出纳档案移交清册、出纳档案保管清册、出纳档案销毁清册。

2. 出纳档案的整理程序

出纳人员对档案进行整理时，一般进行分类、装订和成册三个步骤。

（1）分类。

出纳档案应按经济业务的性质和本单位的财务管理要求进行分类。一般应与本单位的会计分类相一致，兼顾档案装订和使用的需要。在对档案分类时，应当对一些无效或不需用的单据进行剔除。

（2）装订。

由于原始单证大多零落散乱，容易遗失，所以出纳人员在对档案归类后应加以装订，以保证会计资料不易散落遗失；在装订时，应当注意档案厚度以便于使用；使用活页账或卡片账的，在归档时应加以装订，并编齐页码，对不宜装订的应当连号存装防止散落；对于采用财务软件记账的单位，其打印出的纸质会计档案必须装订编号；对于具备采用磁带、磁盘、光盘、微缩胶片等磁性介质保存会计档案条件的，由国务院业务主管部门统一规定，并报财政部、国家档案局备案，保管时采用连号编排，保存在特定的档案盒。

（3）成册。

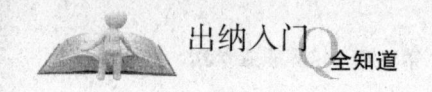

对于装订完毕的出纳资料，应当立卷成册，启用封面或扉页，用以记录每册的编号、所属单位、所属时期、其计号数及页数、经办人员等详细内容，并加盖单位公章和经办人员私章。在保管上有特殊要求的，可以加盖骑缝章或加贴封条。

3. 出纳档案的保管责任

（1）按照《会计档案管理办法》第六条的规定，各单位每年形成的会计档案，应当由会计机构按照归档要求负责整理成卷，装订成册，并编制会计档案保管清册。

（2）在当年或本会计期间内形成的会计档案，在会计年度终了后，可暂由会计机构保管一年，期满之后，应当由会计机构编制移交清册，移交本单位档案机构统一保管；未设立档案机构的，应当在会计机构内部指定专人负责保管，出纳人员不得兼管会计档案。

（3）移交本单位档案机构保管的会计档案，原则上应当保持原卷册的封装。

个别需要拆封重新整理的，档案机构应当会同会计机构和经办人员拆封整理，以分清责任。

（4）各单位保存的会计档案不得借出。

如有特殊需要，经本单位负责人批准，可以提供查阅或者复制，并办理登记手续。查阅或者复制会计档案的人员，严禁在会计档案上涂画、拆封和抽换。

（5）单位之间交接会计档案的，交接双方应当办理会计档案交接手续。

移交会计档案的单位，应当编制会计档案移交清册，列明应当移交的会计档案名称、卷号、册数、起止年度和档案编号、应保管期限、已保管期限等内容。

交接会计档案时，交接双方应当按照会计档案移交清册所列内容逐项交接，并由交接双方的单位负责人负责监交。交接完毕后，交接双方经办人和监交人应当在会计档案移交清册上签名或者盖章。

4. 出纳档案的保存要求

出纳档案的保存是一个长期过程,为了保证档案在保存期限内的安全和有效,各单位必须加强档案的保管工作,出纳档案保管的具体要求有:

(1) 档案记录必须真实、完整、准确、连续,不得擅自篡改、涂抹或歪曲档案记录。

(2) 档案整理、装订成册均按规定办理,做到不易散失、便于查阅。

(3) 档案记录必须按照规定的保存年限进行保管。

(4) 档案的使用、移交和销毁必须按照严格的程序办理。

(5) 档案不得外借、撕毁、遗失。

(6) 档案的存放地应当安全、防火、防盗、防潮、防虫。

(7) 档案资料,应能积极地为本单位所利用。

5. 出纳归档资料的保管期限

各种会计档案的保管期限,根据其特点分为永久和定期两类。年度会计报表和某些涉外的会计凭证、会计账簿属于永久保管,其他属于定期保管。定期保管期限有 3 年、5 年、10 年、15 年、25 年 5 种。会计档案中出纳归档资料的保管期限应严格按照《会计档案管理办法》有关规定执行。各种档案资料的保管期限,从会计年度终了后的第 1 天算起。

6. 出纳档案的销毁

出纳档案在保存期满后,对确无保留必要的资料,经本单位主要领导审查并报经上级主管部门批准后,方可办理销毁手续;保管期满但未结算的债权债务的原始凭证和涉及其他未了事项的原始凭证,不得销毁,应当单独抽出立卷,保管到未定事项完结为止。单独抽出立卷的会计档案,应当在会计档案销毁注册和会计档案保管清册中列明正在项目建设期间的建设单位,其保管期满的会计档案不得销毁。

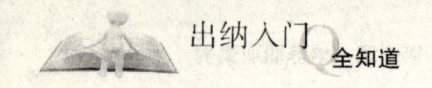

在销毁档案资料时，应由档案部门和财务部门共同派人监销，如有特殊要求的，应由本单位主要领导或上级主管部门派人监销；监销时监销人应对档案逐一清点核对，确认其确实无保留必要；销毁后，监销人员应在销毁清册上签名盖章并将销毁情况报告本单位领导，其销毁清册由档案部门另行保存。

7. 出纳归档资料的移交与调阅

出纳部门形成的归档资料，是会计档案的重要组成部分，应由财务部门统一安排，按照归档的要求整理立卷或装订成册。

按《会计档案管理办法》规定："当年会计档案，在会计年度终了以后，可暂由本单位财务会计部门保管一年。期满以后，原则上应由财务会计部门编造成册移交本单位的档案部门保管。"会计年度终了以后再由财务会计部门保管一年，主要是因为新旧年度之间的许多会计业务是有关联的，上年度的核算资料放在财务会计部门，以方便财会人员查找。同样基于这一考虑，在这一年内出纳归档资料的保管一般仍应由出纳部门负责。

出纳保存的核算资料，应积极为本单位提供应用。原则上不得外借，如遇特殊需要，必须报经上级主管单位批准，并应登记、签字，限期归还，而且不得拆散原卷册。

二、人民币的防伪技巧与残缺币处理

1. 人民币防伪技巧

（1）人民币的主要特征。

①纸张。

纸张是指印制钞票的主要材料，印制人民币的纸张使用的是印钞专用纸张，其特点是：用料讲究，工艺特殊，予置水印。造成的印钞纸光结挺括、坚韧耐磨。

  ● 印制人民币纸张的主要成分是棉短绒，这样的纸张具有纤维长，强度高，耐磨擦等特点。在鉴别真假票时，通过检查纸张的成分，能够作出正确的鉴别。

  ● 在造纸时，人民币的纸张没有荧光增白剂，在紫外光下观察时，看不到荧光，把真币和假币放在紫外灯光下比较，就会发现假币的纸张出现明亮的蓝白光度，而真币都没有这种现象。

②水印。

  水印是指制造印钞纸时采用的特殊防伪手段，它是利用纸纤维的不均匀堆积，形成明暗层次不同的图案或图形。人民币的水印，有固定部位水印和满版水印两种。

  ● 固定部位水印的人民币，有第三套人民币拾元券（正面左侧为天安门水印），第四套人民币拾元券、伍拾元券、壹佰元券（依次在正面左侧有农民半侧面头像、工人半侧面头像和毛泽东浮雕半侧面头像水印）。

  ● 满版水印的人民币，有第三套人民币一、二、五元券（为国旗五星满版水印），第四套人民币一、二、五元券（为古钱币图案满版水印）。这种满版水印位置不固定，需要仔细观看。

③制版。

  人民币的制版，除使用我国传统的手工制版外，还采用了多色套版印制钞票图纹的胶印或凹印接线技术，以及正背面图案高精度对印技术。这是人民币制版中广泛采用的，比较可靠的防伪技术手段。

  ● 手工雕刻制版。雕刻制版一直是钞票防伪的重要手段，它具有墨层厚、手感强的特点，用放大镜仔细观察，就可以看出图案的各个部位的点线排列，疏密程度，景物的深浅等都有明显的特征。我国人民币从第二套开始都采用了这一技术，真伪币仔细对照，很容易辨别。

  ● 对印技术。把正、反面图案一次印制成型，使特定部位的图案，正、反面完全一致。第四套人民币一、二、五元券均采用了这一技术。一般的印刷机，甚至精密的印刷机，由于采用正、背面分次印刷，都很难印

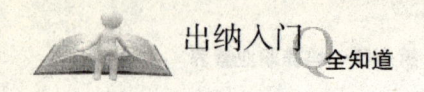

出这样好的效果来。

• 凹印接线技术。它的特点是一条完整的线，印上几种不同的颜色时，不产生重叠、缺口的现象，这是其他印刷技术所不及，是目前我国人民币采用的比较先进可靠的防伪技术。

④油墨。

印制人民币所用油墨，均为特殊配制的油墨，使用这种油墨多次套版印制的人民币，色泽鲜艳、色调协调、层次清晰。人民币印制时，在大面额票面上，还采用了无色荧光油墨、磁性油墨等主要防伪手段。

• 我国人民币采用同色异谱油墨印制，这种油墨它所表现的特征是：在太阳光下和普通的灯光下，同一般的胶印油墨没有区别，但在紫外灯光下，就会发亮或变成另一种颜色。我国第四套人民币元以上票币都采用了这种油墨。

一元券：正面中间部位平凸印黄绿色的树干。

二元券：正面中间部位平凸印土黄偏绿色竹竿。

五元券：正面中间部位平凸印桔红色花纹即鸟的头顶、颈、翅膀。

拾元券：正面平凸印桔红色的变形鸟。

伍拾元券：正面平凸印桔红色团花，就是"50"字样的团花中的桔红色。

壹佰元券：正面四个伟人头像，左边印桔红色的花纹处。

• 磁性、冲击发光油墨只在第四套人民币拾元券、伍拾元券、壹佰元券三种票币上使用，这两种油墨需要高级仪器检测。

⑤印刷。

第四套人民币中一元券以上的主币，正面人像、行名、国徽、面额、花边、盲文等，背面拼音符名、主景、面额、少数民族文字、行长章等，均采用了凹版印刷技术。凹版印刷的钞票，油墨厚，用手触摸，有凹凸感，因此，防伪性能强，是较先进的特种印制工艺。

⑥安全线。

1990年版伍拾、壹佰元人民币，在其正面右侧1/4处，采用了特殊的金属安全线工艺，增加了大面额人民币的主动防伪功能。

（2）假币的类型及主要特征。

①机制胶印假币的类型及主要特征。

主要特征为：纸张韧性较差，无弹性；纸张内无水印图案，水印用浅色油墨加盖在纸面且模糊不清；底纹呈网状结构；接线出现断裂或重叠；主景图案层次不丰富；在紫外光下呈荧光反映，安全线用黄色油墨加印在纸面。

· 拓印假币，主要特征为：纸质较差，无挺度，纸张由三层组成，正背两面各为一薄纸，且纸面上涂有一层油质，中间为一白纸；墨色暗淡，无光泽；水印系描绘在中间白纸上，失真度较小；在紫外光源下，呈强烈荧光；纸幅一般比真票略小等。

· 复印假币，又分为黑白复印、彩色复印和激光复印等。主要特征为：纸质为复印机专用纸，弹性差，手感光滑；线条呈点状结构；正反面出现色差，正面人像偏红或偏黄；水印是用白色油墨加盖在背面；在紫外光下有强烈荧光反映；冠字号码加印而成等。

· 石、木板印制伪币，通过石刻、木刻制版后进行套印。主要特征为：手法粗糙，人像、图案失真较大，水印多为手工描绘等。

· 蜡版油印假币，又分为手工刻印和卷印两种，主要采用蜡纸进行刻印或通过电子扫描技术制成蜡版，然后油印而成。其主要特征是：纸质无弹性，正反两面粘合而成；水印手工描绘、失真度大；油墨无光泽、色彩暗淡；在紫外光下呈荧光反映等。

· 照相版假币，主要特征为：纸面较光滑，纸质无弹性；人像、图案无立体感；无底纹线；墨色出现色差；水印系描绘而成，失真度较大；纸幅比真币略小等。

· 描绘假币，主要采用手工描绘进行伪造而成。近年来此类假票有所减少。其特征为：底边凹印图案呈不规则状；人像、图案等失真度较大；在紫外光下有荧光反映等。

· 剪制假币，主要是通过书报杂志上印有人民币图案剪制下来而成假

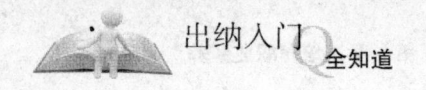

票，一般在黄昏或夜晚进行使用，稍加注意极易发现。

②变造人民币的类型及主要特征。

将真币变形、变态升值者，即为变造币，主要有以下几种类型：

• 涂改变造币特征。使用消字、消色等方法，将小面额人民币的金额消去，描绘或刻印成大面额人民币的金额，以此来混充大面额钞票。其主要特征是：钞票金额数字部位有涂改或用刀刮过的痕迹。花纹、颜色、图案以及尺寸均与真币不符。

• 拼凑变造币特征。用剪贴的方法，使用多张真钞经过接拼，多拼出张数以达到混兑、混用，从中非法渔利的目的。其主要特征是：拼出的钞票纸幅比真钞短缺一截，花纹不衔接，钞票背面有纸条或叠压粘贴痕迹。

• 揭张变造币特征。经过处理，将真钞揭开为正、背面两张，再贴上其他纸张，折叠混用，以达到非法渔利之目的。其主要特征是：揭张后的钞票比原有钞票纸质薄，挺度差，一面用其他纸张裱糊，只要将票面打开，正反面一看即可发现。

(3) 鉴别真假币的常用方法。

①人工鉴别法。

人工鉴别变造币比较容易，这是因为变造币都改变了真币的现状和特征，只要注意是容易识别的。

• 眼看法：查看可疑币的颜色、轮廓、花纹、线条、图案等与真币的区别。真币的花纹、线条粗细均匀，图案清晰，色彩鲜艳，颜色协调，层次分明。而伪造币则线条凌乱、粗细不一，图案、色彩、层次不清，水印模糊无立体感。

• 手摸法：主要凭手感、触摸可疑币的纸质薄厚及挺括程度。花纹、图案、文字等有无凹凸感。真币纸张坚挺，薄厚适中，在特定部位有凹凸感。而伪造币一般纸质薄、挺括程度差、表面光滑无凹凸感。

②仪器鉴别法。

目前，鉴别伪造币的仪器可分为普及型和专用型两种。专用型鉴别仪器由于价格比较昂贵，操作较复杂，一般单位不宜配置。在这里仅介绍几种常见的检测仪器：

• 单功能紫外光鉴别仪：该仪器是专门检测紫外发光油墨标记的专用仪器，适用于新版人民币识别真假。

• 磁感应鉴别仪：该仪器是专门检测磁性防假油墨标记的专用仪器，操作方便、可靠，适用于新版人民币（第四套人民币）检测。

• 透射光鉴别仪：主要用来检测钞票水印的真伪。一般为多功能鉴别仪器中的一种功能。

• 放大镜：一般要求能放大 6~10 倍，借助于放大镜一般可以对比检测真假图案、花纹的细微差别。

• 多功能鉴别仪：一般为 1、2、4 种功能。功能即为上述四种的不同形式的组合。

• 点钞机附加防伪装置或防伪点钞机，目前较为流行的是紫外光自动停机或报警的反假装置。

2. 损伤券的处理

人民币在长期商品交换中，有的纸质松软，有的票面脏污，有的磨损或残缺。群众习惯称之为"破钱"，银行术语称之为"损伤券"。一张人民币即使是已经变旧、变脏，甚至已经破损的人民币仍然可以在商品交换中起到价值职能，一样得到社会的承认。为提高人民币的整洁度，银行出纳部门按照中国人民银行的有关规定，在收入现金过程中，要积极主动办理损伤人民币的挑剔、兑换和回收工作。单位的财会人员（主要是出纳人员）在办理现金收付、整点票币时，应随时把损伤票币挑出来，以配合银行出纳部门的工作。

损伤人民币参照以下标准：

（1）票面缺少部分损及行名、花边、字头、号码、国徽之一的。

（2）票面裂口超过纸幅 1/3 或损及花边、图案的。

（3）票面纸质较旧，四周或中间有裂缝，或断开而粘补的。

（4）由于油浸、墨仿造成脏污面积较大或涂写字迹过多，妨碍票面整

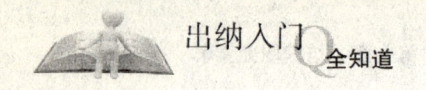

洁的。

（5）票面变色严重影响图案清晰的。

（6）硬币残缺、穿孔、变形、磨损、氧化损坏花纹的。

根据中国人民银行公布的《残缺人民币兑换办法》和《残缺人民币兑换办法内部掌握说明》，残缺人民币可以向当地银行办理兑换。

残缺人民币兑换办法的规定如下：

（1）凡残缺人民币属于下列情况之一者，应向中国人民银行全额兑换：

①票面残缺不超过1/5，其余部分的图案、文字能照原样连接者。

②票面污损、熏焦、水湿、油浸、变色，但能辨别真假，票面完整或残缺不超过1/5，票面其余部分的图案、文字，能照原样连接者。

（2）票面残缺1/5以上至1/2，其余部分的图案文字能照原样连接者，应向中国人民银行按原面额半数兑换，但不得流通使用。

（3）凡残缺人民币属于下列情况之一者不予兑换：

①票面残缺二分之一以上者。

②票面污损、熏焦、水湿、油浸、变色，不能辨别真假者。

③故意挖补、涂改、剪贴、拼凑、揭去一面者。

不予兑换的残缺人民币由中国人民银行打洞作废，不得流通使用。

残缺人民币兑换办法如下：

①对残缺部分没有另行拼凑多换可能的票券，可从宽掌握兑换：缺少1/4的兑换全额；缺少5/8的可兑换半额；呈正十字缺去1/4者按半额兑换。

②对票面污损、熏焦、水湿、油混、部分变色等，能辨别真假者，亦可按上述标准给予兑换。

③对于因遭火灾、虫蛀、鼠咬、霉烂等特殊原因而损失严重剩余面积较少或因污染变色严重的票面，可由持票人所在地政府或其工作单位出具证明，经审查来源正当，能分清票面种类，能计算出票券的张数，金额，可予以照顾兑换（例如由于火灾等原因只剩余一小部分经组织证明情况属

实可予兑换全额)。对大宗的火灾、虫蛀、鼠咬、霉烂券除需有兑换人所在单位证明外银行还必须认真调查,如情况属实,经兑换行领导在证明上签字盖章,方可兑付。对此项损伤券,为了在销毁时便于检查,应将原证明附上。

④对企业误收的图案文字不相连接的拼凑券,可根据其中最大的一块按规定标准兑换。如两半张贴在一起,纸幅基本不短少者,可兑换全额。

⑤凡在流通过程中磨擦受到损伤的硬币中要能辨别正面的国徽或背面的数字,即可兑换全额。

⑥凡经穿孔、裂口、破缺、压薄、变形以及正面的国徽、背面的数字模糊不清的硬币,如确非持币人损毁者,亦可按全额兑回。

⑥兑付额不足一分的不予兑换,五分券按半额兑换。

⑦不予兑换的票券,如持币人不同意打洞,可不打洞;不予兑换的票券和硬币,均可退回原主。

⑧对确系故意损毁人民币者,应将票币没收,并视情节轻重给予批评教育,或交由司法部门依法处理。

⑨兑换的残券,应当着兑换人在票面上加盖"全额"或"半额"戳记。

三、点钞技术要领

点钞技术,通常是指手工点钞的技术,又称点钞法,是指现钞整点技术,是一种手、眼和脑并用的操作技巧,也是出纳人员必须掌握的基本功之一。

出纳人员通过刻苦锻炼,不仅要掌握机器点钞技术,而且还必须掌握一种或几种手工点钞方法,做到点钞快、准。在货币盘点的实务中,主要有以下几种点钞技术及其盘点要领:

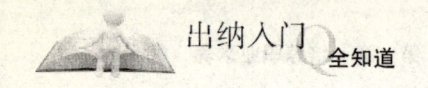

1. 手持式单指单张点钞法

这是最常用的点钞法，也就是一张一张清点钞票。其操作要点主要有：

（1）将钞票正面向内，持于左手拇指左端中内，食指和中指在票后面捏着钞票，无名指自然卷曲，与小拇指在票正面共同卡紧钞票。

（2）右手中指微徽上翘，托住钞票右上角，右手拇指指尖将钞票右上角向右下方连张捻动，食指和其他手指一道配合拇指将捻动的钞票向下弹动，拇指捻动一张，食指弹拨一张，左手拇指随着点钞的进度，逐渐向后移动，食指向前推动钞票，以便加快钞票的下落速度。

（3）在此过程中，同时采用1、2、3……自然记数方法，将捻动的每张钞票清点清楚。

2. 手按式单张点钞法

这种方法也是常用的方法之一。这种方法简单易学，便于挑剔残损券，适用于收款工作的初、复点。其操作要点主要有：

（1）将钞票平放在桌子上，两肘自然放在桌面上。

（2）以钞票左端为顶点，与身体成45度角，左手小拇指、无名指按住钞票的左上角，用右手拇指托起右下角的部分钞票。

（3）用右手食指捻动钞票，每捻起一张，左手拇指即往上推动到食指、中指之间夹住，完成一次动作后再依次连续操作。

（4）在完成这些动作的同时，采用1、2、3……自然记数方法，即可将钞票清点清楚。

此法与手持式相比，点钞的速度慢一些，但点钞者能够看到较大的票面。

3. 手持式四指四张点钞法

这种方法也是纸币复点中常用的一种方法，它就是以左手持钞，右手四指依次各点一张，一次四张，轮回清点，速度快，点数准，轻松省力，挑剔残损券也比较方便。其操作要点主要有：

（1）钞票横放于台面，左手心向上，中指自然弯曲，指背贴在钞票中间偏左的内侧，食指、无名指和小拇指在钞票外侧，中指向外用力，外侧的指头向内用力，使得钞票两端向内弯成为"U"型。

（2）拇指按于钞票右侧外角向内按压，使右侧展作斜扇面形状，左手腕向外翻转，食指成直角抵住钞票外侧，拇指按在钞票上端斜扇面上。

（3）右手拇指轻轻托在钞票右里角扇面的下端，其余四指并拢弯曲，指尖成斜直线。

（4）点数时小指、无名指、中指和食指尖依次捻钞票右上角与拇指摩擦后拨票，一指清点一张，一次点四张为一组。

（5）左手随着右手清点逐渐向上移动，食指稍加力向前推动以适应待清点钞票的厚度。

这种点钞法采用分组记数法，每一组记为一个数，数到25组为100张。

4. 手按式四指四张法

手按式四指四张法的操作要点主要有：

（1）将钞票平放在桌子上，两肘自然放在桌面上。

（2）以钞票左端为顶点，与身体成45度角，左手小拇指、无名指按住钞票的左上角，右手掌心向下，拇指放在钞票里侧，挡住钞票。食指、中指、无名指、小拇指指尖依次从钞票右侧外角向里向下逐张拨点，一指拨点一张，一次点四张为一组，依次循环拨动。

（3）每点完一组，左手拇指将点完的钞票向上掀起，用二指与中指将钞票夹住。

如此循环往复。这种点钞法采用分组记数法，每两组记为一个数，数到25组为100张。

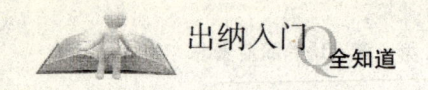

5. 扇面式点钞法

扇面式点钞法就是将钞票捻成扇面型，右手一指或多指依次清点。

（1）扇面式一指多张点钞法。

就是运用一指对钞票进行清点。

（2）扇面式四指多张点钞法。

就是运用四个指头交替拨动，分组点，一次可以点多张。

这种点钞法，清点速度快，适用于收、付款的复点，特别是对大批成捆钞票的内部整点作用更大。但是这种方法清点时不容易识别假票、夹杂券，所以不适于收、付款的初点。此法需要较高的点钞技术，一般单位的出纳不易掌握。

6. 机器点钞技术

出纳人员在进行机器点钞之前，首先安放好点钞机，将点钞机放置在操作人员顺手的地方，一般是放置在操作人员的正前方或右上方。安放好后必须对点钞机进行调整和试验，力求转速均匀，下钞流畅、落钞整齐、点钞准确。机器点钞的操作方法主要是：

（1）打开点钞机的电源开头和计数器开关。

（2）放钞。

取过钞票，右手横握钞票，将钞票捻成前高后低的坡形后横放在点钞机的点钞板上，放时顺点钞板形成自然斜度，如果放钞方法不正确会影响点钞机的正常清点。

（3）监视点钞。

钞票进入点钞机后，点钞人员的目光要迅速跟住输钞带，检查是否有夹杂券、破损券、假钞或其他异物。

（4）取票。

当钞票全部下到点钞台后，看清计数器显示的数字并与应点金额相符后，以左手二指、中指将钞票取出。

如果还有钞票需要点验，再重复上述步骤即可。目前的点钞机一般都带有防伪功能，所以，出纳人员在用机器点钞时，还要学会用机器来识别假币的技术。

7. 整点硬币

（1）手工整点硬币。

手工整点硬币一般常在收款、收点硬币尾零款时使用。整点时，一般包括拆卷、清点、记数、包装等几个步骤：

①拆卷。

右手持卷的1/3处，左手撕开硬币包装纸的一头，再用右手大拇指向下从左至右打开包装纸，把纸从圈的上面压开后，左手食指平压硬币，右手抽出已压开的包装纸，以备清点。

②清点。

将硬币由右向左分组清点，用右手拇指和食指持币分组清点。为了准确，可用中指在一组中间分开查看，验证每组数量。

③记数。

记数方法采用分组记数法。一组为一次，每次枚数要相同。

④包装。

清点完毕后，用双手的无名指分别顶住硬币的两头，用拇指、食指、中指捏住硬币的两端，将硬币取出放人已准备好的包装纸1/2处，再用双手拇指把里半部的包装纸向外掀起掖在硬币底部，用右手掌心用力向外推卷，然后用双手的中指、食指、拇指分别将两头包装纸压下均贴着硬币，这样使硬币两头压三折包装完毕。

（2）工具整点硬币。

工具整点硬币是指大批硬币用整点工具进行整点。整点时，也需要经过拆卷、清点、包装等步骤。由于工具整点过程较之于手工整点，除了借助于整点器外，其他类似，而且操作也非常简便。

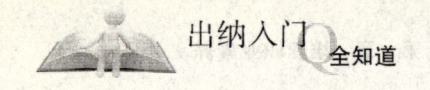

四、书写技巧运用

出纳人员要不断地填制凭证、记账、结账和对账,经常要书写大量的数字。如果数字书写不正确、不清晰、不符合规范,就会带来很大的麻烦。因此客观上要求出纳人员掌握一定的书写技能,使书写的数字清晰、整洁、正确并符合规范化的要求。

1. 小写金额数字的书写

小写金额是用阿拉伯数字来书写的。具体书写要求如下:

(1) 阿拉伯数字应当从左到右一个一个地写,不得连笔写。

在书写数字时,每一个数字都要占有一个位置,这个位置称为数位。数位自小到大,是从右向左排列的,但在书写数字时却是自大到小,从左到右的。书写数字时字迹工整,排列整齐有序且有一定的倾斜度(数字与底线应成 60 度的倾斜),并以向左下方倾斜为好;同时,书写的每位数字要紧靠底线但不要顶满格(行),一般每格(行)上方预留 1/3 或 1/2 空格位置,用于以后修订错误记录时使用。

(2) 阿拉伯数字前面应当书写货币币种符号或者货币名称简写。

币种符号与阿拉伯金额数字之间不得留有空白。凡阿拉伯数字前写有币种符号的,数字后面不再写货币单位。人民币符号为"￥"。

(3) 角分书写情况。

所有以元为单位(其他货币种类为货币基本单位)的阿拉伯数字,除表示单价等情况外,一律填写到角分;无角分的,角位和分位可写"00",或者符号"—";有角无分的,分位主应当写"0",不得用符号"—"代替。

2. 大写金额数字的书写

大写金额是用汉字大写数字:零、壹、贰、叁、肆、伍、陆、柒、捌、玖、拾、佰、仟、万、亿等来书写的。具体书写要求如下：

（1）以上汉字大写数字一律用正楷或者行书体书写，不得用一、二、三、四、五、六、七、八、九、十、百、千等简化字代替，不得任意自造简化字。

（2）大写金额数字到元或者角为止的，在"元"或者"角"字之后应当写"整"字或"正"字；大写金额数字有分的，分字后面不再写"整"或"正"字。

（3）大写金额数字前未印有货币名称的，应当加填货币名称，货币名称与金额数字之间不得留有空白。如"人民币伍佰元正"。

（4）阿拉伯金额数字中间有"0"时，汉字大写金额要写"零"字，阿拉伯数字金额中间连续有几个"0"时，汉字大写金额中可以只写一个"零"字；阿拉伯金额数字元位是"0"，或者数字中间连续有几个"0"、元位也是"0"，但角位不是"0"时，汉字大写金额可以只写一个"零"字，也可不写"零"字。

（5）大写金额中"壹拾几"、"壹佰（仟、万）几"的"壹"字，一定不能省略，必须书写。因为，"拾、佰、仟、万、亿"等字仅代表数位，并不是数字。

五、出纳人员的素质要求

出纳职业具有特殊性，整天和成千上万的金钱打交道，没有良好的职业道德和政策水平，很难适应市场经济下复杂的社会环境，抵制金钱主义的不良影响；没有熟悉的专业技能，也不能胜任烦琐细致的出纳工作。

1. 良好的职业道德

出纳工作是一项重要的基础工作，会计职业道德是出纳员在工作中正确处理人与人、人与社会关系的行为为规范。它主要包括四个方面的

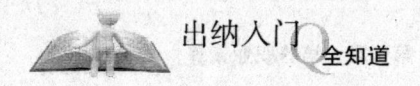

内容：

（1）廉洁奉公。

出纳人员直接掌握一个单位的现金和银行存款，廉洁奉公是出纳员立身之本，是职业道德的核心。出纳员时时都在经受着金钱的诱惑，如果要将公款据为己有或挪作他用，有便利的条件和较多的机会。同时，外部的经济违法分子也时常会在出纳员身上打主意，施以小惠达到其目的。在已经揭露的经济案件中，出纳人员利用职务之便贪污舞弊、监守自盗的案件屡见不鲜，出纳人员应当保持廉洁奉公的优秀品质，以其实际的行动赢得人们的尊重。

（2）实事求是。

出纳员应当保证会计资料的合法、真实、准确、完整，如果由于出纳员的责任造成会计资料失真，导致一系列的管理失误，后果是极其严重的。

（3）坚持原则。

出纳人员应当在自己的工作权限内，坚持原则，正确处理国家、单位和个人的利益关系，自觉抵制各种不正之风，保障单位的合法利益不受侵犯。虽然一些出纳员会因坚持原则而遭打击报复，但这只是暂时现象，国家法纪是严肃而公正的，坚持原则终究会得到理解和支持，打击报复必定会受到惩罚。

（4）保守秘密。

出纳人员应当保守本单位的商业秘密，除法律规定和单位领导同意外，出纳人员不得私自向外界提供或者泄露本单位的会计信息。

2. 较高的政策水平

出纳人员要做好出纳工作，必须了解、熟悉和掌握国家有关会计、财税金融法规和各项会计制度。出纳员每天处理大量的税金、票据、进行收付结算，哪种结算方式不宜采用，哪些票据不能报销，哪笔开支不得支付等等问题，都必须以相关的法规制度为依据。出纳工作是一项政策性很强的经济管理工作，如果出纳人员对政策不熟悉，是绝对做不好出纳工作的。

3. 熟练的业务技能

出纳工作是一项政策性和技术性并重的工作，出纳人员必须具备一定程度的专业知识和技能，才能适应所担负的工作。出纳人员在实际工作中的数字运算往往在现场进行，而且要按计算的结果当场开出票据或收付现金，这就需要较快的计算速度和非常高的准确性，这和事后的账目计算有很大的区别，因为涉及到钱物的结算都是当场点清，如果钱算错了事后就不一定说得清楚，不一定能"改"得过来了，所以说出纳人员应当具备熟练的业务技能。

4. 严谨细致的工作作风

出纳人员必须养成与出纳职业相符合的工作作风，作风的培养在成就事业方面是关键问题，概括起来有以下几点：

（1）精力集中。

指工作时全身心投入，不为外界所干扰。做事有始有终，办妥一件事后再办另一件事。

（2）有条不紊。

指工作安排要分清轻重缓急，保证各项事务安排有序，妥善解决。

（3）严谨细致。

指收支计算准确无误，手续完备，符合"真实、准确、完整"的原则，不发生工作差错。

（4）沉着冷静。

指在工作时应心平气和，在复杂的环境下随机应变，化险为夷。

（5）安全意识。

指在工作中有敏锐的安全意识，保证财产物资的安全完整；严守相关的商业秘密。

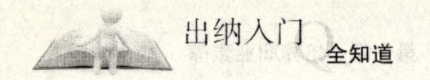

六、出纳工作的岗位责任

出纳人员的工作内容涉及到多方面的经济利益，必须有具体的岗位责任对其行为进行规范和约束，而出纳人员也应在明确工作任务和岗位责任的基础上，保证出纳工作的质量。

1. 严格执行现金管理制度和银行结算制度

（1）管理库存现金。

掌握每天库存金额，不得超过银行核定的限额，超出部分应及时送缴银行。如发生超库存罚款时，如因出纳未及时将超额现金存入银行造成的，由出纳人员负责。

（2）不准违反现金管理规定，从银行套取现金支出。

也不准以转账支票向职工支付奖金、奖品的办法，逃避现金管理的监督。

（3）不准以"白条"抵充库存现金，不准贪污挪用现金。

（4）随时掌握银行存款余额，不准签发超过银行存款余额的空头支票。

出纳人员开出空头支票发生的罚款，由出纳人员负责，情节严重的要追究责任。不得签发远期支票，套取银行信用。

（5）出纳人员不得将空白支票交给其他单位或个人签发。

（6）不准将银行账户出租、出借给任何单位或个人办理结算业务；不得多头开户，逃避经济监督。

2. 负责办理现金收支和银行结算业务

（1）根据会计审核人员签章的收付款凭证，经出纳人员复核后，才能办理现金收支及银行结算业务。复核主要是核对原始凭证和记账凭证的会计事项是否一致，金额是否相符，内容是否真实、合理，复核无误后再办理付款手续。

（2）收付款业务办理完毕，要及时在收付款凭证上签章，并加盖"收讫"或"付讫"戳记，防止重付或漏付。

（3）开错的支票，必须加盖"作废"戳记，连同存根或其他联页一起保存。支票遗失，应立即向银行办理挂失手续，并通知有关单位共同防范结算风险的发生。

（4）对重大开支项目，如固定资产更新改造、安装工程款的支出等，须经会计主管人员、总会计师或单位领导审核后，再办理付款手续。

（5）涉及外汇的，应按照国家外汇管理和结构汇制度的规定及有关文件办理外汇收支业务。

3. 负责登记现金、银行存款日记账，并编制日报表

（1）根据已经办理完毕的收付款凭证，逐笔顺时登记现金日记账或银行存款日记账，每天终了应结算出余额。现金账面余额应与实际库存现金核对，如发现短缺或溢余，应立即查找原因，做到账实相符，造成损失的应由相关责任人承担损失。

（2）银行存款账面余额，要定期与银行对账单进行核对。

月份终了，应及时编制"银行存款余额调节表"，使账面余额与对账单上的余额调节相符。出现未达账项，要及时查询调整。

对于现金收支业务和银行收支业务较多的单位，领导或有关管理部门需要掌握每天现金和银行存款情况的，还应于每天终了，根据现金日记账和银行存款日记账编制现金、银行存款日报表，以及时反映现金和银行存款的收、支、存情况。

（3）加强内部牵制制度，出纳员除自行填制向银行提取现金或从银行存入现金的收付款凭证外，不得填制其他会计事项的收付款凭证，也不得兼办收入、费用、债权、债务等账簿的登记、核对和会计档案保管工作，确保贯彻钱账分管原则。

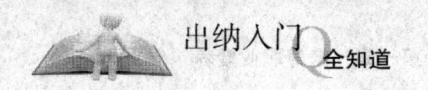

4. 负责保管库存现金、各种有价证券、各种支付、结算凭证、空白收据、有关印章和其他贵重物品

（1）妥善保管库存现金及各种有价证券，确保安全。要注意管好保险柜（金库）钥匙，离开岗位时，人走锁库，不得随意交付他人。对保险柜及存折等的密码，应保守秘密。

（2）妥善保管好空白支票、空白收据、空白发票，并设立支票、收据和发票领用登记簿，切实办好领用、注销手续。

（3）妥善保管支票专用章、财务专用章、收讫、付讫等印章，各种印章必须严格按用途使用。

（4）核对外埠存款，并及时清理结算或收回。

（5）对上级领导部门，以及财政、税务、审计、银行、工商部门来单位了解情况、检查工作，要负责提供有关资料，如实反映，不弄虚作假。

全知道 ②

本章深意：基于对出纳的感性认识，需要对出纳的基本职能详细了解，进而窥探到出纳业务中的核心内容。

第二章 了解基础知识

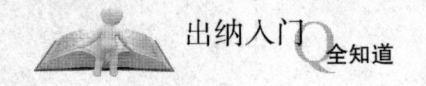

一、出纳职业了解

1. 出纳的定位及其重要性

出纳是会计工作的一个重要岗位，担负着现金收付、银行结算、货币资金的核算及各种有价证券的保管等重要任务。在有些人看来，出纳工作好像很简单，不过是点点钞票、填填支票、跑跑银行等事务性工作，其实不然。出纳工作不仅责任重大，而且有不少学问和政策技术问题，需要深入学习才能掌握。

出纳，作为会计名词，在不同场合有着不同的含义，分别有出纳人员、出纳工作和出纳学三种含义。

（1）出纳人员。

有广义和狭义之分。狭义的出纳人员仅指会计部门的出纳人员。从广义上讲，出纳人员既包括会计部门的出纳工作人员，也包括业务部门的各类收款员（收银员）。收款员从工作内容、方法、要求以及他们本身应具备的素质等方面看，与会计部门的专职出纳人员有很多相同之处。他们的主要工作是办理货币资金和各种票据的收付，保证自己经手的货币资金和票据的安全与完整；也要填制和审核原始凭证；还要直接与货币打交道。所以除了要有过硬的出纳业务知识，还必须具备良好的财经法纪素养和职业道德修养。所不同的是，他们一般工作在经济活动的第一线，各种票据和货币资金的收付，特别是货币资金的收付，通常是由他们转交给专职出纳的；另外，他们的工作过程是收付、保管、核对与上交，一般不专门设置账户进行核算。所以，可以说，收款员（收银员）是会计机构派出的出纳人员，是整个出纳工作的一部分。出纳业务的管理和出纳人员的教育与培训，应从广义角度综合考虑。

（2）出纳工作。

出纳工作是企业、机关、事业等单位的票据和货币资金、有价证券等的收付、保管、核算工作的总称。通常讲的出纳指的就是出纳工作。出纳工作也有广义和狭义之分，狭义的出纳工作仅指各单位会计部门专设的出纳岗位和人员的各项工作。从广义上讲，只要是票据、货币资金和有价证券的收付、保管、核算，都属于出纳工作。它既包括单位会计部门专设派出机构的各项票据、货币资金、有价证券收付业务的处理、整理和保管，货币资金和有价证券的核算等工作，也包括各单位业务部门的货币资金收付、保管等方面的工作。

（3）出纳学。

出纳学是出纳工作实践经验的概括和总结，是指导出纳工作实践的具体方法和基本原理的论述。它告诉人们，什么是出纳工作，出纳工作包括哪些内容，各项出纳工作应如何开展等实际问题，这是专职出纳和各种收款人员从事本职工作所必须具备的专业知识。

2. 出纳的对象

出纳的对象，是指出纳所要反映和监督的内容。一般来说，由于各个单位的特点不同，其资金的运转也各有其特殊性。对于某个单位来说，只要有货币资金的收付，就要有出纳，但由于出纳主要是以货币资金、票据、有价证券的收付、保管和核算为主，所以各行各业出纳对象的内容必然存在着一定的共性，即反映和监督本单位货币资金的收付和存取两个方面。货币资金收付，是指货币资金进入和退出单位，单位货币资金总额发生增减变化；货币资金存取，是指货币资金存放地点的转移，如从银行提取现金、将现金存入银行等，企业货币资金总额不发生增减变化。因此，出纳的对象可以概括为企业在社会生产活动过程中，停留在货币形态的那部分资金的运动——货币资金运用。

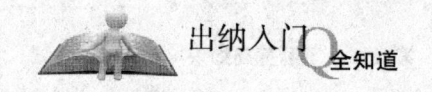

二、出纳工作的业务流程

1. 出纳工作的主要业务流程

（1）办理银行存款和现金领取。

（2）负责支票、汇票、发票、收据管理。

（3）做银行账和现金账，并负责保管财务章。

（4）负责报销差旅费的工作。

①员工出差分借支和不可借支，若需要借支就必须填写借支单，然后交总经理审批签名，交由财务审核，确认无误后，由出纳发款。

②员工出差回来后，据实填写支付证明单，并在单后面贴上收据或发票，先交由证明人签名，然后给总经理签名，进行实报实销，再经会计审核后，由出纳给予报销。

（5）员工工资的发放。

2. 出纳工作细则

（1）工作事项及审验等程序。

（2）失误防范及纠正程序。

（3）现金收付程序。

①现金收付的，要当面点清金额，并注意票面的真伪。

若收到假币予以没收，由责任人负责。

②现金一经付清，应在原单据上加盖"现金付讫章。"

多付或少付金额，由责任人负责。

③把每日收到的现金送到银行。

不得私自"坐支"。

④每日做好日常的现金盘存工作，做到账实相符。

做好现金结报单，防止现金盈亏。下班后现金与等价物交还总经理处。

⑤一般不办理大面额现金的支付业务，支付用转账或汇兑手续。

如遇到特殊情况，则需要相关人员签字审批。

⑥员工外出借款无论金额多少，都须总经理签字，批准并用借支单借款。

如若有无批准借款，引起纠纷，由责任人自负。

（4）银行账处理。

①登记银行日记账时先分清账户，避免张冠李戴。

②每日结出各账户存款余额，以便总经理及财务会计了解公司资金运作情况，以调度资金。

相关人员应于每日下班之前填制结报单。

③保管好各种空白支票，不得随意乱放。

④公司账务章平时应由出纳保管。

出纳应于每日下班后将账务章交回总经理处。

（5）报销审核。

①在支付证明单上经办人是否签字，证明人是否签字。

倘若没有，应补签名。

②附在支付证明单后的原始票据是否有涂改。

倘若有这种情况，需问明原因或不予报销。

③正规发票是否与收据混贴。

倘若有这种情况，应将两者分开贴。

④支付证明单上填写的项目是否超过3项。

倘若填写的项目过多，应重新填示。

⑤大、小金额是否相符。

若不相符，应更正重填。

⑥报销内容是否属合理的报销。

倘若不属合理的报销，应拒绝报销，有特殊原因，应经审批。

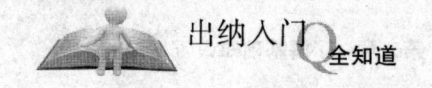

⑦支付证明单上是否有总经理签字。

倘若没有总经理的签字，则不予报销。

三、新手上路所需了解的内容

刚到企业做出纳，对企业很多事务都不熟悉，要做好支付、结算等各项财务工作，协调好各部门之间的关系，出纳人员必须首先对企业的人员、制度、工作流程、部门关系等基本情况有个大体了解。为了以后工作的顺利开展，出纳必须尽快主动与其他部门和人员进行沟通，熟悉企业的一些日常事务。具体说来，出纳到企业应该做好以下前期工作：

（1）了解企业类型、注册资本、经营范围等基本情况。

（2）了解企业各项基本规章制度。

（3）了解企业生产工艺、业务流程等基本环节。

（4）了解企业的组织结构、人员配置及工作分配情况。

（5）重点熟悉企业财务制度和财务部门设置。

（6）顺利进行与原出纳人员的交接工作。

（7）加强与会计人员和财务主管的沟通。

要做好出纳工作的第一件事就是学习、了解、掌握财经法规和制度，提高自己的政策水平，明确自己的职责范围，工作起来才能得心应手。具体说来，应该掌握：

（1）《票据管理实施办法》。

（2）《现金管理暂行条例》。

（3）《支付结算办法》。

（4）《税收征管法》。

（5）《中华人民共和国会计法》。

（6）《会计档案管理》。

（7）《会计基础工作规范》。

(8)《企业会计准则》。

(9)《小企业会计制度》。

(10)《中华人民共和国商业银行法》。

(11)《正确填写票据和结算货证的基本规定》。

(12)《主要税种暂行条例》。

四、出纳人员的职责与权限

1. 出纳人员的职责

出纳是会计工作的重要环节，涉及的是现金收付、银行结算等活动，而这些又直接关系到职工个人、单位乃至国家的经济利益，一旦产生差错，就可能造成不可挽回的损失。因此，明确出纳人员的职责和权限，是做好出纳工作的基本要求。根据《会计法》《会计基础工作规范》等财会法规，出纳员具有以下职责：

（1）按照国家有关现金管理和银行结算制度的规定，办理现金收付和银行结算业务。

出纳员应严格遵守现金开支范围，非现金结算范围不得用现金收付；遵守库存现金限额，超限额的现金按规定及时送存银行；现金管理要做到日清月结，账面余额与库存现金应在每日下班前核对，发现问题，及时查对；银行存款账与银行对账单要及时核对，如有不符，应立即通知银行调整。

（2）根据会计制度的规定，在办理现金和银行存款收付业务时，要严格审核有关原始凭证，再据以编制收付款凭证，然后根据编制的收付款凭证逐笔顺序登记现金日记账和银行存款日记账，并结出余额。

（3）按照国家外汇管理和结、购汇制度的规定及有关批件，办理外汇出纳业务。

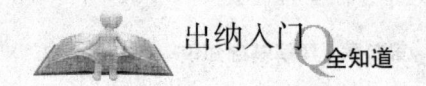

外汇出纳业务是政策性很强的工作,随着改革开放的深入发展,国际间经济交往日益频繁,外汇出纳也越来越重要。出纳人员应熟悉国家外汇管理制度,及时办理结汇、购汇、付汇,避免国家外汇损失。

(4)掌握银行存款余额,不准签发空头支票,不准出租、出借银行账户为其他单位办理结算。

这是出纳员必须遵守的一条纪律,也是防止经济犯罪、维护经济秩序的重要保障。出纳员应严格支票和银行账户的使用和管理,堵塞结算漏洞。

(5)保管库存现金和各种有价证券(如国库券、债券、股票等)的安全与完整。

要建立适合本单位情况的现金和有价证券保管责任制,如发生短缺,属于出纳员责任的要进行赔偿。

(6)保管有关印章、空白收据和空白支票。

印章、空白票据的安全保管十分重要,不慎丢失会给企业带来严重的经济损失。对此,出纳员必须高度重视,建立严格的管理办法。通常,单位财务公章和出纳员印章要实行分管,交由出纳员保管的出纳印章要严格按规定用途使用,各种票据要办理领用和注销手续。

2. 出纳人员的权限

根据《会计法》《会计基础工作规范》等财会法规,出纳员具有以下权限:

(1)维护财经纪律,执行财会制度,抵制不合法的收支和弄虚作假行为。

《会计法》是我国会计工作的根本大法,是会计人员必须遵循的重要法规。《会计法》第三章第十六条、第十七条、第十八条、第十九条中对会计人员如何维护财经纪律提出具体规定。这些规定,为出纳员实行会计监督、维护财经纪律提供了法律保障。出纳员应认真学习、领会、贯彻这些法规,充分发挥出纳工作的"关卡""前哨"作用,为维护财经纪律、抵制不正之风提供良好的保障。

（2）参与货币资金计划定额管理的权力。

现金管理制度和银行结算制度是出纳员开展工作必须遵照执行的法规，而这些法规，实际上赋予了出纳员对货币资金管理的职权。如加强现金管理，要求各单位的库存现金必须限制在一定的范围内，多余的要按规定送存银行，这便为银行部门利用社会资金进行有计划放款提供了资金基础。因此，出纳工作不是简单的货币资金的收付、记账，其工作的意义体现在与其他工作的联系上，是至关重要的。

（3）管好用好货币资金的权力。

出纳工作每天和货币资金打交道，企业的一切货币资金往来都与出纳工作紧密相联，货币资金的流转，周转速度的快慢，出纳员都非常清楚。因此，提出合理安排、利用资金建议，及时提供货币资金使用与周转信息，是出纳员义不容辞的责任。出纳员应抛弃被动的工作观念，树立主动参与意识，把出纳工作放到整个会计工作、经济管理工作的大范围中，这样，既能增强对出纳工作重要性的认识，又为出纳工作开辟了更广阔的发展空间。

五、出纳日常工作的内容

出纳的日常工作主要包括货币资金核算、往来结算、工资核算三个方面的内容。

1. 货币资金核算

（1）办理现金收付，审核审批有据。

严格按照国家有关现金管理制度的规定，根据稽核人员审核签章的收付款凭证，进行复核，办理款项收付。对于重大的开支项目，必须经过会计主管人员、总会计师或单位领导审核签章，方可办理。收付款后，要在

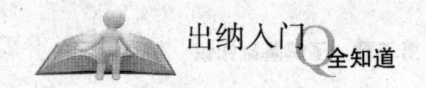

收付款凭证上签章，并加盖"收讫"、"付讫"戳记。

（2）办理银行结算，规范使用支票。

严格控制签空白支票。如因特殊情况确需签发不填写金额的转账支票时，必须在支票上写明收款单位名称、款项用途、签发日期，规定限额和报销期限，并由领用支票人在专设登记簿上签章。逾期未用的空白支票应交给签发人。对于填写错误的支票，必须加盖"作废"戳记，与存根一并保存。支票遗失时要立即向银行办理挂失手续。不准将银行账户出租、出借给任何单位或个人办理结算。

（3）认真登记日记账，保证日清月结。

根据已经办理完毕的收付款凭证，逐笔顺序登记现金和银行存款日记账，并结出余额。现金的账面余额要及时与银行对账单核对。月末要编制银行存款余额调节表，使账面余额与对账单上余额调节相符。对于未达账项，要及时查询。要随时掌握银行存款余额，不准签发空头支票。

（4）保管库存现金，保管有价证券。

对于现金和各种有价证券，要确保其安全和完整无缺。库存现金不得超过银行核定的限额，超过部分要及时存入银行。不得以"白条"抵充现金，更不得任意挪用现金。如果发现库存现金有短缺或盈余，应查明原因，根据情况分别处理，不得私下取走或补足。如有短缺，要负赔偿责任。要保守保险柜密码的秘密，保管好钥匙，不得任意转交他人。

（5）保管有关印章，登记注销支票。

出纳人员所管的印章必须妥善保管，严格按照规定用途使用。但签发支票的各种印章，不得全部交由出纳一人保管。对于空白收据和空白支票必须严格管理，专设登记簿登记，认真办理领用注销手续。

（6）复核收入凭证，办理销售结算。

认真审查销售业务的有关凭证，严格按照销售合同和银行结算制度，及时办理销售款项的结算，催收销售货款。发生销售纠纷，贷款被拒付时，要通知有关部门及时处理。

2. 往来结算

（1）办理往来结算，建立清算制度。

现金结算业务的内容主要包括：企业与内部核算单位和职工之间的款项结算；企业与外部单位不能办理转账手续和个人之间的款项结算；低于结算起点的小额款项结算；根据规定可以用于其他方面的结算。对购销业务以外的各种应收、暂付款项，要及时催收结算；应付、暂收款项，要抓紧清偿。对确实无法收回的应收账款和无法支付的应付账款，应查明原因，按照规定报经批准后处理。实行备用金制度的企业，要核定备用金定额，及时办理领用和报销手续，加强管理。对预借的差旅费，要督促及时办理报销手续，收回余额，不得拖欠，不准挪用。办理其他往来款项的结算业务，建立其他往来款项清算手续制度。对购销业务以外的暂收、暂付、应收、应付、备用金等债权债务及往来款项，要建立清算手续制度，加强管理及时清算。

（2）核算其他往来款项，防止坏账损失。

对购销业务以外的各项往来款项，要按照单位和个人分户设置明细账，根据审核后的记账凭证逐笔登记，并经常核对余额。年终要抄列清单，并向领导或有关部门报告。

3. 工资核算

（1）执行工资计划，监督工资使用。

根据批准的工资计划，会同劳动人事部门，严格按照规定掌握工资和奖金的支付，分析工资计划的执行情况。对于违反工资政策，滥发津贴、奖金的，要予以制止或向领导和有关部门报告。

（2）审核工资单据，发放工资奖金。

根据实有职工人数、工资等级和工资标准，审核工资奖金计算表，办理代扣款项（包括计算个人所得税、住房基金、劳保基金、失业保险金等），计算实发工资。按照车间和部门归类，编制工资、奖金汇总表，

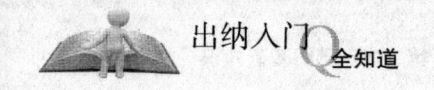

填制记账凭证，经审核后，会同有关人员提取现金，组织发放。发放的工资和奖金，必须由领款人签名或盖章。发放完毕后，要及时将工资和奖金计算表附在记账凭证后或单独装订成册，并注明记账凭证编号，妥善保管。

（3）负责工资核算，提供工资数据。

按照工资总额的组成和支付工资的来源，进行明细核算。根据管理部门的要求，编制有关工资总额报表。

六、出纳的职业发展方向

出纳人员在不断地工作和实践中，知识结构、业务技能、思想道德、人际交往等各个方面都可以得到充实和发展。在做好本职工作的同时，出纳人员可以树立更远大的目标，为自己的未来的职业生涯规划一个蓝图，不断发展和完善自己。尤其是一些综合素质比较高的财务人员，在出纳这个基础岗位做久了，很可能要向财会行业的更高层发展。总体来说，可以有以下两种职业发展方向：

一种是矢志不渝地做财会工作的纯职业化道路。这是指你可能在企业中从做出纳转向做普通会计员，逐步做到会计师直至高级会计师，或者到会计事务所从底层的职员做到高层经理。这是财会人员最传统的发展方向。

另一种是以专业为跳板转向综合管理的半职业化道路。这是指你可能从最低层的财会人员干起，然后脱离财务岗位，进军会计服务行业。具体又可以分为以下三个方向：一是会计服务之路，比如创办会计公司，提供代办记账、代办交税、代为编制报表、审计等专业性的会计和审计服务；二是会计培训之路，即针对目前会计人员需要不断更新知识、接受继续教育的需求，为财务人员提供系统化、专业化、职业化培训，使其更好地适应时代、经济发展的要求；三是会计咨询之路，即创办咨询公司；专门解答企业财会人员、投资人甚至税务机关人员遇到的疑难问题。这条道路通向的是比较新兴的、侧重于会计服务方向的，需要财务人员不仅熟悉专业的知识和工作技能，还要广泛学习相关的其它领域的知识和技能，因此需要更深入和广泛地学习和进修，以提高自身的综合素质。

全知道 ③

本章深意：出纳人员见微知著，快速理解和领悟能力的培养，需要建立在扎实的财务基本功上。

第三章 扎实财务技能

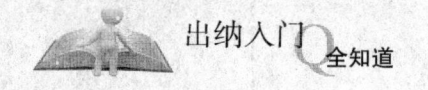

一、出纳与会计的关联

出纳工作和会计是密不可分的,对于初次接触出纳的人来说,首先必须接受会计的基本理论,这样对今后的出纳工作是有很大帮助的。在这里,我们首先以企业为例来阐明有关会计的基本理论。

人类的实践活动都有一定的目的,会计工作也不例外。会计工作的目的,简称会计目的,它是指在一定历史条件下,人们通过会计实践活动所期望达到的结果。在会计实践中,会计目的决定了会计工作的具体程序与方法;在会计理论研究中,会计目的常常被当作会计理论的逻辑起点。因此,做好出纳工作,首先要了解会计目的。

会计目的受客观条件的影响与制约。在不同的时空范围内,会计目的也往往不一样。对于现代企业来说,会计工作是一项重要的管理工作,它必然要为实现企业的经营目标服务。因此,可以认为,实现企业的经营目标是企业会计的根本目的。

明确了会计的目的后,为达到这个目的,会计必须采用一定的方式,借助一系列会计特有的方式把信息传递给使用者,这就有了会计账簿。从会计分管的账簿来看,会计可分为总账会计、明细账会计和出纳。三者既相区别又有联系,是分工与协作的关系:

(1)总账会计、明细账会计和出纳,各有各的分工。

总账会计负责企业经济业务的总括核算,为企业经济管理和经营决策提供全面的核算资料;明细分类账会计分管企业的明细账,为企业经济管理和经营决策提供明细分类核算资料;出纳则分管企业票据、货币资金,以及有价证券等的收付、保管、核算工作,为企业经济管理和经营决策提供各种金融信息。

总体上讲,必须实行钱账分管。

(2)它们之间又有着密切的联系,既互相依赖又互相牵制。

出纳、明细分类账会计、总账会计之间，有着很强的依赖性。它们核算的依据是相同的，都是会计原始凭证和会计记账凭证。这些作为记账凭据的会计凭证必须在出纳、明细账会计、总账会计之间按照一定的顺序进行传递；它们相互利用对方的核算资料；它们共同完成会计任务，不可或缺。同时，它们之间又互相牵制与控制。出纳的现金和银行存款日记账与总账会计的现金和银行存款总分类账，总分类账与其所属的明细分类账，明细账中的有价证券账与出纳账中相应的有价证券账，在金额上是等量关系。这样，出纳、明细账会计、总账会计三者之间就构成了相互牵制与控制的关系，三者之间必须相互核对保持一致。

（3）出纳与明细账会计的区别只是相对的，出纳核算也是一种特殊的明细核算。

分别按照现金和银行存款设置日记账，银行存款还要按照存入的不同户头分别设置日记账，逐笔序时地进行明细核算。"现金日记账"要每天结出余额，并与库存数进行核对；"银行存款日记账"也要在月内多次结出余额，与开户银行进行核对。月末都必须按规定进行结账。月内还要多次出具报告单，报告核算结果，并与现金和银行存款总分类账进行核对。

（4）出纳工作是一种账实兼管的工作。

出纳工作，主要是现金、银行存款和各种有价证券的收支与结存核算，以及现金、有价证券的保管和银行存款账户的管理工作。现金和有价证券放在出纳的保险柜中保管；银行存款，由出纳办理收支结算手续。既要进行出纳账务处理，又要进行现金、有价证券等实物的管理和银行存款收付业务。在这一点上和其他财会工作有着显著的区别。除了出纳，其他财会人员是只管账不管钱和物的。

对出纳工作的这种分工，并不违背财务"钱账分管"的原则。由于出纳账是一种特殊的明细账，总账会计还要设置"库存现金""银行存款""长期投资""交易性金融资产"等相应的总分类账对出纳保管和核算的现金、银行存款、有价证券等进行总金额的控制。其中，有价证券还应有出纳核算以外的其他形式的明细分类核算。

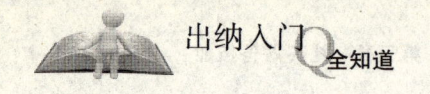

(5) 出纳工作直接参与经济活动过程。

货物的购销必须经过两个过程：货物移交和货款的结算。其中货款结算，即货物价款的收入与支付就必须通过出纳工作来完成；往来款项的收付、各种有价证券的经营以及其他金融业务的办理，更是离不开出纳人员的参与。这也是出纳工作的一个显著特点，其它财务工作，一般不直接参与经济活动过程，而只是对其进行反映和监督。

二、企业会计工作的目的

人们通常所说的会计目的，也都是指会计的具体目的或直接目的。由于企业会计发挥作用的主要形式是提供对决策有用的会计信息。

1. 应明确有关对企业会计信息的需求

(1) 对企业会计信息的内部需求。

企业要实现其经营目标，就必须对经营过程中所遇到的重大问题进行正确的决策。企业决策的正确与否，关系到企业的兴衰成败。而正确的企业决策必须以客观的、有用的数据和资料为依据，会计信息在企业决策中起着极其重要的作用。企业会计要采用一定的程序和方法，将企业的大量经济数据转化为有用的会计信息，以便为企业管理决策提供依据。

(2) 对企业会计信息的外部需求。

企业的会计信息不仅是企业内部管理的需要，还是企业外部有关决策者所需要的。因为企业不是独立存在的，它必然要与外界发生各种各样的联系，进行信息交流。例如，企业的投资者、债权人、某些政府管理机关等，需要利用会计信息进行有关的经济决策。

具体来说，在市场经济条件下，企业外界需要利用会计信息进行决策的，至少有以下5个方面的关系人：

①企业的所有者。

在经营权与所有权相分离的情况下，企业所有者需要利用会计信息进行重要的决策，如是否应该对企业投入更多的资金，是否应该转让他在企业中的投资（如出售股份），企业管理当局是否实现了企业的目标，企业的经营成果怎样，企业的盈利分配政策（如股利政策）如何。对于潜在的投资者来说，他主要依赖会计信息，作出是否参加企业投资的决策。

②企业的债权人。

贷给企业资金者，即成为企业的债权人。债权人主要关心企业是否能够按期还本付息，即要了解企业的偿债能力，以便作出有关的决策。具体而言，债权人需要的信息是：企业是否有足够的财力来清偿其债务，企业的获利能力如何等。对于潜在的债权人来说，他在决定是否持有企业债权的时候，要依赖企业提供的会计信息做出决策。

③政府部门。

有关政府部门（如财政机关），要通过会计信息了解企业所承担的义务情况。例如：企业交纳所得税和其他税金情况，企业是否遵守有关的财经纪律和经济法规，企业向各级政府部门提供的会计报告是否具有真实性和完整性。对于我国的国有企业来说，企业还有义务向有关政府主管部门提供进行宏观调控所需要的会计信息。

④职工与工会。

企业的职工与工会关心的问题有：企业是否按正确的方向从事经营活动，能否为其职工提供稳定而持久的工作，企业的福利待遇如何，企业的获利能力如何，企业有无发展潜力，当企业利润增加时，是否要增加职工的工资和奖金。

⑤企业的顾客。

企业的顾客虽然不参与企业经济资源的配置，但在许多方面与企业存在着利益关系。他们主要关心下列问题：企业是否有足够的财力保证长期供应顾客所需要的产品，是否增加从该企业的订货，企业的经营行为和政策是否与顾客的目标相矛盾。

以上分析表明，企业内部和企业外部有关方面都需要利用会计信息进

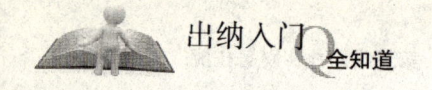

行相关的决策。

2. 要了解企业会计的特点

企业会计所能提供的信息，按其发生时期可以分为反映过去、控制现在和预测未来三类会计信息。这三类会计信息对于企业内部管理都有重要的作用。既然会计工作是企业管理的一个重要组成部分，那么，企业管理决策所需要的信息，凡是会计所能提供的，都应该予以提供。

然而，企业会计对于企业外界有关方面所需要的信息，并非尽可能全部提供，或者说，企业外界对会计信息的客观需要，并不意味着企业必须完全满足。这是由企业会计所处的地位决定的。企业对外提供会计信息，或者是自觉自愿的，或者是按照有关规定必须提供的。在很多情况下，企业对外提供会计信息在满足有关方面需要的同时，也是为了谋求企业自身的经济利益。例如，为了筹集资金而向潜在投资者、债权人（如银行）提供会计报表。在某些情况下，企业对外提供会计信息对自身没有明显的、直接的利益，只是履行法律、制度等规定的义务。在这种情况下，对外提供会计报表并非企业的一种自愿行为，而只是履行规定的社会责任。例如，向国家计划统计部门报送会计报表，向国家财政、税务、审计部门报送会计报表，就基本属于这一类型。既然向这些使用者提供会计信息不是企业自觉自愿的行为，是为了履行社会责任，那么，为满足这些方面对会计信息的需要，从根本上讲仍然是实现企业经营目标所必不可少的。从这个意义上讲，企业的会计目的归根结底只有一个，那就是为了实现企业的经营目标。

由于企业对外提供的会计信息，一般涉及面广，影响比较大，企业通常对此负有法律责任，因此，无论是从企业自身的利益还是从信息使用者的利益来考虑，都必须保证所提供的信息达到一定的质量要求。在目前的条件下，企业会计主要是以报表的形式定期对外提供信息，这些信息主要反映企业表中期间内的财务状况、过去一定时期的经营成果以及财务状况的变动情况。也就是说，主要是提供有关企业过去或现在的经济活动及其结果。至于有关企业未来经营成果、财务状况及其变动情况的会计信息，尚未普遍纳入企业对外报告的范围。

3. 经济环境对企业会计目的的影响

据前所述，企业财务会计对外提供信息的数量与质量，取决于外界的需要、企业会计提供信息的能力以及企业是否愿意或必须提供。

决定会计目的的各项因素要受社会、政治、经济、法律和文化等环境因素的影响，而其中经济因素的影响最为明显。一定时期的会计目的和会计实践是与特定的经济环境相适应的。

经济环境对于决定会计目的的三个因素均有重要影响：

（1）经济环境影响会计信息的需求。

国家的经济发展状况、经济管理体制以及企业的规模与组织形式等，都会影响会计信息的需求。下面以企业规模为例来进行说明。

许多企业是以小家庭的形式开始经营的，这种企业的所有者常常就是管理者，因而他们非常熟悉企业的日常业务活动，而且他们对决策所需信息的要求也比较明确。因为他们要负责制定计划、进行决策和实施日常管理，就必须详细了解企业的经营情况。对于这样的企业所有者兼管理者来说，企业会计报表所包括的正式信息只是对他们平常所掌握信息的综合与概括。此外，这种企业的外部关系人相对来说比较少，一般只限于贷款人、供应商和税务机构等。而且这些关系人中的大多数常常同企业保持着比较密切的关系，因而比较熟悉企业的经营情况。在这种情况下，这些外部关系人对企业会计信息的需求也只是作为一种实体记录。

随着企业规模的不断扩大和业务量的逐渐增加，企业所有者和外部关系人便逐渐脱离了企业的经营活动。为此，企业所有者常常聘请适当的人来负责过去由他们亲自从事的管理工作。同时，企业外部关系人也只能更多地依赖正式的会计信息，借以了解企业的有关情况。

（2）经济环境影响会计程序与方法。

企业会计的程序与方法随着经济的发展而发展。在经济不发达、生产

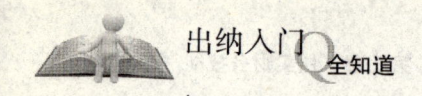

力水平低下的时期，企业的经济业务简单，有关方面对会计信息的要求也不高，因此，企业会计只需采用简单的会计程序与方法就能满足需要。随着经济的发展，经济活动越来越复杂，要求企业会计采用较为复杂的方法来提供准确、详细的信息。

就会计报告的方法来说，现金流量表的产生，显然是由于企业经营环境复杂化，投资与筹资活动多元化，有关方面为了进行正确的经济决策需要了解企业财务状况的变动及其原因。此外，会计工作的手段也是随着生产力的发展而变化的。例如，从手工记账发展到运用电子计算机进行会计处理，便体现了经济环境对会计程序与方法的巨大影响。

(3) 经济环境影响企业提供会计信息的意愿。

经济环境不但影响企业会计信息的需求和企业提供会计信息的方法，而且影响企业提供会计信息的意愿。例如，在我国过去高度集中的计划经济体制下，企业对外提供会计报表主要是例行公事、完成任务，基本上是一种消极被动的行为。而在经济体制改革之后，企业的自主权扩大，筹资渠道多元化，企业为了自身的经济利益，往往更愿意对外提供有关会计信息。

三、会计核算的基本前提

1. 会计的基本假设或前提

组织会计核算工作，需要具备一定的前提条件，即在组织核算工作之前，首先要解决与确立核算主体有关的一系列重要问题。这是全部会计工作的基础，具有非常重要的作用。国内外会计界多数人公认的会计核算基本前提有以下四个。

(1) 会计主体。

会计主体指的是会计核算服务的对象或者说是会计人员进行核算采取

的立场及空间活动范围界定。组织核算工作首先应明确为谁核算的问题，这是因为会计的各种要素，例如，资产、负债、收入、费用等，都是同特定的经济实体，即会计主体相联系的，一切核算工作都是站在特定会计主体立场上进行的。如果主体不明确，资产和负债就难以界定，收入和费用便无法衡量，以划清经济责任为准绳而建立的各种会计核算方法的应用便无从谈起。因此，在会计核算中必须将该主体所有者的财务活动、其他经济实体的财务活动与该主体自身的财务活动严格区分开，会计核算的对象是该主体自身的财务活动。

这里应该指出的是，会计主体与经济上的法人不是一个概念。作为一个法人，其经济上必然是独立的，因而法人一般应该是会计主体，但是构成会计主体的并不一定都是法人。比如，从法律上看，独资及合伙企业所有的财产和债务，在法律上应视为所有者个人财产延伸的一部分，独资及合伙企业在业务上的种种行为仍视其为个人行为，企业的利益与行为和个人的利益与行为是一致的，独资与合伙企业都因此而不具备法人资格。但是，独资、合伙企业都是经济实体、会计主体，在会计处理上都要把企业的财务活动与所有者个人的财务活动截然分开。例如，企业在经营中得到的收入不应记为其所有者的收入，发生的支出和损失，也不应记为其所有者的支出和损失，只有按照规定的账务处理程序转到所有者名下，才能算其收益或损失。

（2）持续经营。

持续经营是指在可以预见的将来，企业将会按当前的规模和状态继续经营下去，不会停业，也不会大规模削减业务。

企业是否持续经营对于会计政策的选择，影响很大，只有设定企业是持续经营的，才能进行下一步的会计处理。比如，采用历史成本计价，是设定企业在正常的情况下运用它所拥有的各种经济资源和依照原来的偿还条件偿付其所负担的各种债务，否则，就不能继续采用历史成本计价，只能采用可变现净值法进行计价。由于持续经营是根据企业发展的一般情况所作的设定，企业在生产经营过程中缩减经营规模乃至停业的可能性总是存在的。为此，往往要求定期对企业持续经营这一前提作出分析和判断。

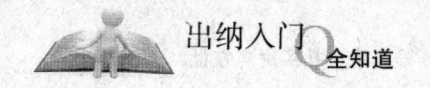

一旦判定企业不符合持续经营前提,就应当改变会计核算的方法。

(3)会计分期。

会计分期是指将一个企业持续经营的生产经营活动划分成连续、相等的期间,又称会计期间。

会计分期的目的是,将持续经营的生产活动划分为连续、相等的期间,据以结算盈亏,按期编报财务报告,从而及时地向各方面提供有关企业财务状况、经营成果和现金流量信息。

根据持续经营前提,一个企业将要按当前的规模和状况继续经营下去。要最终确定企业的经营成果,只能等到一个企业在若干年后歇业的时候核算一次盈亏。但是,经营活动和财务经营决策要求及时得到有关信息,不能等到歇业时一次性地核算盈亏。为此,就要将持续不断的经营活动划分成一个个相等的期间,分期核算和反映。会计分期对会计原则和会计政策的选择有着重要影响。由于会计分期,产生了当期与其他期间的差别,从而出现权责发生制和收付实现制的区别,进而出现了应收、应付、递延、预提、待摊这样的会计方法。

最常见的会计期间是一年,以一年确定的会计期间称为会计年度,按年度编制的财务会计报表也称为年报。在我国,会计年度自公历每年的1月1日至12月31日止。为满足人们对会计信息的需要,也要求企业按短于一年的期间编制财务报告,如要求股份有限公司每半年提供中期报告。

(4)货币计量。

货币计量是指采用货币作为计量单位,记录和反映企业的生产经营活动。会计是对企业财务状况和经营成果全面系统的反映,为此,需要货币这样一个统一的量度。在市场经济条件下,货币充当了一般等价物,企业的经济活动都最终体现为货币量,所以采用货币这个统一尺度进行会计核算。当然,统一采用货币尺度,也有不利之处,许多影响企业财务状况和经营成果的一些因素,并不是都能用货币来计量的,比如,企业经营战略,在消费者当中的信誉度,企业的地理位置,企业的技术开发能力等等。为了弥补货币量度的局限性,要求企业采用一些非货币指标作为会计报表的补充。

在我国，要求采用人民币作为记账本位币，是对货币计量这一会计前提的具体化。考虑到一些企业的经营活动更多地涉及外币，因此规定业务收支以人民币以外的货币为主的单位，可以选定其中一种货币作为记账本位币。但是，提供给境内的财务会计报告使用者的应当折算为人民币。

2. 会计信息质量要求

1992年11月财政部发布的《企业会计准则——基本准则》中，规定了会计核算的12项一般原则，它是会计核算必须遵循的基本规则和要求。2007年新发布的《企业会计准则——基本准则》中，将原有的"一般原则"改称"会计信息质量要求"，共规定了8项原则：客观性原则、相关性原则、明晰性原则、可比性原则、实质重于形式原则、重要性原则、谨慎性原则和及时性原则。它们同样是会计核算必须遵循的，对保证会计信息质量意义重大。

（1）客观性原则。

企业应当以实际发生的交易或者事项为依据进行会计确认、计量和报告，如实反映符合确认和计量要求的各项会计要素及其他相关信息，保证会计信息真实可靠、内容完整。会计必须根据审核无误的原始凭证，采用特定的专门方法进行记账、算账、报账，保证会计核算的客观性。

客观性原则是对会计工作的基本要求。会计工作提供信息的目的是为了满足会计信息使用者的决策需要，因此，就应该做到内容真实、数字准确、资料可靠。在会计核算中坚持客观性原则，就应当在会计核算时客观地反映企业的财务状况、经营成果和现金流量，保证会计信息的真实性；会计工作应当正确运用会计原则和方法，准确反映企业的实际情况；会计信息应当能够经受验证，以核实其是否真实。

如果企业的会计核算工作不是以实际发生的交易或事项为依据，没有如实地反映企业的财务状况、经营成果、现金流量，会计工作就失去了存在的意义，甚至会误导会计信息使用者，导致决策的失误。

(2) 相关性原则。

企业提供的会计信息应当与财务会计报告使用者的经济决策需要相关，有助于财务会计报告使用者对企业过去、现在或者未来的情况作出评价或者预测。会计的主要目标就是向有关各方提供对其决策有用的信息。如果提供的信息对会计信息使用者的决策没有什么作用，不能满足会计信息使用者的需要，就不具有相关性。

信息的价值在于其与决策相关，有助于决策。相关的会计信息能够有助于会计信息使用者评价过去的决策，证实或修正某些预测，从而具有反馈价值；有助于会计信息使用者做出预测，做出决策，从而具有预测价值。在会计核算工作中坚持相关性原则，就要求在收集、加工、处理和提供会计信息过程中，充分考虑会计信息使用者的信息需求。对于特定用途的会计信息，不一定都能通过财务会计报告来提供，也可以采用其他形式加以提供。如果会计信息提供以后，没有满足会计信息使用者的需求，对决策没有什么作用，就不具有相关性。

(3) 明晰性原则。

企业提供的会计信息应当清晰明了，便于财务会计报告使用者理解和使用。根据明晰性的要求，会计记录应当清晰，账户对应关系应当明确，文字摘要清楚，数字金额准确，以便会计信息使用者能准确完整地把握信息的内容，更好地加以利用。

在会计核算工作中坚持明晰性原则，会计记录应当准确、清晰，填制会计凭证、登记会计账簿必须做到依据合法、账户对应关系清楚、文字摘要完整；在编制会计报表时，项目勾稽关系清楚、项目完整、数字准确。如果企业的会计核算和编制的财务会计报告不能做到清晰明了、便于理解和使用，就不符合明晰性原则的要求，不能满足会计信息使用者的决策需求。

(4) 可比性原则。

企业提供的会计信息应当具有可比性。同一企业不同时期发生的相同或者相似的交易或者事项，应当采用一致的会计政策，不得随意变更。确需变更的，应当在附注中说明。不同企业发生的相同或者相似的交易或者事项，应当采用规定的会计政策，确保会计信息口径一致、相互可比。

可比性原则要求企业的会计核算应当按照国家统一的会计制度的规定进行，使所有企业的会计核算都建立在相互可比的基础上。只要是相同的交易或事项，就应当采用相同的会计处理方法。会计处理方法的统一是保证会计信息相互可比的基础。不同的企业可能处于不同行业、不同地区，经济业务发生于不同时点，为了保证会计信息能够满足决策需要，便于比较不同企业的财务状况、经营成果和现金流量，企业应当遵循可比性原则的要求。

（5）实质重于形式原则。

企业应当按照交易或者事项的经济实质进行会计确认、计量和报告，不应仅以交易或者事项的法律形式为依据。在某些情况下，经济业务的实质与其法律形式可能脱节，为此，会计人员应当根据经济业务的实质来选择会计政策，而不能拘泥于其法律形式。

在实际工作中，交易或事项的外在法律形式或人为形式并不总能完全反映其实质内容。所以，会计信息要想反映其所拟反映的交易或事项，就必须根据交易或事项的实质和经济现实，而不能仅仅根据它们的法律形式进行核算和反映。例如，以融资租赁方式租入的资产，虽然从法律形式来讲承租企业并不拥有其所有权，但是由于租赁合同中规定的租赁期相当长，接近于该资产的使用寿命；租赁期结束时承租企业有优先购买该资产的选择权；在租赁期内承租企业有权支配资产并从中受益，所以，从其经济实质来看，企业能够控制其创造的未来经济利益，所以，会计核算上将以融资租赁方式租入的资产视为承租企业的资产。

（6）重要性原则。

企业提供的会计信息应当反映与企业财务状况、经营成果和现金流量等有关的所有重要交易或者事项。对于重要的交易或事项，应当单独、详细反映；对于不具重要性、不会导致投资者等有关各方决策失误或误解的交易或事项，可以合并、粗略反映，以节省提供会计信息的成本。

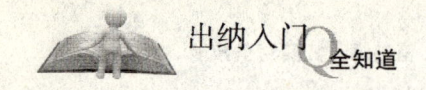

对资产、负债、损益等有较大影响,并进而影响财务会计报告使用者据以做出合理判断的重要会计事项,必须按照规定的会计方法和程序进行处理,并在财务会计报告中予以充分、准确地披露;对于次要的会计事项,在不影响会计信息真实性和不至于误导财务会计报告使用者做出正确判断的前提下,可以适当简化处理。

重要性原则与会计信息成本效益直接相关。坚持重要性原则,就能够使提供会计信息的收益大于成本。对于那些不重要的项目,如果也采用严格的会计程序,分别核算、分项反映,就会导致会计信息的成本大于收益。

在评价某些项目的重要性时,很大程度上取决于会计人员的职业判断。一般来说,应当从质和量两个方面综合进行分析。从性质方面来说,当某一项事项有可能对决策产生一定影响时,就属于重要性项目;从数量方面来说,当某一项目的数量达到一定规模时,就可能对决策产生影响。

(7) 谨慎性原则。

企业对交易或者事项进行会计确认、计量和报告应当保持应有的谨慎,不应高估资产或者收益、低估负债或者费用。也就是说在资产计价及损益确定时,如果有两种或两种以上的方法或金额可供选择时,应选择使本期净资产和利润较低的方法或金额。

需要注意的是,谨慎性原则并不意味着企业可以任意设置各种准备金,否则,就属于滥用谨慎性原则,将视为重大会计差错,需要进行相应的会计处理。

企业的经营活动充满着风险和不确定性,在会计核算工作中坚持谨慎性原则,要求企业在面临不确定因素的情况下做出职业判断时,应当保持必要的谨慎,充分估计到各种风险和损失,既不高估资产或收益,也不低估负债或费用。例如,要求企业定期或者每年年度终了,对可能发生的各项资产损失计提减值准备等,就充分体现了谨慎性原则对会计信息的修正。

(8) 及时性原则。

企业对于已经发生的交易或者事项,应当及时进行会计确认、计量和报告,不得提前或者延后。

会计信息的价值在于帮助所有者或其他方面做出经营决策,具有时效性。即使是客观、可比、相关的会计信息,如果不及时提供,对于会计信息使用者也没有任何意义,甚至可能误导会计信息使用者。在会计核算过程中坚持及时性原则,一是要求及时收集会计信息,即在经济业务发生后,及时收集整理各种原始单据;二是及时处理会计信息,即在国家统一的会计制度规定的时限内,及时编制出财务会计报告;三是及时传递会计信息,即在国家统一的会计制度规定的时限内,及时将编制出的财务会计报告传递给财务会计报告使用者。

如果企业的会计核算不能及时进行,会计信息不能及时提供,就无助于经营决策,就不符合及时性原则的要求。

3. 会计法律法规

我国企业会计核算的法律法规体系是以《中华人民共和国会计法》(以下简称《会计法》)为主法,包括企业会计准则,企业财务通则和企业会计制度等法规的有机体系。出纳人员应当掌握有关的法律法规,以利于开展核算工作。

(1)《会计法》。

《会计法》是出纳工作的指导性法律,出纳人员必须以《会计法》为依据,熟悉会计工作的内容、工作管理权限、如何进行会计核算和实施会计监督等法律规定;明确从事出纳工作的法律责任;了解国家对会计工作的基本要求。例如,《会计法》规定,各单位领导人、会计机构、会计人员和其他人员执行《会计法》,保证会计资料合法、真实、准确、完整,保证会计人员的职权不受侵犯,不得对会计人员打击报复。出纳人员必须按《会计法》的要求,知法守法,保证出纳工作的合法性。

(2)企业会计准则。

会计准则又称为会计标准,是会计核算工作的基本规范,它就会计核算的原则和会计处理方法及程序作出规定,为会计制度的制定提供依据。

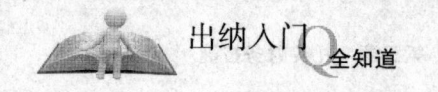

我国企业会计准则分为基本会计准则和具体会计准则，出纳人员应当严格按照准则的要求处理各项经济业务。

四、核算的会计要素

会计要素是为实现会计目标，以会计基本前提为基础，对会计对象的基本分类。从出纳的角度来说，其核算的对象是企事业单位的资金运动状况，核算实质是反映资金的来龙去脉和占用情况。为此，要表明资金状况的具体内容，便于决策者理解和利用出纳信息，就必须对会计要素进行划分和审议。

1. 核算的基本要素

会计要素是确定会计科目、设置会计账户的依据，表明了会计核算内容和构成会计报表的框架。我国《企业会计准则》分别列示了资产、负债、所有者权益、收入、费用和利润六个会计要素。这六个会计要素又可以划分为两大类，即反映财务状况的会计要素和反映经营成果的会计要素。反映财务的会计要素包括资产、负债和所有者权益；反映经营成果的会计要素包括收入、费用和利润。

（1）资产。

资产是指各单位拥有或控制的能以货币计量的经济资源，该资源预期会给本单位带来经济利益。包括各种财产、债权和其他权利。以企业固定资产中的厂房为例，它具有如下特点：是由过去的投资或其他事项形成的；企业对其拥有房屋所有权和土地使用权，有权对厂房进行处置或使用；通过账簿记录或资产评估可以确定其价值；该厂房能够为企业的生产经营带来经济效益。

在会计核算时，为更好地反映企业的财务状况，准确评价资产的流动性，通常把资产分为流动资产和非流动资产两类：

①流动资产。

流动资产是指能在一年或者超过一年的一个营业周期内变现或耗用的资产，包括现金、各种存款、短期投资、应收及预付款、存货等。

②非流动资产。

非流动资产是指不符合流动资产定义的资产，通常包括长期投资、固定资产、在建工程、无形资产、递延资产和其他财产。

（2）负债。

负债是由过去的交易、事项形成的能以货币计量的现时债务，需要单位以资产或劳务偿付，表现为债权人对单位资产所拥有的权益。在会计核算中，以下情况不能确认为负债：

①企业预期在将来要发生的交易或事项可能产生的债务，不能作为会计上的负债处理。如企业与供货单位签订的供货合同，对此企业不能将其作为一项负债。

②企业能够回避的义务，不能作为会计上的负债处理。如企业承担的一般保证责任。

③负债金额不能用货币确切计量的。

（3）所有者权益。

所有者权益是投资人对企业净资产的所有权，包括企业投资者对企业的投入资本以及形成的资本公积金、盈余公积金和未分配利润等。所有者权益表明企业的产权关系，即企业归谁所有。按照所有者权益的稳定程度，可分为：

①投入资本。

是企业收到的投资者投入企业的资本金。

②资本公积。

是指企业因资本引起的积累，包括接受捐赠、股票发行溢价、法定财产重估增值等。

③盈余公积。

是指企业按照国家法律规定从税后利润中提取的公积金，包括法定公

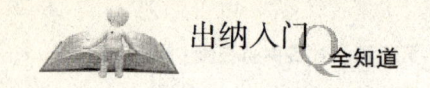

益金、法定盈余公积金和任意盈余公积金。

④未分配利润。

是指企业尚未分配的税后利润,包括上年度累积节余的未分配利润和本年利润中扣除各种分配以后的结余。

(4) 收入。

收入是企业在销售商品、提供劳务及让渡资产使用权等日常活动中所形成的经济利益的总流入。这种总流入表现为企业资产的增加或债务的清偿,包括基本业务收入、其他业务收入和投资净收益等。基本业务收入是企业的基本营业活动所取得的收入,如工业企业的产品销售收入,商业企业的商品销售收入,施工企业的建筑安装收入等。其他业务收入是指除基本业务活动以外的其他业务和活动所取得的收入。

(5) 费用。

费用是指企业销售商品、提供劳务等日常活动中所发生的各种耗费。企业要进行生产经营活动取得收入必须相应地发生一定的费用,如工业企业在生产过程中要耗费原材料、燃料和动力;要发生机器设备的折旧费用和修理费用;要支付职工的工资和其他各项生产费用。费用中能予以对象化,确定具体费用对象的,即制造成本,如制造一件产品的直接材料费;费用中不能予以对象化的,就是期间费用,如企业管理人员的工资。

(6) 利润。

利润是指企业在一定会计期间的经营成果,是反映经营成果的最终要素,包括营业利润、利润总额和净利润,当收入大于费用,其差额为利润,费用大于收入的差额则为亏损。

①营业利润。

是指企业在销售商品、提供劳务等日常活动中所产生的利润,为营业收入减去营业成本和营业税金及附加,减去销售费用、管理费用和财务费用,加上公允价值变动收益和投资收益后的余额。

②营业外收支净额。

是指与企业生产经营活动无直接关系的各种营业外收入减去营业外支

出后的余额。

2. 会计等式

会计等式是表明各会计要素之间基本关系的恒等式，又称会计平衡公式。

（1）资产 = 负债 + 所有者权益

这一公式从数量上来说，表明企业的资金来源必然等于资金占用，企业经济活动的发生，只是表现在数量上影响企业资产总额与负债和所有者权益总额的同时增减变化，并不能也不会破坏这一基本的恒等关系。例如，企业向银行贷款，从资产方面而言增加了银行存款数量，从负债方面同时增加了短期（或长期）借款的金额，等式两边金额同时等额增加。

这一会计等式，是会计复式记账、会计核算和会计报表的基础。在这一会计等式的基础上，才能运用复式记账法，记录某一会计主体资金运动的来龙去脉，反映企业在特定时点所拥有的资产、所承担的负债及所有者的权益情况。

（2）收入 – 费用 = 利润

这一会计等式反映了企业在一定会计期间内的赢利水平。在进行核算时，由于收入不包括与企业正常生产经营活动无关的处置固定资产净收入、补贴收入等，费用也不包括处置固定资产净损失、自然灾害损失、投资损失等，所以，收入减去费用并经过调整后，才等于利润。

这一公式以动态指标描述企业在一定期间的经营成果，是编制损益表的基础。

（3）资产 = 负债 + 所有者权益 + （收入 – 费用）

该公式中所有者权益项目不包括未分配利润，表明了企业的财务状况与经营成果之间的联系情况。即企业实现利润，将使企业资产存量增加或负债减少；反之企业如果亏损，将使企业资产存量减少或负债增加。这一公式是对六个会计要素试算平衡的基础，揭示了企业资产负债表与损益表的内在联系。

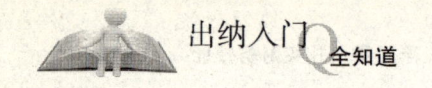

五、会计科目与账户设置

在日常经济生活中，企业所进行的经济活动复杂多变，各不相同。尽管会计要素已经对会计核算对象进行了初步的具体化，但是几个简单的会计要素仍不能满足会计核算的需要，不能满足人们对会计信息多样化的需要。因此，还需要在会计要素的基础上作进一步的分类，即对会计的六大要素进一步分类，也就是要设置会计科目。

1. 会计科目

会计科目指的是按照经济内容对各个会计要素进行分类所形成的项目。每一个项目都规定一个名称，每一个会计科目都明确地反映一定的经济内容，不同的会计科目，反映会计事项不同的特点。例如，工业企业的厂房、机器设备、运输车辆等劳动资料，其实物形态是固定不变的，将在很长时间内为企业所使用，则将其归为一类，设置"固定资产"科目；而库存的各种原料、辅助材料、燃料是企业生产的劳动对象，通过生产改变了它们原有的实物形态、性能、用途等，因而将它们归为一类，设置"原材料"科目。

通过设置会计科目，能够使企业各不相同的经济业务，按照既定的标准进行科学的分类，将各自独立的经济事项转化为规范的具有可比性的经济信息。例如，家具厂有库存木头 1 000 立方米，单价 500 元；汽车厂有库存某电子元器件 3 000 个，每个单价 300 元。木头与电子元器件之间无任何的可比性，但是对于各自的企业而言，它们都属于企业生产经营的主要材料，可以分别归入"原材料"科目。通过计算可以知道家具厂有库存材料 500 000 元，而电子厂有库存材料 900 000 元，这两个会计信息是可以比较的。

可见，设置会计科目使得编制会计凭证和登记账簿记录都有了依据，使得编制统一的会计报表有了基础，使得会计信息使用人在不全面了解各行业特征的情况下，可以通过会计报表掌握和分析企业的财务状况和经营成果。

具体会计科目的设置，一般是从会计要素出发，按反映的经济内容不同，将其分为资产类、负债类、所有者权益类、成本类和损益类五大类。参照我国2006年《企业会计准则》规定的会计科目见表3-1：

表3-1　　　　　　　　　会计科目表

顺序号	名　称	顺序号	名　称
	一、资产类	44	应付票据
1	库存现金	45	应付账款
2	银行存款	46	预收账款
3	其他货币资金	47	应付职工薪酬
4	交易性金融资产	48	应交税费
5	应收票据	49	应付股利
6	应收账款	50	应付利息
7	预付账款	51	其他应付款
8	应收股利	52	预计负债
9	应收利息	53	递延收益
10	其他应收款	54	长期借款
11	坏账准备	55	长期债券
12	材料采购	56	长期应付款
13	在途物资	57	未确认融资费用
14	原材料	58	专项应付款
15	材料成本差异	59	递延所得税负债
16	库存商品		三、所有者权益类
17	发出商品	60	实收资本
18	商品进销差价	61	资本公积
19	委托加工物资	62	盈余公积
20	周转材料	63	本年利润
21	存货跌价准备	64	利润分配
22	持有至到期投资	65	库存股
23	持有至到期投资减值准备		四、成本类
24	可供出售金融资产	66	生产成本
25	长期股权投资	67	制造费用

续表

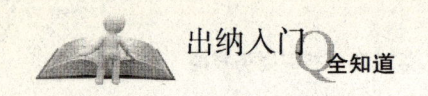

顺序号	名　称	顺序号	名　称
26	长期股权投资减值准备	68	劳务成本
27	长期应收款	69	研发支出
28	未实现融资收益		五、损益类
29	固定资产	70	主营业务收入
30	累计折旧	71	其他业务收入
31	固定资产减值准备	72	公允价值变动损益
32	在建工程	73	投资收益
33	工程物资	74	营业外收入
34	固定资产清理	75	主营业务成本
35	无形资产	76	其他业务支出
36	累计摊销	77	营业税金及附加
37	无形资产减值准备	78	销售费用
38	商誉	79	管理费用
39	长期待摊费用	80	财务费用
40	递延所得税资产	81	勘探费用
41	待处理财产损溢	82	资产减值损失
	二、负债类	83	营业外支出
42	短期借款	84	所得税费用
43	交易性金融负债	85	以前年度损益调整

在实际会计处理过程中，对于某些会计科目还需进一步了解其详细信息，如原材料，必须知道它的种类、数量、单价、金额等信息。这就需要在原有科目下再根据用途和需要具体设置细目，这就有了总分类科目和明细分类科目的区分。

总分类科目，也称"总账科目"或"一级科目"，是对会计要素进行总括分类的类别名称。它是总括地反映会计要素核算内容的科目。会计科目表中的会计科目均为总分类科目。如："固定资产""应收账款""原材料""实收资本""应付账款"等。

明细分类科目，也称"明细科目"，是对总分类账户的进一步划分，是详细反映会计要素具体核算内容的科目。如可以在"应付账款"总分类科目下按具体单位分设明细科目，具体反映应付哪个单位的货款。

基于管理的需要，在有的总分类科目下所需要设置的明细分类科目太多时，还可以在总分类科目与明细分类科目之间增设二级科目。二级科目也是明细分类科目。如此一来，会计科目就可以分为一级科目（总分类科目）、二级科目（明细分类科目）、三级科目（明细分类科目）三个层次。

总分类科目与明细分类科目的内在关系见表3－2：

表3－2　　　　　　　　总分类科目与明细分类科目

总分类科目（一级科目）	明细分类科目	
	二级科目	三级科目
生产成本	第一车间	甲产品
		乙产品
	第二车间	甲产品
		乙产品

当然，也不是所有的总分类科目都要设置明细分类科目，主要是根据管理的需要和经济业务的类型而决定的。

按我国现行会计制度规定，总分类科目一般由财政部制定，明细分类科目除会计制度规定设置的以外，企业则可以根据需要自行确定。但是，企业所自行设置的会计科目名称要力求简明确切，每一科目原则下只反映一类经济内容，各科目之间应界限分明，以保证会计核算指标口径的一致。

2. 账户

会计科目只是对会计对象的具体内容（即会计要素）进行的分类，但它不能反映经济业务发生后引起的会计要素的增减变动情况及其结果。要对经济业务产生的原始资料加工成有用的会计信息，还需要根据会计科目以一定的结构（增加、减少、余额）来登记经济业务引起的会计要素增减变动及其结果，即设置账户。

会计科目与账户是两个既有区别又相互联系的概念。

账户是根据会计科目开设的，相同名称的会计科目与账户反映的经济内容相同；但会计科目只是账户的名称，它只能表明某类经济内容，而账

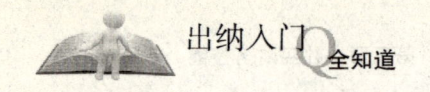

户既有名称又有结构，可以记录和反映某类经济内容的增减变动及其结果。

在实际工作中，某些会计人员往往不加区别地把会计科目与账户作为同义语。

账户以会计科目命名，依附于账簿开设。这样，每个账户只表现为账簿中的某张或某些账页，它们一般应包括下列四部分内容：

①账户的名称（即会计科目）。
②记账日期和摘要（记录经济业务的日期和概括说明经济业务内容）。
③凭证号数（说明账户记录的依据和来源）。
④增加和减少的金额及余额。

企业的经济业务虽然复杂，但从数量变化来看，不外乎增加和减少两种情况。账户要用来记录经济业务、反映会计要素变化情况和结果，在结构下就应该有反映各会计要素的增加数和减少数两个部分。同时，还要反映各会计要素的增减变动结果，即期末余额。期末余额结转到下期，则转化为期初余额。因此，每个账户至少有四个金额要素，即期初余额、本期增加额、本期减少额和期末余额。

期初余额和期末余额是静态指标，它说明会计要素在某一时期增减变化的结果。本期增加额和本期减少额统称为本期发生额，它是一个动态指标，说明会计要素的增减变动情况。上述四项金额之间的关系为：

期末余额 = 期初余额 + 本期增加额 − 本期减少额

至于账户的具体格式则取决于所采用的记账方法。我国《企业会计准则》规定采用借贷记账法，其基本结构见表3-3：

表3-3   账户名称（会计科目）

| 年 | | 凭证号数 | 摘要 | 借方 | 贷方 | 借或贷 | 余额 |
月	日						

为了方便学习，通常将上述账户简化为"丁"字账或"T"字账，只保留左右方，其它略去，将余额写在下面。见表3-4：

表3-4　　　　　　　　　"T"字账的账户结构

借方	贷方
本期发生额	本期发生额

3. 账户的分类

与会计科目相对应，账户按其所反映的经济内容的不同，可以分为资产类账户、负债类账户、所有者权益类账户、成本类账户和损益类账户等五大类账户，其中各大类又可以分为若干小类。

（1）资产类账户。

资产类账户是用来反映企业各项资产的增减变动及其结存情况的账户。主要包括：

①流动资产账户。

流动资产账户包括：库存现金、银行存款、交易性金融资产、应收账款、其他应收款、应收票据、原材料、库存商品等。

②长期投资账户。

长期投资账户包括：长期股权投资、持有至到期投资等。

③固定资产账户。

固定资产账户包括：固定资产、累计折旧、在建工程、固定资产清理等。

④无形及其他资产账户。

其主要包括：无形资产、长期待摊费用、其他资产等。

（2）负债类账户。

负债类账户是用来反映企业负债的增减变动及其结存情况的账户。主

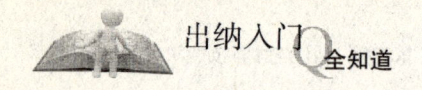

要包括：

①流动负债账户。

流动负债账户包括：短期借款、应付账款、应付票据、预收账款、其他应付款、应付职工薪酬、应交税费等。

②长期负债账户。

长期负债账户包括：长期借款、长期债券、长期应付款。

（3）所有者权益类账户。

所有者权益类账户是用来反映企业所有者权益的增减变动及其结存情况的账户。主要包括：

①所有者原始投资账户。

所有者原始投资账户主要包括：实收资本、资本公积等。

②所有者投资收益账户。

所有者投资收益账户主要包括：盈余公积、本年利润、利润分配等。

（4）成本类账户。

成本类账户是用来核算企业的生产费用，计算产品成本的账户。主要包括：

①材料采购成本账户。

材料采购成本账户主要有：材料采购等。

②生产成本账户。

生产成本账户包括：生产成本、制造费用。

（5）损益类账户。

损益类账户是指那些直接影响当期经营成果的账户。主要包括：

①收入收益类账户。

收入收益类账户主要包括：主营业务收入、其他业务收入、营业外收入、投资收益等。

②费用支出类账户。

费用支出类账户主要包括：主营业务成本、营业税金及附加、其他业务支出、销售费用、管理费用、财务费用、营业外支出等。

六、会计的核算方法

出纳人员在了解了会计核算的原则和会计核算的要素后,应进一步掌握借贷记账法的运用,熟悉账务处理的程序。

1. 借贷记账法的原理

借贷记账法是以"借"、"贷"二字作为记账符号的一种复式记账方法。"借"、"贷"二字最初是用来表示资本借贷活动中债权、债务的增减变化情况,金融家对于借进的款项,记在贷主名下,表示自身债务的增加,对于贷出的款项,记在借方名下,表示自身的债权,随着商品经济的发展,"借"、"贷"二字逐渐脱离了自身的含义,转化为纯粹的记账符号。我国《企业会计准则》中明确规定,中国境内所有的企业都应该采用借贷记账法记账。

(1) 借贷记账法的账户结构。

借贷记账法的账户基本结构是:每一个账户都分为"借方"和"贷方",一般规定账户的左方为"借方",账户的右方为"贷方",与前述的账户结构类似。如果我们在账户的借方记录经济业务,称为"借记××账户";在账户的贷方记录经济业务,则称为"贷记××账户"。

(2) 借贷记账法的记账规则。

借贷记账法的记账规则是:"有借必有贷,借贷必相等"。

借贷记账法要求对每一项经济业务都要按借贷相反的方向,以相等的金额,在两个或两个以上相互联系的账户中进行登记。具体地说,如果在一个账户中记借方,必须同时在另一个或几个账户中记贷方;或者在一个账户中记贷方,必须同时在另一个或几个账户中记借方;记入借方的总额与记入贷方的总额必须相等。

在实际运用借贷记账法的记账规则去登记经济业务时,一般要按下列步骤进行：

①需要分析经济业务的内容，确定它所涉及到的会计要素是什么，是资产或者费用要素的变化，还是负债或所有者权益以及收入的变化。

②再进一步确定哪些要素增加，哪些要素减少，或都是增加，或都是减少，等等。

③再确定应该记入哪些账户。

④在上述分析基础上，再确定该项业务应记入相关账户的借方或贷方，以及各账户应记金额。凡是涉及到资产及费用成本的增加，负债及所有者权益的减少，收入的减少转销，都应该记入该类账户的借方；凡是涉及到资产及费用成本的减少转销，负债及所有者权益的增加，收入的增加，都应该记入该类账户的贷方。

⑤为了明确各账户的对应关系，清楚地反映经济业务的来龙去脉，一笔经济业务不宜同时多借多贷，而是尽可能地采用一借一贷、一借多贷或一贷多借的形式反映。

（3）借贷记账法的试算平衡。

根据借贷记账法的记账规则，每笔经济业务的借贷方发生额和余额都是相等的。因此，可以结合会计等式的平衡关系，通过对会计账户的汇总计算和借贷方金额的比较，来检查账户记录的完整性和准确性。

试算平衡可以按照下列公式计算：

①会计分录试算平衡公式：

借方科目金额＝贷方科目金额

②发生额试算平衡公式：

全部账户本期借方发生额之和＝全部账户本期贷方发生额之和

③余额试算平衡公式：

全部账户期末借方余额之和＝全部账户期末贷方余额之和

每个会计期间结束时，在已经结出了各个账户的本期发生额和月末余额后，试算平衡一般是通过编制试算平衡表来完成的。其具体格式见表3－5：

表 3-5　　　　　　　　　　总账科目试算平衡表
　　　　　　　　　　　　　　　年　　月　　　　　　　　　　　（单位：元）

账户名称 （会计科目）	期初余额		本期发生额		期末余额	
	借方	贷方	借方	贷方	借方	贷方
合　计						

通过试算平衡，如果借贷方金额相等，则说明会计分录的借贷方向和账簿记录基本正确；如果发现借贷方不平衡，就可以肯定账户记录或计算有误，应及时找出错误并予以改正。

值得注意的是，即使进行试算平衡，并且借贷方金额相等，并不能完全排除记账工作毫无错误。由于试算平衡只是对会计账户从数量上进行平衡，以下记账错误从试算平衡中无法体现。

①经济业务错记了会计账户，如银行支出误记为现金支出，只能通过复查原始凭证或核对银行对账单才能检查出来。

②经济业务涉及的两个账户借贷方向相反。

③经济业务出现漏记和重记。

④经济业务的金额同时多记或少记。

2. 借贷记账法的应用

借贷记账法的"借""贷"方的记录在不同性质的账户中是不同的。现以会计要素分类的会计账户加以说明其应用方法。

（1）资产类账户。

资产类账户的结构是：账户的借方反映资产的增加额，贷方反映资产的减少额。在一个会计期间内（年、月），借方记录的合计数称作借方发生额，贷方记录的合计数称作贷方发生额，在每一会计期间的期末将借贷方发生额相比较加上该账户的期初余额，其差额称作期末余额。资产类账户的期末余额一般在借方。如"库存现金"账户，借方记录的增加额加期初额要大于（至少等于）贷方记录的减少额，所以有借方余额（或无余

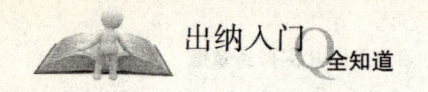

额),借方期末余额转到下一期就成为借方期初余额。用公式可以表示如下:

资产类账户借方期末余额=借方期初余额+借方本期发生额-贷方本期发生额

采用丁字账来表示,见表3-6:

表3-6　　　　　　　　　　　资产类账户

借方			贷方		
	期初余额	××××			
	(1) 增加额	××××		(2) 减少额	××××
借方 本期发生额		××××	贷方 本期发生额		××××
	期末余额	××××			

【例1】 明华公司于5月8日从银行提取现金5 000元。这笔业务使得资产的两个会计账户一增一减,用借贷记账法来表示,则可编制会计分录为:

　　借:库存现金　　　　　　　　　　　　　　　　　　　　5 000
　　　贷:银行存款　　　　　　　　　　　　　　　　　　　　5 000

(2) 负债及所有者权益类账户。

因为会计公式"资产=负债+所有者权益"所决定,负债及所有者权益类账户的结构与资产类账户恰好相反,其贷方反映负债及所有者权益的增加额;借方反映负债及所有者权益的减少额,所以贷方发生额加期初余额要大于(或等于)借方发生额,期末余额一般在贷方。如"短期借款"账户,企业所欠银行款项时应记入贷方,偿还所欠的款项时应记入借方,期末银行余额在贷方,表示实际尚未偿还的借款数额。用公式表示如下:

负债及所有者权益账户贷方期末余额=贷方期初余额+贷方本期发生额-借方本期发生额

采用丁字账来表示,见表3-7:

表3-7 负债及所有者权益账户

借方		贷方	
		期初余额	××××
（1）减少额	××××	（2）增加额	××××
本期发生额	××××	本期发生额	××××
		期末余额	

【例2】 明华公司于1月9日向银行借款300 000万元用于生产周转，贷款利率4%，一年后偿还。

这笔业务使得资产增加，负债同时增加，则会计分录为：

借：银行存款　　　　　　　　　　　　　　　　　　300 000
　　贷：短期借款　　　　　　　　　　　　　　　　　300 000

【例3】 明华公司于3月12日收到投资者追加投资款500 000万元，款项已存银行。

这笔业务使资产与所有者账户同时增加，则会计分录为：

借：银行存款　　　　　　　　　　　　　　　　　　500 000
　　贷：实收资本　　　　　　　　　　　　　　　　　500 000

（3）成本费用类账户。

企业在生产经营中要有各种耗费，在各项成本费用抵消收入以前，可以将其看作一种资产。因此，费用成本类账户的结构与资产类账户的结构基本相同，账户的借方反映成本费用的增加额，账户的贷方反映成本费用转出抵消收益类账户（减少）的数额，由于借方记录的成本费用的增加额当期一般都要通过贷方转出，所以账户通常没有期末余额。因某种情况有余额的，也表现为借方余额。

采用丁字账表示，见表3-8：

表3-8 成本费用类账户

借方		贷方	
①增加额	××××	②转出额	××××
	×××		
本期发生额	××××	本期发生额	××××

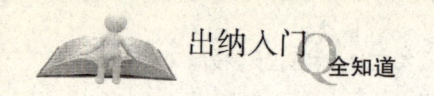

【例4】 明华公司于翌年1月9日归还借款300 000元，同时支付利息12 000元，则会计分录为：

借：短期借款　　　　　　　　　　　　　　　　300 000
　　财务费用　　　　　　　　　　　　　　　　　12 000
　　贷：银行存款　　　　　　　　　　　　　　　　312 000

（4）收入类账户。

收入类账户的结构则与负债及所有者权益的结构基本相同，收入的增加额记入账户的贷方，收入转出（减少额）则应记入账户的借方，由于贷方反映的收入增加额一般要通过借方转出，所以账户通常也没有期末余额。因某种情况有余额，同样也表现为贷方余额。

采用丁字账表示，见表3-9：

表3-9　　　　　　　　　　　收入类账户

借方		贷方	
（1）转出额	×××	（2）增加额	×××
	×××		
本期发生额	×××	本期发生额	×××

【例5】 明华公司于3月25日收到提供劳务收入1 500元，现金已入账。则：

借：库存现金　　　　　　　　　　　　　　　　1 500
　　贷：主营业务收入　　　　　　　　　　　　　　1 500

（5）试算平衡。

上述经济业务发生后进行了账务处理，为了验证其是否符合借贷记账法的平衡原理，可进行如下试算平衡（假设各科目均无期初余额）。

①丁字账汇总。

表3-10　　库存现金

借方	贷方
①5 000	
②1 500	
6 500	

表3-11　　银行存款

借方	贷方
②300 000	①5 000
③500 000	④312 000
800 000	317 000

表3-12　短期借款

借方	贷方
④300 000	②300 000
③300 000	300 000

表3-13　实收资本

借方	贷方
	③500 000
	500 000

表3-14　财务费用

借方	贷方
④12 000	
12 000	

表3-15　主营业务收入

借方	贷方
	⑤1 500
	1 500

②编制总账科目发生额试算表。

表3-16　发生额试算平衡表　　　　　　　　　　（单位：元）

会计科目	借方发生额	贷方发生额
库存现金	6 500	
银行存款	800 000	317 000
短期借款	300 000	300 000
实收资本		500 000
财务费用	12 000	
主营业务收入		1 500
合　　计	1 118 500	1 118 500

3. 出纳账务处理的程序

账务处理程序，是指会计信息的记录、整理、归类、汇总、呈报的步骤和方法，具体而言是从原始凭证的整理，记账凭证的编制，各类账簿的登记，到会计报表编制的步骤和方法。目前，我国企事业单位的常用会计账务处理的程序主要有记账凭证账务处理程序；汇总记账凭证账务处理程序；科目汇总表账务处理程序；多栏式日记账账务处理程序。各种账务处理程序的主要区别在于对汇总凭证、登记总分类账的依据和办法的要求不同。在各种程序下，对于出纳人员来说，出纳业务处理的步骤和方法基本相同。

（1）按照会计制度的要求严格审核原始单据，办理各项收付款业务，并同时登记发票、支票、收据使用登记簿。

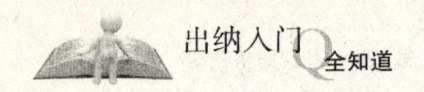

（2）根据原始凭证或原始凭证汇总表填制收款凭证、付款凭证，对于转账投资有价证券业务，还要直接根据原始凭证登记有价证券明细分类账。

（3）根据收款凭证、付款凭证逐笔登记现金日记账、银行存款日记账，有价证券投资业务的企业还要根据收款凭证、付款凭证详细地登记债券投资明细账、股票投资明细账。

（4）现金日记账的余额与库存现金每天进行核对，与现金总分类账定期进行核对；银行存款日记账的余额与银行存款总分账进行核对，银行存款日记账的当期全部记录与开户银行出具的银行存款对账单进行核对（一单一对，逐笔勾销）；债券投资明细账、股票投资明细账与库存有价证券进行核对。

（5）根据日记账和明细账的记录、计算情况，按照经营决策者的管理要求定期或不定期地报送出纳报告，提供出纳信息。

七、复式记账法及其原理

出纳人员为了对会计要素进行核算，反映和监督企业的经济活动，在按一定原则设置了会计科目，并按会计科目开设了账户之后，就需要采用一定的记账方法将会计要素的增减变动登记在账户中。

记账方法是指在经济业务发生以后，如何将其记录在账户中的方法。记账方法有两类，一类是单式记账法，另一类是复式记账法。顾名思义，单式记账法是对发生经济业务之后所产生会计要素的增减变动一般只在一个账户中进行记录登记的方法。例如，用现金购买办公用品，仅在现金账上记录一笔现金的减少。也有同时在现金账与实物账之间记录的，但两个账户之间没有必然的联系。这种记账方法造成账户之间的记录没有直接的联系，没有相互平衡的关系，不能全面地、系统地反映经济业务的来龙去脉，也不便于检查账户记录的正确性、真实性。国内外只有极少数企业使用单式记账法。复式记账法是与单式记账法相对的一种记账方法，它是在每一项经济业务发生后需要记录时，同时在相互联系的两个或两个以上的账户中，以相等的金额进行登记的一种记账方法。

与单式记账法相比较，复式记账法有如下两个特点：

（1）由于对每一项经济业务都要在相互联系的两个或两个以上的账户中做记录，根据账户记录的结果，不仅可以了解每一项经济业务的发生情况，而且可以通过会计要素的增减变动全面、系统地了解经济活动的过程和结果。

（2）由于复式记账要求相等的金额在两个或两个以上的账户同时记账，因此可以对账户记录的结果进行试算平衡，以检查账户记录的正确性。正是因为如此，复式记账法作为一种科学的记账方法一直得到广泛的运用。

复式记账方法是在市场经济长期发展的过程中，通过会计实践逐步形成和发展起来的。在其他一些会计方法中，如编制会计凭证和登记账簿，都必须运用复式记账法，进行相关反映。所以，在全部会计核算的方法体系中，复式记账法占有重要位置。

复式记账法包括几种具体的方法，有借贷记账法、增减记账法、收付记账法等。其中，借贷记账法是世界各国普遍采用的一种记账方法，在我国也是应用最广泛的一种记账方法，我国颁布的《企业会计准则》明文规定中国境内的所有企业都应该采用借贷记账法记账。

借贷记账法起源于13、14世纪的意大利。在这个时期，西方资本主义的商品经济有了发展，在商品交换中，为了适应商业资本和借贷资本经营者管理的需要，逐步形成了借贷记账法。"借"、"贷"二字的含义，最初是从借贷资本家的角度来解释的，借贷资本家以经营货币资金的借入和贷出为主要业务，对于借进的款项，记在贷主名下，表示自身的债务增加；对于贷出的款项，则记在借主名下，表示自身的债权增加。这样，"借"、"贷"二字分别表示债权（应收款）、债务（应付款）的变化。随着商品经济的发展，经济活动的内容日趋复杂化，记录的经济业务也不再

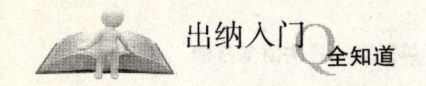

仅限于货币资金的借贷业务，而逐步扩展到财产物资、经营损益和经营资本等的增减变化。这时，为了求得记账的一致，对于非货币资金借贷业务，也利用"借"、"贷"二字说明经济业务的变化情况。因此，"借"、"贷"二字逐步失去了原来的字面含义，转化为记账符号，变成会计上的专门术语。到15世纪，借贷记账法逐渐完备，被用来反映资本的存在形态和所有者权益的增减变化。与此同时，西方国家的会计学者提出了借贷记账法的理论依据，即所谓"资产＝负债＋所有者权益"的平衡公式（亦称会计方程式）。根据这个理论确立了借贷的记账规则，使借贷记账法成为一种科学的记账方法，并为世界上许多国家广泛采用。

八、会计电算化的作用

所谓会计电算化，是指专业人员编制会计软件，由会计人员及有关的操作人员操作会计软件，将基础的会计信息输入计算机，并指挥计算机替代人工来完成后续会计工作的活动。

1. 会计电算化的条件

财政部颁布的《会计电算化工作规范》（以下简称《规范》）中明确指出替代手工记账的单位应具备以下条件：

（1）配备了适用的会计软件和相应的计算机硬件设备。

各单位应根据实际情况和财力状况，选择与本单位会计电算化工作规划相适应的计算机机种、机型和系统软件及有关配套设备。配备会计软件是会计电算化的基础工作，选择会计软件的好坏对会计电算化的成败起着关键性的作用。小型企业的会计业务相对比较简单，应以选择投资较少的微机通用会计软件为主。

（2）配备了相应的会计电算化工作人员。

《规范》指出：会计电算化的工作岗位可分为基本会计岗位和电算化

会计岗位。

基本会计岗位主要包括：会计主管、出纳、会计、稽核、会计档案管理等工作岗位。电算化会计岗位包括直接管理、操作、维护计算机及会计软件系统的工作岗位，可分为电算主管、软件操作、审核记账、电算维护、电算审查、数据分析。

（3）建立了严格的内部管理制度。

会计电算化内部管理，是指对已建立的会计电算化系统进行全面管理，保证系统的安全和正常运行，它是保证单位会计工作和会计电算化工作有条不紊进行的重要措施。它主要包括：《会计电算化岗位责任制》、《会计电算化操作管理制度》、《计算机硬软件和数据管理制度》和《电算化会计档案管理制度》。

2. 会计电算化的层次

（1）会计核算电算化阶段。

在这一阶段主要完成如下工作：设置会计科目（系统初始化）、填制会计凭证、登记会计账簿、进行成本计算、编制会计报表等。会计核算电算化就是指在这几个方面运用会计软件，实现会计处理的电子计算机化。

（2）会计管理电算化。

它是在会计核算电算化的基础上，利用会计核算提供的数据和其他有关信息，借助计算机会计管理软件提供的功能和信息，及时充分地帮助财会人员合理地筹措和利用资金，以达到节约生产成本和费用开支，提高经济效益的目的。它包括进行会计预测、编制财务计划、进行会计控制和开展会计分析四项任务。

（3）会计决策电算化。

它是通过会计辅助决策支持软件来完成决策工作。一般来说，它是根据会计预测的结果对产品销售和定价、生产、成本、资金和企业经营方向等内容进行分析，以便帮助企业管理层做出合理高效的决策。会计决策电算化是会计电算化的最高阶段。

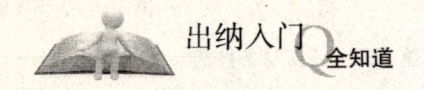

3. 实现会计电算化的程序

（1）基础工作要求及前期准备。

①建立会计科目体系并确定编码。

电算化下的会计科目体系与手工不一致。会计科目体系是会计核算的基础，整个会计核算系统都是以会计科目体系为基础建立的。建立会计账户体系从一级会计科目开始，逐级向下一级设置明细科目。根据计算机擅长于数字识别、计算迅速、准确的特点，科学地将会计科目与一定规律的数字编码一一对应，也是为了达到提高计算机的识别度、减少运算错误、提高运算效率的作用。这样，计算机就能根据唯一标识的编码填制会计凭证、核算会计账簿和编制会计报表。

②规范各类账、证、表格形式和内容。

电算化方式下，账务处理过程仍旧依照手工方式下的顺序，只是部分会计资料格式要重新设计或部分修改，以便在电算化方式下处理能达到真实、准确、安全的要求。在电算化前，要全面考虑各类会计资料的规范化格式，分清必须修改和必须保留的内容，使重新确认的会计账、证、表格形式更适用于电算化工作的特点。

③规范有关会计核算方法和过程。

要根据计算机的特点，利用它的优势对原有会计核算方法进行审查和调整。对于手工方式下由于受条件限制而无法准确或不太合理的一些会计核算方法要加以改进。会计核算过程中涉及各种凭证、账簿、报表的生成，数据的处理和传递。因此，具体由谁负责哪项工作，何时完成整个核算工作都必须事前作出合理的安排和规定。

④整理手工会计业务数据。

重新核对各类凭证和账簿，做到账证、账账、账实相符。由于会计业务数据在账务处理流程中经过多人转抄，可能存在一定误差。在将基础数据移至计算机之前，必须验证其准确性，否则会计电算化也只是徒劳的，计算机输出的会计资料毫无意义。因此必须对会计数据进行整理、分类和校对。

（2）试运行。

试运行，就是所谓的人机并行。此阶段的主要任务是：检查建立的会计电算化核算系统是否充分满足本单位的要求，使用人员对软件的操作是否存在问题，对运行中发现的问题是否还应进行修改，并逐步建立比较完善的电算化内部管理制度。它主要包括以下方面：

①系统初始化。

所谓系统初始化，就是确定会计软件的核算规则与输入基础数据的过程。即根据使用单位的业务性质，对会计软件进行具体限定以及输入基础数据等一系列操作准备工作，用来完成将通用会计软件转化为适合本单位实际情况的专用会计软件，以及从手工处理方式转换成会计电算化方式，包括建立会计科目、装入初始余额、部门代码设置、装入部门初始余额等。

②日常运行。

输入凭证是日常操作中最主要的工作之一。凭证的输入仍沿用手工方式下的原则，按照时间顺序依次登记。凭证输入计算机后要进行复核，复核输入内容与原件是否一致，防止有意无意的错误。复核后的凭证才能用于记账。记账、计算成本等各种工作是由计算机自动完成的。只要初始余额和日常发生的业务数据能正确输入计算机，计算机就能按事先设计的程序完成各种账簿的登记和各种计算工作，节省大量人力。

③期末报表。

各种报表均是根据初始化时对报表格式的定义，日常工作中对业务数据的输入然后由计算机自动编制。

（3）替代手工记账。

根据有关规定，计算机与手工并行3个月以上，且计算机核算与手工核算的数据完全一致的企业在提出申请、接受检查，并且获得有关主管部门的批准之后，才能结束人机并行期，实现计算机替代手工记账。

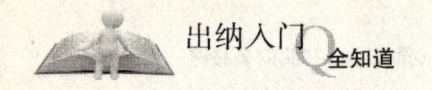

4. 会计电算化的意义

会计与计算机的结合，有力地促进了会计工作的发展。一般来说，会计电算化具有以下五个方面的意义：

（1）减轻会计人员的劳动强度，提高会计工作效率。

电算化方式减少了许多繁杂的抄录工作，增强了会计的准确性、及时性。

（2）促使会计工作规范化，提高会计工作的质量。

电算化后，由于数据来源统一，这从很大程度上减少了手工方式下各个环节可能出现的遗漏、疏忽甚至舞弊问题，使会计工作的质量得到保证。

（3）促使会计工作职能的转变。

电算化后，会计人员能从繁杂的记账、算账、报账的工作中解脱出来，更好地参与经营管理。

（4）促进会计队伍素质的提高。

开展会计电算化要求广大会计人员学习有关会计电算化的新知识。为了争取主动，适应新环境，会计人员必须不断充实自己，提高自身素质。

（5）为整个管理现代化奠定基础。

会计信息是现代化管理的重要依据。通过会计信息能使现代化的经营理念渗透到管理的方方面面，促使管理决策的不断优化和管理的日臻完善。

九、出纳技能的熟练掌握

出纳技能，是指用来反映、监督、考核和管理出纳对象，保证完成出纳任务的手段。它是对各单位的现金和银行存款等货币资金进行连续、系统、全面、综合地记录和计算，编制出纳收支报表，为其他会计核算提供准确、可靠的货币资金信息资料的一种科学方法。出纳目标是指在一定社会经济环境下，出纳工作所要达到的最终目的。我国颁布的《企业会计准则》对企业会计目标明确地作了以下规定：

（1）会计提供的信息应当满足国家宏观经济管理的要求。

（2）应当满足有关方面了解企业财务状况和经营成果的需要。

（3）应当满足企业加强内部经营管理的需要。

出纳技能主要包括设置账户、复式记账、填制和审核凭证、登记账簿、财产清查、编制出纳报告等。各种专门技能是出纳为完成其基本任务而使用的技能体系，它们相互联系，密切配合，缺少哪一环，或在哪一个环节上出了问题，都将影响到整个出纳工作质量。

1. 设置账户技能

设置账户，是指对出纳对象的具体内容进行分类反映和监督的一项专门技能。出纳对象的具体内容是复杂多样的，要对出纳对象所包含的经济内容进行系统反映和监督，对它们就要进行科学分类，以便取得各种不同性质的核算指标。因此，对各项货币资金和有价证券的增加和减少，都要按规定设置账户，进行归类记录，以便取得经营管理所需要的各种不同性质的核算指标。出纳常设的账户主要有：

（1）库存现金——人民币户。

（2）库存现金——××外币户。

（3）银行存款——结算户存款。

（4）银行存款——××专用户存款。

（5）长期股权投资。

（6）持有至到期投资。

（7）交易性金融资产。

（8）可供出售金融资产。

出纳掌管的账主要是现金和银行存款日记账。会计核算采用的记账方法是复式借贷记账法，出纳核算也不例外。但从出纳工作的实际来看，出

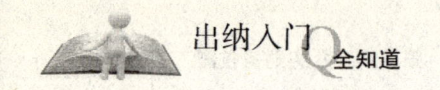

纳在登记日记账时，只在一个账户或几个互不联系的会计账户记载，比如"库存现金""银行存款"账户中进行记载，形似单式记账，但所反映的内容是复式的。现金和银行存款日记账是序时账，俗称"流水账"。所以，出纳人员根据经过审核无误的、与现金和银行存款有关的会计凭证，按先后顺序逐日逐笔进行登记，并根据"当天余额＝昨日余额＋本日收入额－当天付出额"的公式，逐日结出余额。

其中，每日的现金余额都要与库存现金实存数核对，以检查每日现金收付是否有误，库存现金是否真实；银行存款余额要定期与开户银行核对账目，编制出银行存款余额调节表。

2. 复式记账技能

复式记账，是指对发生的每项经济业务在两个或两个以上相关账户中登记的一种记账方法。采取这种方法记账，使每项经济业务所涉及的两个以上的账户发生对应关系，同时，在对应账户上所记金额相等，即保持平衡关系。通过账户的对应关系，可以了解到有关经济业务的内容；通过账户的平衡关系，可以检查有关经济业务的记录是否正确。

采用复式记账法记录各项经济业务，既可以相互联系地反映经济业务的全貌，又有利于核对账户的记载是否正确。

3. 填制和审核凭证技能

填制和审核凭证是为了保证会计记录完整、真实和可靠，审查经济活动是否合理、合法而采用的一种专门方法。审核无误的凭证，是出纳记账的依据，是经济业务的书面证明。对每一项经济业务填制会计凭证，并加以分析审核，可以为经济管理提供真实可靠的数据资料，并明确经济责任。

凭证可能是从外单位来的，也可能是本单位非出纳人员填制的。这两种情况下产生的凭证都要在出纳人员处办理货币收支业务，出纳必须进行严格的审核。只有经过严格审核并确认为合法的会计凭证，出纳才能据以收付货币并作为登记账簿的依据。另外一些凭证是由出纳人员自己填制的。出纳必须按规定和要求认真、正确地填写这些凭证,并据以进行货币资金的收入、付出与结存业务,以及登记账簿。如实填制和严格审核凭证,有许多益处,主要表现在:

(1) 可以及时发现企事业单位货币收支业务的有关问题并加以改正。

(2) 能保证账簿记录的可靠性和真实性。

(3) 能保证单位货币资金的安全,减少损失,加强经济核算。

4. 登记账簿技能

账簿,是指用来全面、连续、系统地记录经济业务的簿记,是保存出纳数据资料的重要工具。登记账簿,是指将发生的经济业务,序时、分类地记入有关账簿。登记账簿要以凭证为依据,利用复式记账的方法,把经济业务分门别类而又相互联系地加以全面反映,以便为经营管理提供完整、连续、系统的核算资料。

设置必要的账簿,并按照一定的记账方法和程序进行登记,同时定期地进行结账和对账。保证提供正确的核算资料,是出纳工作的一项重要的具体内容。出纳账簿所提供的各种数据资料,是编制出纳报告的重要依据。

5. 货币和财产清查技能

(1) 货币清查。

货币清查,是指通过实地盘点库存现金和核对银行存款账目,保证账款相符、账账相符的一种专门方法。

①对现金的清查。

这是定期或不定期采用实地盘点法进行的。主要清查有无挪用公款、有无假造用途、有无套取现金等现象。通过清查,发现问题,分析原因,追究责任,总结经验,加强管理,保证现金安全无损。

②对银行存款的清查。

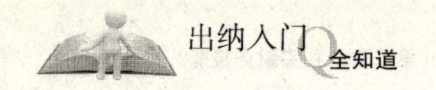

这主要采用银行账（用银行对账单代替）与单位账（银行存款日记账）核对的方法，对银行存款的收支业务，逐日逐笔核对。

（2）财产清查。

财产清查，是指通过实物盘点、账目核对，查明各项资产的实有数额的一种专门方法。为了保证出纳核算资料的真实性，保证账存数额和实存数额相一致，必须定期或不定期地进行财产清查。如发现账实不符，应查明情况，分析原因，并及时调整账簿记录，做到账实相符。总之，通过货币和财产清查可以保证出纳核算资料的正确性，监督企业财产的安全与合理使用。货币和财产清查是出纳核算必不可少的方法。

6. 编制出纳收支报表技能

这是指定期以报表的形式，集中反映货币资金的动态与静态状况的一种专门方法。出纳收支报表主要是现金和银行存款日报、旬报、月报等。它们是以日记账为依据并做进一步的加工整理后，以表格的形式表现单位在某一个时期内货币资金运动的状况，即货币收付情况；同时也反映在某一时点上单位货币资金的静态状况，即现金和银行存款的实际拥有数（期末余额）。出纳收支报表是各个单位经济管理和会计核算的重要手段。

7. 会计分析技能

对核算资料进行分析利用，是对核算资料所反映的各项经济指标进行对比分析，以便挖掘收入潜力，找出降低成本的办法，扩大经营成果。

十、出纳报告的格式及编制要求

1. 掌握出纳报告的基本格式

出纳记账后，应根据现金日记账、银行存款日记账等核算资料，定期编制出纳报告单，报告本单位本期现金和银行存款等的收支与结存情况，并据以与总账会计核对现金和银行存款的期末余额。

出纳报告是出纳工作的最终成果，也是单位管理者进行经营决策的重要依据，因此必须保证其出纳信息的真实性、完整性和准确性。出纳人员应根据单位内部管理的要求设计符合单位实际情况的出纳报告，定期编制并及时报送。

出纳报告属于企业内部报告，形式上具有较大的灵活性，但其基本内容应当包括"上期结存"、"本期收入"、"本期支出"和"期末结存"等基本项目。出纳人员记账后，应根据现金日记账、银行存款日记账、有价证券明细账、银行对账单等核算资料，定期编制"出纳报告单"和"银行存款余额调节表"，报告本单位一定时期现金、银行存款、有价证券的收存情况，并与总账会计核对期末余额。"出纳报告单"的格式见表3–17：

表3–17　　　　　　　　　　出纳报告单

单位名称：　　　　　　年　月　日至　年　月　日　　　　　　　编号：

项　　目	库存现金	银行存款	有价证券	备　注
上期结存				
本期收入				
合计				
本期支出				
本期结存				

主管：　　　记账：　　　出纳：　　　复核：　　　制单：

2. 出纳报告的日常编制

编制出纳报告单应符合下列要求。

（1）编制要及时。

出纳报告单的报告期可与本单位总账会计汇总记账的周期相一致，如果本单位总账5天汇总一次，则出纳报告单5天编制一次。但本单位货币收支业务量较大或因内部决策的需要，出纳报告单可就现金和银行存款情况每天一报。

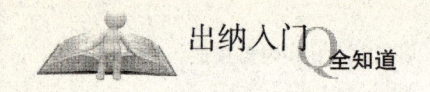

（2）账表内容必须一致。

出纳报告单上的项目内容应当与出纳日记账有关明细账和备查簿内容相符，保证其出纳信息的真实、完整、准确。

（3）横向项目填表说明。

①上期结存数是指报告期前一期期末结存数，即本期报告期前一天的账面结存金额，也就是上一期出纳报告单的"本期结存"。

②本期收入数按账面本期借方合计数额填列。

③本期支出数按账面本期贷方合计数额填列。

④本期结存是指本期期末账面结存数字，它等于"上期结存＋本期收入－本期支出"的数额，本期结存必须与账面实际结存数一致。

⑤备注是对明细账目中特殊情况的说明，如银行存款中的未达账项、债券的到期日期等。

（4）纵向项目设计说明。

纵向项目设计时可根据实际需要进行扩充合并，一般的整合原则是：

①现金可按保管人分项，如连锁超市的各个门市部。

②银行存款先按币种分项，再按不同的开户账号分项，出于简化工作量考虑也可以按常用与不常用分项。

③其他货币资金按明细账分项。

④有价证券按不同单位分项，债券可以按到期天数分项。

⑤其他项目如应收票据、应付票据可根据实际需要设置。

（5）报送范围和程序要确定。

由于出纳报告属于单位内部资料，出纳人员在未经有关领导的批准，不得任意传送或泄露其内容。但在接受国家行政部门如工商、税务、审计等的检查时，出纳人员也不得擅自隐瞒、篡改出纳报告的内容。

十一、财务报表的内容

1. 资产负债表

资产负债表被誉为企业的"第一会计报表"。在实际工作中,利用率极高,对不同报表使用者都有着重要的意义。资产负债表从整体上反映了一个企业的实力及其财务状况。企业在经过一段时期的经营后,其经营状况最终都要以报表的形式反映出来,而资产负债表就是企业的一幅速描。

(1) 资产负债表的种类。

企业的资产负债表是以会计的基本等式"资产=负债+所有者权益"编制而成的。这一恒等式反映了企业在生产经营活动中持有的各项经济资源及其产权归属的对照关系。资产负债表的格式主要有账户式资产负债表和报告式资产负债表两种,其格式见表3-18和表3-19所示。目前上市企业年报中公布的资产负债表,往往采用报告式资产负债表。

表3-18　　　　　　　　　　　账户式资产负债表

资产		负债及所有者权益	
流动资产 长期投资 固定资产 无形资产 ……	(金额)	流动负债 长期负债 所有者权益 ……	(金额)
资产总计		负债和所有者权益总计	

表3-19　　　　　　　　　　　报告式资产负债表

资产类
流动资产
长期投资
固定投资
无形资产
负债及所有者权益
……

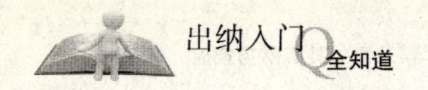

(2) 资产负债表的结构。

总体来看，资产负债表由三部分构成。其格式见表3-20所示。

①表头，包括报表名称，编制单位、报表编号、编报日期、货币单位等。

②报表各项目及金额。

③补充资料，列在报表下端。

表3-20　　　　　　　　　　　资产负债表　　　　　　　　　　　会企01表

编制单位：　　　　　　　　　　　___年___月___日　　　　　　　　　　　单位：元

资产	行次	年初数	期末数	负债及所有者权益	行次	年初数	期末数
流动资产：				流动负债：			
货币资金				短期借款			
交易性金融资产				交易性金融负债			
应收票据				应付票据			
应收账款				应付账款			
预付款项				预收款项			
应收股利				应付职工薪酬			
应收利息				应交税费			
其他应收款				应付利息			
存货				应付股利			
一年内到期的非流动资产				其他应付款			
其他流动资产				一年内到期的非流动负债			
流动资产合计				其他流动负债			
非流动资产：				流动负债合计			
可供出售金融资产				非流动负债：			
持有至到期投资				长期借款			
长期应收款				应付债券			
长期股权投资				长期应付款			
投资性房地产				专项应付款			
固定资产				递延所得税负债合计			
在建工程				其他非流动负债			
工程物资				非流动流动负债合计			
固定资产清理				负债合计			

续表

资产	行次	年初数	期末数	负债及所有者权益	行次	年初数	期末数
生产性生物资产				所有者权益：（或股东权益）：			
油气资产				实收资本（或股本）			
无形资产				资本公积			
开发支出				减：库存股			
商誉				盈余公积			
长摊待摊费用				未分配利润			
递延所得税资产				所有权益（或股东权益）合计			
其他非流动资产							
非流动资产合计							
资产合计				负债和所有者（或股东权益）合计			

补充资料：

①已贴现的商业承兑汇票。

②已包括在固定资产原价内的融资租入固定资产原价。

③固定资本。

④法人资本。

⑤个人资本。

⑥外商资本。

仔细观察资产负债表，就会发现项目的排列是按流动性强弱排列，如货币资金的流动性要强于存货，流动资产的流动性要强于非流动资产。

（3）从资产负债表中能够获得哪些信息。

①能够获得一些财务状况信息。

管理者从资产负债表中能够获得企业某一特定日期的财务状况信息，其中包括企业在某一特定日期所拥有或控制的经济资源，表现为企业的资产；企业现在应承担的义务，表现为企业的负债；资产减去负债的余额，表现为企业的所有者权益等。

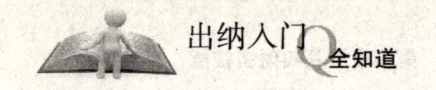

②能认清资产负债表的结构。

管理者在阅读资产负债表时，不应当只看每一项的具体数字，而应该先从整体上加以把握，也就是说，要认清资产负债表的结构。

③资产负债表是按账户式反映。

资产负债表中资产、负债和所有者权益的内容不是相互孤立存在的。资产负债表实际上按账户式反映，即资产负债表分为左方和右方，左方列示资产各项目，右方列示负债和所有者权益各项目，资产各项目的合计等于负债和所有者权益各项目的合计。通过账户式资产负债表，反映资产、负债和所有者权益之间的内在关系，并达到资产负债表左方和右方平衡。同时，资产负债表还提供年初数和期末数的比较资料。

既然资产负债表包括资产、负债和所有者权益这三大部分内容，管理者就应当同时关注这三部分内容。通过资产负债表，可以提供某一日期资产的总额，表明企业拥有或控制的经济资源及其分布情况；通过资产负债表，可以反映某一日期的负债总额及其结构，表明企业未来需要用多少资产或劳务清偿债务；通过资产负债表，可以反映所有者权益的情况，表明投资者在企业资产中所占的份额，了解所有者权益的构成情况。此外，资产负债表还能够提供进行财务分析的基本资料，如通过资产负债表可以计算流动比率、速动比率等等。

2. 损益表

损益表，又称收益表和利润表。如果想知道企业一年的经营情况，就应该留心损益表。损益表有三张附表，即利润分配表、经营业务收支明细表、商品销售利润明细表等。

（1）损益表的构成。

损益表的构成非常简单，是按照会计恒等式中的"利润＝收入－费用"编制的。我国的损益表一般采用多步式损益表，即分步骤、分性质地将各项收入与费用进行配比，计算各类损益，然后将其汇总计算企业的利润总额。如表3-21所示，企业净利润的求得方式一目了然。

表 3-21　　　　　　　　　利润表　　　　　　　　　会企 02 表

编制单位：　　　　　　　　　年　　月　　　　　　　　　　单位：元

项　目	行次	本年金额	上年金额
一、营业收入			
减：营业成本			
营业税金及附加			
销售费用			
管理费用			
财务费用			
资产减值损失			
加：公允价值变动收益（损失以"-号"填列）			
投资收益（损失以"-号"填列）			
其中：对联营企业和全营企业的投资收益			
二、营业利润（损失以"-号"填列）			
加：营业外收入			
减：营业外支出			
其中：非流动资产外置损失			
三、利润总额（亏损总额以"-号"填列）			
减：所得税费用			
四、净利润（净亏损以"-号"填列）			
五、每股收益：			
（一）基本每股收益			
（二）稀释每股收益			

损益表的结构同资产负债表一样，也是由表头、基本部分和补充资料三部分组成。补充资料主要列示那些影响本期财务报表金额或未来经营活动，以及有助于报表使用者准确分析企业经营成果的事项，而在损益表中无法或不便于表达的资料。损益表基本部分的内容如图 3-1 所示。

营业收入 → 营业利润 → 利润总额 → 净利润

图 3-1　损益表的组成

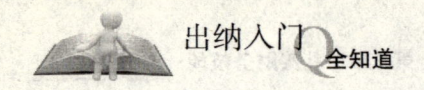

其中关联,可以从损益表中直接看出。

从损益表中能够获得哪些信息。

管理者从损益表的阅读中可以获得有关企业经营成果的信息。具体地说,损益表把一定期间的营业收入与其同一会计期间相关的营业费用进行配比,以便计算出企业一定时期的净利润(或净亏损)。

通过损益表反映的收入、费用等情况,能够反映企业生产经营的收益和成本耗费情况,表明企业生产经营成果;同时,通过损益表提供的不同时期的比较数字(本月数、本年累计数、上年数),可以分析企业今后利润的发展趋势及获利能力,了解投资者投入资本的完整性。由于利润是企业经营业绩的综合体现,又是进行利润分配的主要依据,因此,损益表是会计报表中的主要报表,管理者应当重视损益表的阅读。

(2)利润分配表。

利润分配表反映企业利润分配情况和年末未分配利润结余情况的报表。利润分配表由表头和表体两部分构成,见表3-22:

表3-22　　　　　　　　　利润分配表

项　目	行次	上年实际	本年实际
一、净利润			
加:年初未分配利润			
减:单项留用利润			
二、可供分配的利润			
加:盈余公积补亏			
减:提取盈余公积			
应付利润			
三、未分配利润			

按我国现行制度规定,非股份制企业其税后利润的分配顺序为:

①被没收财物损失,违反税法规定支付的滞纳金和罚款。

②弥补以前年度的亏损。

③提取法定公积金。

④提取公益金。

⑤向投资者分配利润。

⑥预留未分配利润。

(3) 主营业务收支明细表。

主营业务收支明细表反映企业在一定期间内主营业务收入、成本、费用、税金及附加以及实现利润情况的会计报表。它也是损益表的一张附表，目的是为了详细披露（揭示）经营成果的构成，是对损益表的补充。

通过损益表分析，你可能只了解到企业的整体情况，而主营业务收支明细表可以告诉你哪一项业务亏损或盈利，亏损多少，盈利多少等等。见表3-23：

表3-23　　　　　　　主营业务收支明细表（工业企业）　　　　工会02表

编制单位：　　　　　　　　　　年度：　　　　　　　　　　　　　单位：

项目	行次	营业收入	营业成本	销售费用	营业税金及附加	营业利润
一、产品销售 1. A产品 2. B产品 3. …… 4. 5. 6. 7. ……	1 2 3 4 5 6 7					
二、其他业务 1. 出租包装物 2. 出售废旧物资 ……	15 16					

3. 现金流量表

现金流量表是以现金为基础编制现金来源和运用的会计报表。并非每家私营企业都编制现金流量表，只有企业规模达到一定程度时才有必要编制现金流量表。

(1) 现金流量表的构成。

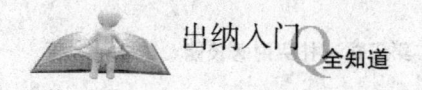

现金流量表的结构也是由表头、报表主体、补充资料组成。其中补充资料也包括三个方面：

①披露一定期间内影响资产或负债、但不形成该时期现金收支的所有投资和筹资活动的信息。

②以净利润为起算点，将净利润调节为经营活动现金流量，即利用"间接法"计算现金流量（有兴趣的读者可以参看编制现金流量表相关书籍）。

③从现金及现金等价物的期末余额与期初余额比较，得出"现金及现金等价物增加额"，与主体内项目金额进行核对。现金流量表见表3－24：

表3－24　　　　　　　　　现金流量表　　　　　　　　会企03表

编制单位：　　　　　　　　　___年___月　　　　　　　　　单位：元

项　　目	行次	本年金额	上年金额
一、经营活动产生的现金流量：			
销售商品、提供劳务收到的现金			
收到税费返还			
收到其他与经营活动有关的现金			
经营活动现金流入小计			
购买商品、接受劳务支付的现金			
支付给职工以及为职工支付的现金			
支付的各项税费			
支付其他与经营活动有关的现金			
经营活动现金流出小计			
经营活动产生的现金流量净额			
二、投资活动产生的现金流量：			
收回投资收到的现金			
取得投资收益收到的现金			
处置固定资产、无形资产和其他长期资产收回的现金净额			
处置子公司及其他营业单位收到的现金净额			
收到其他与投资活动有关的现金			
投资活动现金流入小计			
购建固定资产、无形资产和其他长期资产支付的现金			

续表

项　　目	行次	本年金额	上年金额
投资支付的现金			
取得子公司及其他营业单位支付的现金净额			
支付其他与投资活动有关的现金			
投资活动现金流出小计			
投资活动产生的现金流量净额			
三、筹资活动产生的现金流量：			
吸收投资收到的现金			
取得借款收到的现金			
收到其他与筹资活动有关的现金			
筹资活动现金流入小计			
偿还债务支付的现金			
分配股利、利润或偿付利息支付的现金			
支付其他与筹资活动有关的现金			
筹资活动现金流出小计			
筹资活动产生的现金流量净额			
四、汇率变动对现金及现金等价物的影响			
五、现金及现金等价物净增加额			
加：期初现金及现金等价物余额			
六、期末现金及现金等价物余额			

（2）从现金流量表中能够获得哪些信息。

具体说来，现金流量表能够为管理者提供三个方面的信息：

①反映企业净收益的质量。

为了获得账面上较高的利润，很多企业都想尽各种办法"调整"利润，而现金流量是一个客观数据，不像净收益那样可以通过会计项目调整。

②反映企业运用现金的能力。

现在，很多企业都说缺钱、缺流动资金，但是，企业为什么缺钱？钱都用到哪里去了？用的是否合理？通过现金流量表，就可以分析这些情况。

③反映企业的偿债能力。

企业的资金大多来自银行，企业的偿债能力直接影响到银行的正常运行，甚至国民经济的健康发展。因此，了解企业的资金运行情况及其偿债能力，显得十分重要。

全知道 ④

本章深意：凭证是财务处理的依据，出纳人员需要掌握凭证管理的技巧，完全解读企业的财务信息。

第四章 熟练凭证管理

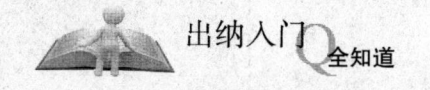

一、对会计凭证的认识

出纳工作的第一步是取得原始单证，并办理资金收付事项。原始单证在会计上称为原始凭证，是在经济业务发生或完成时由经办该业务的人员取得或填制的，用来详细说明经济业务内容的书面证明。原始凭证是记录经济业务，明确经济责任的直接依据，具有法律效力。

对于出纳人员而言，凡是涉及现金支付、银行结算以及外汇的收付和结算的业务，都必须取得或填制原始凭证，才能进行出纳核算。这些原始凭证必须是能反映经济业务的发生或完成情况的各种书面凭据如发票、银行收款通知、各种费用开支、报销单据。但那些不能证明经济业务发生和完成情况的书面凭证，如工程预算书等，则不能作为原始凭证。

出纳人员取得原始单证后，该原始单证必须经过审核并确认其真实、合法、完整后才能据以办理资金收付事宜和编制记账凭证。

二、原始凭证的填制及审核

1. 填制原始凭证

填制原始凭证要由填制人员将各项原始凭证要素按规定方法填写齐全，办妥签章手续，明确经济责任。

原始凭证的填制有三种形式，一是根据实际发生或完成的经济业务，由经办人员直接填列，如"入库单""出库单"等；二是根据已经入账的有关经济业务，由会计人员利用账簿资料进行加工整理填列，如各种记账编制凭证；三是根据若干张反映同类经济业务的原始凭证定期汇总填列汇总原始凭证。

原始凭证的种类不同，其具体填制方法和填制要求也不尽一致，但就原始凭证应反映经济业务、明确经济责任而言，原始凭证的填制有其一定要求。为了确保会计核算资料的真实、正确并及时反映，应按下列要求填制原始凭证：

（1）符合实际情况。

凭证填制的内容、数字等，必须根据实际情况填列，确保原始凭证所反映的经济业务真实可靠，符合实际情况。从外单位取得的原始凭证如有遗失，应取得原签发单位盖有财务章的证明，并注明原来凭证的号码、金额和内容等，经单位负责人批准后，可代作原始凭证。对于确实无法取得证明的，如火车票、轮船票、飞机票等凭证，由当事人写出详细情况，由经办单位负责人批准后，可代作原始凭证。

（2）明确经济责任。

填制的原始凭证必须由经办人员和部门签章。从外单位取得的原始凭证必须盖有填制单位的财务章；从个人取得的原始凭证，必须有填制人员的签名或盖章。自制原始凭证必须有经办单位负责人或其指定人员的签名或盖章。对外开出的原始凭证，必须加盖本单位财务章。

（3）填写内容齐全。

原始凭证的各项内容，必须详尽地填写齐全，不得遗漏，而且凭证的各项内容，必须符合内部牵制原则。凡是填有大写和小写金额的原始凭证，大写与小写金额必须相符；购买实物的原始凭证，必须有验收证明；支付款项的原始凭证，必须有收款单位和收款人的收款证明。一式几联的原始凭证，应当注明各联的用途，只能以一联作为登记账簿的依据；一式几联的发票和收据，必须用双面复写纸套写，并连续编号，作废时应加盖"作废"戳记，连同存根一起保存，不得撕毁。发生销货退回时，除填制退货发票外，退款时，必须取得对方的收款收据或汇款银行的汇出凭证，不得以退货发票代替收据。职工公出借款收据，必须附在记账凭证上，收回借款时，应另开收据或退还借据副本，不得退还原借款收据。

经有关部门批准办理的某些特殊业务，应将批准的文件作为原始凭证

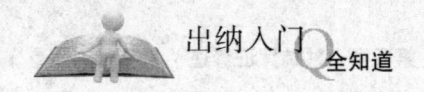

的附件，若批准文件需要单独归档，应在凭证上注明批准机关名称、日期和文件字号。

(4) 书写格式要规范。

原始凭证要用蓝色或黑色笔书写，字迹清楚、规范，填写支票必须使用碳素笔，属于需要套写的凭证，必须一次套写清楚，合计的小写金额前应加注币值符号，如"￥""US＄"等。大写金额有分的，后面不加整字，其余一律在末尾加"整"字，大写金额前还应加注币值单位，注明"人民币""美元""港币"等字样，且币值单位与金额数字之间，以及各金额数字之间不得留有空隙。各种凭证不得随意涂改、刮、擦、挖补，若填写错误，应采用规定方法予以更正。对于重要的原始凭证，如支票以及各种结算凭证，一律不得涂改。对于预先印有编号的各种凭证，在填写错误后，要加盖"作废"戳记，并单独保管。

阿拉伯数字应一个一个地写，不得连笔写。阿拉伯金额数字前面应写人民币符号"￥"。人民币符号"￥"与阿拉伯数字之间不得留有空白。凡阿拉伯数字前写有人民币符号"￥"的，数字后面不再写"元"字。所有以元为单位的阿拉伯数字，除表示单价等情况外，一律填写到角分。无角分的，角位和分位可写"00"或符号"—"；有角无分的，分位应写"0"，不得用符号"—"代替。

汉字大写金额数字，一律用正楷字或行书字书写，如壹、贰、叁、肆、伍、陆、柒、捌、玖、拾、佰、仟、万、亿、元、角、分、零、整等易于辨认，不易涂改的字样。不得用一、二（两）、三、四、五、六、七、八、九、十、毛、另（或0）等字样代替，不得任意自选简化字。

阿拉伯金额数字中间有"0"时，汉字大写金额要写"零"字，如￥101.50，汉字大写金额应写成"人民币壹佰零壹元伍角整"。阿拉伯金额数字中间连续有几个"0"时，汉字大写金额中可以只写一个"零"字，如￥1004.56，汉字大写金额应写成"人民币壹仟零肆元伍角陆分"。阿拉伯金额数字元位是"0"或数字中间连续有几个"0"，元位也是"0"，但角位不是"0"时，汉字大写金额可只写一个"零"字，也可不写"零"字,如¥1320.56,汉字大写金额应写成"人民币壹仟叁佰贰拾元零伍角陆分",或"人民币壹仟叁佰贰拾元伍角陆分"。

2. 审核原始凭证

只有经过审核无误的凭证,才能作为记账的依据,为了正确反映并监督各项经济业务,会计部门的经办人员必须严格审核各项原始凭证,以确保会计核算资料的真实、合法、准确。原始凭证的审核,主要包括以下三个方面的内容:

(1)合规性审核。

根据有关的法令、制度、政策等,审核原始凭证所记录的经济业务是否合规、合法、有无违反法令、制度的行为;审核经济业务是否按规定的程序予以办理,对于弄虚作假、涂改或经济业务不合法的凭证,应拒绝受理,并报请上级有关人员处理。

(2)完整性审核。

根据原始凭证的要素,逐项审核原始凭证的内容是否完整,原始凭证的各项目是否按规定填写齐全,是否按规定手续办理。若原始凭证的内容填写不全,手续不完备,应退经办人员补办完整后,才予受理。

(3)技术性审核。

根据原始凭证的填写要求,审核原始凭证的摘要和数字及其他项目是否填写正确,数量、单价、金额、合计是否填写正确,大、小写金额是否相符。若有差错,应退经办人员予以更正。

三、记账凭证的填制、粘贴、审核及更正

1. 填制记账凭证

真实、完整、准确的记账凭证是保证会计信息质量的根本,因此记账

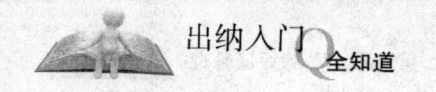

凭证的填制除了严格遵守填制原始单证的基本要求外，还应注意以下几点。

(1) 凭证应按顺序编号。

记账凭证必须按月分类连续编号，以便分清会计事项处理的先后顺序和日后与账簿记录核对，确保记账凭证完整无缺。单位应根据单位规模、业务量大小对记账凭证进行具体分类无论哪一类编号，都必须做到按月、分类、依序。即每月第一天从第一号编起，顺序编到每月最后一天，不允许漏号、重号和错号。为防止记账凭证丢失，应在填制凭证当天及时编号。

采用复式记账的记账凭证一般是一张凭证编一个号，如果发生复杂的经济业务，需要连续编制两张或两张以上的记账凭证时，应加编分号，例如10号会计分录有两张记账凭证，分别编为10A号、10B号。

(2) 凭证的摘要应当明确。

摘要应当简洁明了，不能有重大遗漏或故意隐瞒，不得含糊其词，似是而非，不得有误导性陈述，尽量避免烦琐其词。

(3) 会计分录的编制应当正确。

应填列会计科目名称，或者科目名称和编号，不能只填科目编号不写科目名称。需要登记明细账的还应注明二级科目和明细科目的名称，据以登账。出纳员一般只涉及收付款凭证，不涉及转账凭证。对于收款凭证，其借方科目为"库存现金"或"银行存款"，其贷方科目则应根据经济业务的内容和本行业会计制度的规定具体确定，如提供劳务取得现金收入，在服务行业贷方科目应为"营业收入"。对于付款凭证，贷方科目为"库存现金"或"银行存款"，其借方科目则应根据经济业务的内容和行业会计制度的规定而具体确定，如工业企业用银行存款采购原材料，则其借方科目应为"原材料"。

(4) 凭证的金额必须准确。

记账凭证金额填完后应加计金额合计数。记账凭证不论是一个会计科目或若干个会计科目，或一个会计科目下有若干个明细科目都应将一方的金额加计合计数填写在相应的"合计"栏内。合计金额前应加注币值符号，如人民币号"￥"。

（5）附件原始凭证应当同类。

出纳人员可以根据每一张原始凭证单独填制记账凭证，也可以每天根据若干张同类的原始凭证汇总填制一张记账凭证，或者先将同类的原始凭证编制一张汇总表，再根据该汇总表编制记账凭证。

（6）所附原始凭证的张数。

记账凭证所记录的经济业务必须以能证明该项经济业务的原始凭证作为附件。凡是能证明经济业务内容的各种原始凭证，不论张数多少，都应按规定贴在该记账凭证后面。

除结账和更正错误的记账凭证可以不附原始凭证外，其他记账凭证必须附有原始凭证。如果一张原始凭证涉及几张记账凭证，可以把原始凭证附在一张主要的记账凭证后面，并在其他记账凭证上注明附有该原始凭证的记账凭证的编号或者附有原始凭证复制件。

（7）错误凭证的更正。

如果在填制记账凭证时发生错误，应当重新填制。如果是已经登记入账的记账凭证在当年内发现错误的，可以用"补充更正法"、"红字更正法"和"划线更正法"等方法更正；如果发现以前年度记账凭证有错误的，应当填制一张更正的记账凭证。

（8）凭证的签章。

记账凭证填制完毕后，应由相关部门和人员签名并盖章，如单位核算已实行电算化处理的，也应在已打印好的记账凭证上补齐有关签章。出纳在办理完款项收付后，除了签章明确经济责任外，还应立即加盖"收讫"或"付讫"戳记。

2. 整理粘贴在记账凭证后的附件

在实际工作中记账凭证所附的原始凭证种类繁多，为了便于日后的装订和保管，在填制记账凭证的时候应对附件进行必要的整理和外形加工。

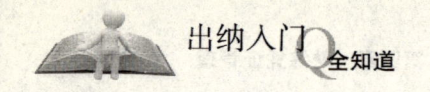

(1) 过宽过长的附件。

应进行纵向和横向的折叠，折叠后的附件外形尺寸，不应长于或宽于记账凭证，同时还要便于翻阅；附件本身不必保留的部分可以裁掉，但不得因此影响原始凭证内容的完整。

(2) 大小适中的附件。

主要是进行"毛边"的修理，搞整齐后用回形针等固定于记账凭证下面。整理保存时尽量不要用胶水，以防日后霉变和给装订带来不便。

(3) 过窄过短的附件。

不能直接装订时，应进行必要的加工后再粘贴于特制的原始凭证粘贴纸上，然后再装订粘贴纸。原始凭证粘贴纸的外形尺寸应与记账凭证相同，纸上可先印一个合适的方框，各种不能直接装订的原始凭证，如汽车票、地铁车票、市内公共汽车票、火车票、出租车票等，都应按类别整齐地粘贴于粘贴纸的方框之内，不得超出。粘贴时应横向进行，从右至左，并应粘在原始凭证的右边，逐张左移，后一张右边压住前一张的左边，每张附件只粘左边的0.5～1厘米长，粘牢即可。粘好以后要捏住记账凭证的左上角向下抖几下，看是否有未粘住或未粘牢的。最后还要在粘贴单的空白处分别写出每一类原始凭证的张数、单价与总金额。

如某人报销差旅费，报销单后面的粘贴单附有1元的市内公共汽车票9张，2元的公共汽车票12张，400元的火车票1张，900元的飞机票1张，就应分别在汽车票一类下面空白处注明 $1×9=9.00$ 元，$2×12=24$ 元，在火车票一类下面空白处注明 $400×1=400$ 元，在飞机票一类下面空白处注明 $900×1=900$ 元。这样，万一将来原始凭证不慎失落，也很容易查明丢的是那一种票面的原始凭证，而且也为计算附件张数提供了方便。粘贴式样（粘贴纸大小如前所述，此处仅列示粘贴方法）见图4-1。

3. 审核记账凭证

记账凭证是登记账簿、科目汇总的直接依据，只有经过审核无误后的记账凭证，才能作为登记账簿的依据。因此，出纳人员应对记账凭证进行

第四章 熟练凭证管理

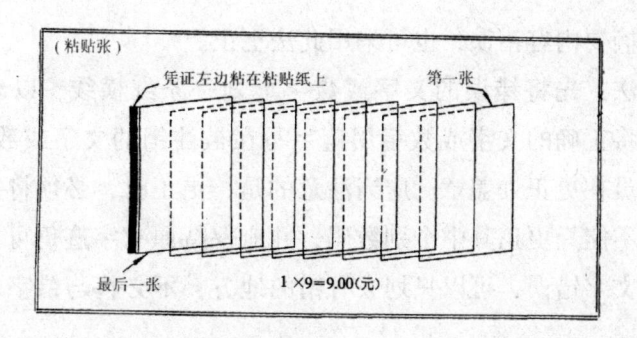

图 4-1

认真的审核，一旦发现填制错误要按照规定的方法进行更正。在审核记账凭证时，要重点注意以下事项：

（1）记账凭证各项目填制是否完整、齐备，摘要是否清晰。

（2）记账凭证是否附有原始凭证。

（3）记账凭证与原始凭证所反映的经济业务内容是否相同。

（4）记账凭证与原始凭证所反映的金额是否一致。

（5）应借应贷的会计账户对应关系是否清晰，金额是否正确，方向是否有误。

（6）记账凭证的填写字迹是否清楚，有关人员是否已签字盖章。

4. 更正错误的记账凭证

出纳人员在编制记账凭证的过程中往往会因工作疏忽，业务不熟等原因发生工作错误，如会计账户借贷方向记反，使用会计科目不当，写错金额等情况的发生。发生上述错误后，如尚未登记账簿的，应重新填制记账凭证，原错误的记账凭证予以作废或撕毁；对于已登记入账的记账凭证，则应根据错误发生的具体情况，相应地采用规定的方法予以更正。更正方法主要有划线更正法、红字更正法和补充登记法。

（1）划线更正法。

又称红线更正法。适用条件是：在结账前，若发生账簿记录有误，但其据以入账的记账凭证并无错误，纯属日记账记录时出现的文字或数字的笔误时，可采用划线更正法予以更正；或是在登记账簿以后，发现记账凭

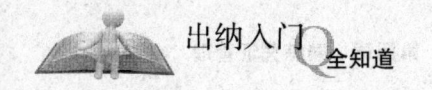

证所写部分摘要内容错误,也可采用此法更正。

更正方法:先将错误的文字或数字上划一条红横线,以表示予以注销,然后,将正确的文字或数字用蓝字写在被注销的文字或数字的上方,并由记账人员在更正处盖章。应当注意的是,更正时,必须将错误数字全部划掉,而不能只更正其中个别数码,并应保持原有字迹仍可辨认,以备查考;对于文字错误,可以只划去有错的地方,不必将与错字相关联的其他文字划去。

【例】出纳员在按记账凭证登记现金日记账时,将支付差旅费845.00元错误记为854.00元。更正时应将错误数字全部用红线划去注销,并在上方写上正确的文字并盖章,同时更正有关的账户及余额金额。

(2)红字更正法。

又称红字冲销法,因为在会计处理上,以红字记录表示对记录的冲减。适用条件:记账后,发现记账凭证的借贷方科目错误或记账凭证中实填金额大于应填金额时,采用红字更正法进行更正;具体可分为以下两种情况:

一种是记账以后,发现记账凭证中的应借、应贷的会计科目错误造成记账方向有误,但记账凭证及账簿记录的金额并未错,可采用红字更正法予以更正。更正的方法:先用红字金额填制一张会计分录与原错误记账凭证完全相同的记账凭证,在摘要栏内注明"冲销某月某日第×号凭证的错误",并据以用红字登记入账,以冲销原有的错误记录;然后用蓝字填制一张正确的记账凭证,并在摘要栏中写明"补记某月某日凭证,原错误凭证编号",并据以登记入账。

采用红字更正法应注意的问题是:在复式记账的前提下,一个科目运用发生错误,必须根据复式记账的原理,将原有错误的记账凭证全部冲销,以反映更正原错误凭证的内容,不能只用红字填制更正单个会计科目的单式记账凭证。

【例】出纳人员收到新乔公司交来购买纯棉内衣的预付款9 000元,银行收讫、填制记账凭证时,误编为如下会计分录,同时据以登记入账。

借：银行存款 9 000
　　贷：其他应付款——新乔公司 9 000

发现错误后，先用红字填制一张与原错误记账凭证内容完全一致的记账凭证，并据以用红字金额登记入账，冲销原有的错误记录（以下用方框代表红字），摘要注明"冲销×月×日第×号凭证"。

借：银行存款 9 000
　　贷：其他应付款——新乔公司 9 000

然后，再用蓝字编制一张正确的记账凭证，同时登记入账，摘要注明"补记×月×日凭证，原错误凭证为×号"。

借：银行存款 9 000
　　贷：预收账款 9 000

另一种是如果记账以后，发现记账凭证和账簿中所记金额大于实际应记金额而应借、应贷的会计科目并无错误，那么应采用红字更正法予以更正。更正的方法是：按正确数字与错误数字之间的差额，即多出金额，用红字填一张记账凭证，在摘要栏内写明："冲销某月某日×号凭证多记金额"，并据以登记入账，以冲销多记的金额。

【例】出纳员从银行提取备用金200元；填制凭证时误记为2 000元，则错误的会计分录为：

借：库存现金 2 000
　　贷：银行存款 2 000

发现后，对记账凭证进行更正，则分录为：

借：库存现金 1 800
　　贷：银行存款 1 800

(3) 补充登记法。

错记金额时，应借、应贷的会计科目并无错误，则应采用补充登记法予以更正。更正的方法是：将正确的数字与错误数字之差额，用蓝字填制一张与原错误记账凭证所记载的借贷方向相同的凭证，在摘要栏内写明

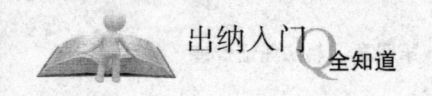

"补记某月某日第×号凭证少记××",并据以登记入账,予以补充。

【例】出纳员现金支付仓库租金3 200元,在填写记账凭证时,误将金额写为2 300元,并据此登记入账。

借:销售费用　　　　　　　　　　　　　　　　　　　　2 300
　　贷:库存现金　　　　　　　　　　　　　　　　　　　2 300

发现错误后予以更正,少记的900元,用蓝字填写记账凭证,则会计分录为:

借:销售费用　　　　　　　　　　　　　　　　　　　　　900
　　贷:库存现金　　　　　　　　　　　　　　　　　　　　900

(4)使用更正方法的注意事项。

采用红字更正法进行错账更正时应注意,不得以蓝字金额填制与原错误记账凭证记账方向相反的记账凭证去冲销错误记录或冲销原错误金额,因为蓝字记账凭证反方向记载的会计分录反映特殊经济业务,而不反映错账更正的内容。尽管这样记录也能使记账的结余数额与实际情况相符,但这不能表明更正错误记录的内容,这样的分录也无法附上与分录内容相吻合的原始凭证,很容易使人们产生误解。

发现以前年度的错误后,因错误的账簿记录已经在以前会计年度终了进行结账或决算,不可能再将已决算的金额进行红字冲销,这时只能用蓝字凭证对除文字外的一切错账进行更正,并在更正凭证上,特别注明更正××年度错账的字样。

四、现金日记账的登记

按照会计制度规定,现金日记账由出纳员根据审核后的现金收、付款凭证进行逐笔序时登记。即三栏式现金日记账的"借方(收入)"栏,应根据现金收款凭证登记,"贷方(支出)"栏应根据现金付款凭证登记。由于从银行提取现金业务,只填银行付款凭证,不填现金收款凭证,因此，从银行提取现金的收入数，应根据银行存款付款凭证登记"借方（收入）"栏。具体的登记方法可参见下例：

【例】鑫成工厂 2007 年 3 月 29 日现金余额为 1 018.20 元。银行存款余额 41 620.24 元，在 3 月 30 日时发生下列经济业务，并已编制收、付款凭证。

（1）以现金 300 元购买打印纸（单价：30 元/包）（现付字第 68 号凭证）。会计分录为：

借：管理费用——办公费　　　　　　　　　　　　　　300
　　贷：库存现金　　　　　　　　　　　　　　　　　　300

（2）职工张波暂借差旅费 700 元，以现金付讫（现付字第 69 号凭证）。会计分录为：

借：其他应收款——张波　　　　　　　　　　　　　　700
　　贷：库存现金　　　　　　　　　　　　　　　　　　700

（3）开出现金支票从银行提取现金 5 000 元发工资（银付字第 25 号凭证）。会计分录为：

借：库存现金　　　　　　　　　　　　　　　　　　5 000
　　贷：银行存款　　　　　　　　　　　　　　　　　5 000

（4）公司仓库产品发生霉烂变质，造成损失 700 元，经查明为保管员李某失职造成，按规定应由李某赔偿损失。实际发生责任事故时，由会计人员编制如下会计分录：

借：其他应收款——李×　　　　　　　　　　　　　　700
　　贷：待处理财产损溢——待处理流动资产损溢　　　　700

实际收到李某交来的赔款时，应编制现金收款记账凭证（现收字第 38 号凭证），做如下会计分录：

借：库存现金　　　　　　　　　　　　　　　　　　　700
　　贷：其他应收款——李×　　　　　　　　　　　　　700

（5）收到某工厂退回的包装物押金 200 元。企业收到工厂退回的包装

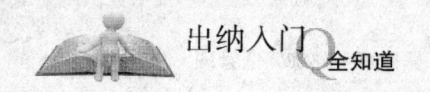

物押金时,应按规定编制现金收款记账凭证(现收字第39号凭证),会计分录为:

  借:库存现金   200

    贷:其他应收款——包装物押金   200

(6)发放工资5 000元,凭证为现付字70号,会计分录为:

  借:应付职工薪酬   5 000

    贷:库存现金   5 000

(7)王强报销差旅费400元,凭证为现付字第71号,会计分录为:

  借:销售费用   400

    贷:库存现金   400

根据以上现金业务登记现金日记账见表4-1:

表4-1   现金日记账

年		凭证		摘要	对方科目	借方	贷方	借或贷	余额
月	日	字	号						
				承前页		4 250.30	3 232.10	借	1 018.20
3	30	现付	68	购打印纸	管理费用		300.00	借	718.20
3	30	现付	69	借差旅费	其他应收款		700.00	借	18.20
3	30	银付	25	提现金	银行存款	5 000.00		借	5 018.20
3	30	现收	38	收赔款	其他应收款	700.00		借	5 718.20
3	30	现收	39	收押金款	其他应收款	200.00		借	5 918.20
3	30	现付	70	发放工资	应付职工薪酬		5 000.00	借	918.20
3	30	现付	71	报销差旅费	销售费用		400.00	借	518.20
				本日合计		5 900.00	6 400.00	借	518.20
				本月合计		10 150.30	9 632.10	借	518.20
				过次页		10 150.30	9 632.10	借	518.20

五、银行日记账的登记

  银行存款日记账是逐日逐笔记录一个单位银行存款收付及结存情况的账簿。国家统一会计制度规定,企事业单位应按开户银行、其他金融机构、存款种类及货币种类，分别设置银行存款日记账，所设置的银行存款日记账，由出纳人员根据审核合法的银行存款收付凭证（包括现金付款凭证中的存款业务）和原始凭证，按照业务的发生额和结存额登记，以便随时掌握银行存款的收支动态和结存余额。有外币存款的企业，应分人民币和各种外币设置"银行存款日记账"进行明细核算。

【例】新新公司5月30日发生的银行存款收付业务如下：

（1）30日，收到银行转来武汉市昌兴百货公司购买E商品的79号电汇单，共汇款6 000元（银收字第17号凭证）。会计分录为：

借：银行存款　　　　　　　　　　　　　　　　　　6 000
　　贷：应付账款——昌兴百货公司　　　　　　　　　　6 000

（2）30日，开出1781号转账支票支付市六工程公司修理仓库费用300元（银付字第26号凭证）。会计分录为：

借：管理费用——维修费　　　　　　　　　　　　　　300
　　贷：银行存款　　　　　　　　　　　　　　　　　　300

（3）销售B商品10个给津津商贸公司，收到转账支票，价税合计3 800元，税率为4%，当日填写银行进账单送存银行（银收字第18号凭证）。会计分录为：

借：银行存款　　　　　　　　　　　　　　　　　　3 800
　　贷：主营业务收入　　　　　　　　　　　　　　3 653.85
　　　　应交税费——应交增值税（销项税额）　　　　146.15

（4）收到银行转来长沙齐盛公司预购商品的电汇款5 000元（银收字第19号凭证）。会计分录为：

借：银行存款　　　　　　　　　　　　　　　　　　5 000
　　贷：预收账款——长沙齐盛公司　　　　　　　　　5 000

（5）开出转账支票支付欠宏日电器厂货款2 000元（银付字第27号凭证）。会计分录为：

借：应付账款——宏日电器厂　　　　　　　　　　　2 000
　　贷：银行存款　　　　　　　　　　　　　　　　　2 000

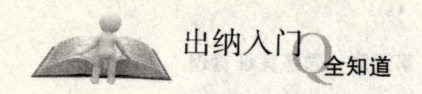

(6) 收到纸厂开出的转账支票,归还欠货款 6 000 元,当即存入银行(银收字第 20 号凭证)。会计分录为:

借:银行存款　　　　　　　　　　　　　　　　　　　6 000
　　贷:应收账款——纸厂　　　　　　　　　　　　　　6 000

根据以上存款业务登记银行存款日记账见表 4-2:

表 4-2　　　　　　　　　　银行存款日记账

××年		凭证		摘要	结算凭证		对方科目	借方	贷方	借或贷	余额
月	日	字	号		种类	字号					
				承前页				96 500.42	54 880.18	借	41 620.24
5	30	银收	17	收 E 商品款	电汇	××	应付账款	6 000.00			
5	30	银付	26	付维修费	支	××	管理费用		300.00		
5	30	银收	18	销售 B 商品	支	××	主营业务收入	3 800.00			
5	30	银收	19	预收货款	电汇	××	预收账款	5 000.00			
5	30	银付	27	还欠款	支	××	应付账款		2 000.00		
5	30	银收	20	收到欠款	支	××	应收账款	6 000.00			
				本日合计				20 800.00	2 300.00	借	18 500.00
				本月合计				117 300.42	57 180.18	借	60 120.24

六、出纳凭证的保管

出纳人员每天都要收存、支付许多凭证,又保管着单位的货币性资产,所以应该掌握必要的凭证装订和保管技能。

1. 出纳凭证的整理

出纳人员根据收款凭证和付款凭证记账后,必须逐日、逐张对原始凭证进行加工整理,以便于汇总装订。原始凭证的整理要求做到:

（1）对于面积小而又零散不易直接装订的原始凭证，应先将小票按同金额归类，粘贴到另一厚纸上，对齐厚纸上沿，从上至下移位重叠粘贴，注意小票不应落出厚纸下沿。

（2）对于面积较大但又未超过记账凭证大小的原始凭证，不宜粘贴，应先用大头针或回形针将其别在一起，待装订时取掉。

（3）对于面积稍微大过记账凭证的原始凭证，应按记账凭证大小先自下向上折叠，再从右到左折叠；如原始凭证的宽度超过记账凭证两倍或两倍以上，则应将原始凭证的左下方折成三角形，以免装订时将折叠单据订入左上角内。

（4）左端边缘空白少不够装订时，要贴纸加宽，以便装订翻阅。

（5）整理后的记账凭证应顺序编列总号，一般按现收、现付、银收、银付顺序编列总号。

2. 出纳凭证保管应注意的问题

保证出纳凭证的安全与完整是全体出纳人员的共同职责，在立卷存档之前，出纳凭证的保管由财会部门负责。保管过程中应注意以下问题：

（1）出纳凭证应及时传递，不得积压。

记账凭证在装订成册之前，原始凭证一般是用回形针或大头针固定在记账凭证后面，在这段时间内，凡使用记账凭证的出纳人员都有责任保管好原始凭证和记账凭证。使用完后要及时传递，并且要严防在传递过程中丢失。

（2）凭证要妥善保管。

凭证在装订以后存档以前，要妥善保管，防止受损、弄脏、霉烂以及鼠咬虫蛀等。

（3）给原始凭证编号。

对于性质相同、数量过多或各种随时需要查阅的原始凭证可以单独装订保管，在封面上注明记账凭证种类、日期、编号，同时在记账凭证上注明"附件另订"和原始凭证的名称及编号。

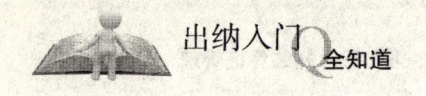

（4）编制目录。

各种经济合同和涉外文件等凭证，应另编目录，单独装订保存，同时在记账凭证上注明"附件另订"。

（5）原始凭证不得外借。

其他单位和个人经本单位领导批准调阅会计凭证，要填写"会计档案调阅表"，详细填写借阅会计凭证的名称、调阅日期、调阅人姓名和工作单位、调阅理由、归还日期、调阅批准人等。调阅人员一般不准将会计凭证携带外出。确需复制时，要说明所复制的会计凭证名称、张数，经本单位领导同意后在本单位财会人员监督下进行，并应登记与签字。

（6）出纳凭证由专人保管。

出纳凭证装订成册后，应由专人负责分类保管，年终应登记归入会计档案，一年后正式交档案管理部门保管。

3. 凭证归档保管

装订成册的会计凭证，应由会计部门指定专门人员负责保管，但出纳不得兼管会计档案。年度终了后，可暂由财会部门保管一年，期满之后，编造清册移交本单位的档案部门保管。保管时，要防止受损、弄脏、霉烂以及鼠咬虫蛀等。

凭证的装订质量，也是出纳工作质量好坏的重要标志。装订不仅要求外观整齐。而且要防止偷盗和任意抽取。同时正确的装订方法能保证凭证的安全和完整。装订时要加凭证封面和封底。凭证装订方法如下：

（1）将需要装订的凭证上方和左方整理齐整，再在左上方加一张厚纸作为封签，铁锥在封签上钻三个圆眼，直至底页，然后装订。

（2）订牢后，在订线的地方涂上胶水，然后将封签按订线所形成之三角形的斜边折叠。

（3）将凭证翻转过来，底页朝上，对封签进行剪切。

（4）涂上胶水，折叠，并在封签骑缝处加盖装订人图章。

凭证装订好后，不能轻易拆开抽取。如因外调查证，只能复印，但应请本单位领导批准，并在专设的备查簿上登记，再由提供人员和收取人员共同签名盖章。

4. 保管期限

会计凭证的保管期限和销毁手续，必须严格执行《会计档案管理办法》。一般的会计凭证应保存15年，银行存款余额调节表保存3年，而对重要的会计凭证，如涉及外事的会计凭证等，则应永久保存。

对保管期满需要销毁的会计凭证，必须开列清单，报经批准后，由档案部门和财会部门共同派员监督销毁。企业会计档案保管期限表格式见表4－3：

表4－3　　　　　　　　企业会计档案保管期限表

会计档案名称	保管期限	备　注
一、会计凭证类	15年	
1. 原始凭证、记账凭证和汇总凭证其中：		
涉及外事和其他重要的会计凭证	永久	
2. 银行存款余额调节表	3年	
二、会计账簿类		
1. 日记账其中：现金和银行存款日记账	15年	
2. 明细账	25年	
3. 总账	15年	
4. 固定资产卡片	15年	包括日记总账
5. 辅助账簿		固定资产报废清理后保存5年
6. 涉及外事和其他重要的会计账簿	15年	
三、会计报表类	永久	
1. 月季度会计报表		
2. 年度会计报表（决算）	5年	包括各级主管部门的汇总会计报表
四、其他类	永久	包括文字分析
1. 会计移交清册		
2. 会计档案保管清册	15年	同上
3. 会计档案销毁清册	25年	
	25年	

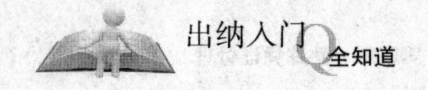

七、印章、印签及支票的保管

1. 保管印章和印签

出纳使用的印章必须妥善保管,严格按照规定的用途使用,不得将印章随意存放或带出工作单位。用于签发支票的各种预留银行印鉴章不能由出纳一人保管,一般应由主管会计人员或其他指定人员保管,各种印章的保管应与现金的管理相同,以防违法乱纪人员有机可乘,给国家和单位造成不必要的经济损失。

支票印鉴一般应由会计主管人员或指定专业人员保管,支票和印鉴必须由两人分别保管。负责保管的人员不得将印章随意存放或带出工作单位。各种印章应与现金的保管相同,不得随意放人抽屉内保管,这样极易使违法违纪人员有机可乘,给国家和单位造成不必要的经济损失。

2. 保管支票

为使开户单位随时可以与开户银行办理支付款项业务,或使用支票办理付款及单位之间债权债务关系的结算,在银行存款的额度内,开户单位均可向开户银行领购支票,企业一般都保留一定数量的空白支票以备使用。

支票是一种支付凭证,一旦填写有关内容并加盖留存在银行的印鉴后,即可成为直接从银行提取现金和其他单位进行结算的凭据,所以在使用上必须加强管理,同时要采取必要措施妥善保管,以免发生非法或盗用、遗失等情况,给国家和单位造成不必要的经济损失。

(1) 空白支票的管理。

①由专人看管。

各单位为了结算,一般都从银行领购并保留一定数量的空白支票以备使用。支票是一种支付凭证,一旦填写有关内容并加盖留存在银行的印鉴后,即可直接从银行提取现金,或与其他单位进行结算。因而,存有空白支票的单位,对空白支票必须严格管理,明确指定专人负责保管,要贯彻票、印分管的原则,空白支票和印章不得由一人负责保管。这样可以明确责任,形成制约机制,防止舞弊行为。

②注销空白支票。

单位撤销、合并、结清账户时,应将剩余的空白支票,填列一式两联清单,全部交回银行注销。清单一联由银行盖章后退交收款人,一联作清户传票附件。

③要严格控制携带空白支票外出采购。

对事先不能确定采购物资的单价、金额的,经单位领导批准,可将填明收款人名称和签发日期的支票交采购人员,明确用途和款项限额,使用支票人员回单位后必须及时向财务部门结算。

④设置"空白支票签发登记簿",实际空白支票领用销号制度。

经单位领导批准,出纳人员签发空白支票后,应在"空白支票签发登记簿"上加以登记。"空白支票签发登记簿"的格式见表4-4:

表4-4　　　　　　　　　空白支票签发登记簿

领用日期		支票号码	领用人	用途	收款单位	限额	批准人	销号	
月	日							日期	
								月	日

(2) 一般支票的管理。

①支票应由财会人员签发。

一般来说,支票应由财会人员签发,有时候也可以由使用人员签发,不得将支票交给收款人代为签发。支票存根要同其他会计凭证一样妥善保管。不准签发空头支票或印章与预留银行印鉴不符的支票,否则银行除退票外还要按票面金额处以5%但不低于1 000元的罚款。对屡次签发的,银行根据情节予以警告、通报批评,直至停止向收款人签发支票。

②挂失的办法。

已签发的现金支票遗失,可以向银行申请挂失。挂失前已经支付的,银行不予受理。已签发的转账支票遗失,银行不受理挂失,可请求收款人协助防范。

③如何委托收款背书。

委托收款背书的方法是,未经背书转让的持票人(即支票上载明的收款人)向开户银行办理委托收款时,应在转账支票背面左起第一个"背书人签章"栏内填写"委托收款"字样和日期(可用阿拉伯数字)并签章;同时,在该背书栏上面的"被背书人"栏填明开户银行。如是经背书转让的支票,应在支票背面或粘单上的最后,背书人右侧的"背书人签章"栏内比照前次模式做成委托收款背书。主动付款不需做委托收款背书。

④接受支票时的审查内容。

收款单位接受银行支票时,应认真审查以下事项:

- 认真鉴别支票的真伪。
- 应注意支票的日期是否为远期支票或过期支票。
- 审查背书的连续性。
- 支票结算仅限于同城或指定票据交换地区内使用。
- 签发支票应使用蓝黑或碳素墨水填写,未按规定填写而被涂改冒领的,由签发人负责。

全知道 ⑤

本章深意：现金是出纳管理的重点，疏忽不得，出纳人员需要察微而知细，做好现金管理的控制工作。

第五章 重中之重现金管理

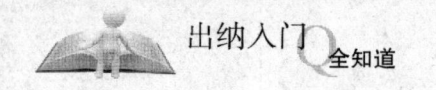

一、现金管理的内部控制

企业现金内部管理的重点在于保证企业现金的安全完整,不被不法分子贪污、挪用、偷盗。建立健全一套完善的现金内部控制制度,应当包括授权审批制度、职务分离制度、文件记录制度、内部审计制度等内容。

1. 授权审批制度

企业必须依照国家的有关方针、政策和规章制度,加强对现金开支审批的管理。一般包括以下内容:

(1) 明确现金开支界限。

企业明确现金开支界限有以下两个方面:

①应当在现金管理规定的范围内支付现金,办理现金结算。

②应当保证现金支出的安全性,如职工个人借款的金额不得超过其应付工资的金额,个人医药费用的报销不得超过规定的标准,个人差旅期间的出差补助不得超过规定的标准等。

(2) 明确现金报销手续。

企业应当按其经济业务的内容和管理要求设计各种报销凭证,如工资表、差旅费报销单、购料凭证、借款单等,并应告知有关人员相应的填制方法,避免出现误填误报。

同时,企业还应规定各种报销的程序和传递手续,确定各种现金支出业务的报销要求,超出现金开支界限或未按规定填制单据的各种支出不予报销。

(3) 现金支出的审批权限。

企业应根据其经营规模和内部职责分工情况,确定不同额度和不同的现金支出审批权限。例如:某企业规定凡是现金开支在 500 元以下的行政费用支出,由会计人员审查批准;凡现金开支在 500 元以上,1 500 元以下的行政费用开支，由财务主管审查批准；凡涉及到销售费用金额在2 000元以下的，由销售主管审查批准；凡余额在2 000元以上的支出，必须由企业负责人审查批准。对于没有经过审核批准或有关人员超越规定审批权限的，出纳人员不予受理。

2. **职务分离制度**

企业应对现金内部控制系统中不相容的职务实行分工负责，主要是建立钱账分管制度，具体包括以下内容：

（1）企业应配备专职或兼职的出纳人员办理现金收付和保管工作，非出纳人员不得经管。

（2）现金收支的授权审批和执行现金收支的职务应当分离。

（3）执行现金业务和记录现金业务的职务要分工。

（4）现金保管与稽核职务要分工。

（5）登记现金日记账和登记现金总账的职务要分工。

（6）出纳人员不得兼管收入、费用、债权、债务等账目的登记工作。

（7）出纳人员不得兼管会计档案的保管工作。

3. **文件记录控制**

财务文件记录是记录经济业务内容，明确有关人员责任的书面证明。完备而有效的文件记录可以真实全面地反映企业的经济活动情况。为了保证文件记录的完整和真实性，加强对现金管理的监督，必须加强文件记录控制。

（1）出纳人员办理现金收付的原始单据必须真实、完整、合法。

（2）出纳人员登记日记账的记账凭证必须审核无误。

（3）文件记录的保管应当有专人负责。

（4）任何人不得擅自更改、涂抹、销毁有效的文件记录。

4. **内部稽核制度**

企业内部稽核的主要目的是为了确保业务记录能够真实、准确，加强

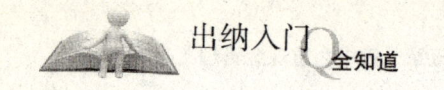

对岗位责任的监督管理，防范内部不利因素的影响。内部稽核制度具体包括以下内容：

（1）出纳人员办理现金出纳业务时，必须做到按日清理，按月结账，保证账实相符。

（2）会计人员应当定期进行账证、账账核对，保证现金总账与现金日记账一致。

（3）稽核人员应当定期或不定期地进行现金清查，及时发现可能发生的现金差错或丢失情况，防止贪污、盗窃、挪用等不法行为的发生，确保企业资金安全完整。

二、现金的提取与送存

1. 现金提取的程序

各单位从银行提取现金，应包括以下程序：

（1）签发现金支票。

现金支票是由存款人签发，委托开户银行向收款人支付一定数额现金的票据。现金支票是支票的一种，是专门用于支取现金的。

（2）按现金的开支范围签发现金支票。

开户单位应按现金的开支范围签发现金支票，现金支票的金额起点为100元，其付款方式是见票即付。

（3）认真填写支票。

签发现金支票应认真填写支票的有关内容，如款项用途，取款金额，签发单位账号，收款人名称（开户单位签发现金支票支出现金，是以自己为收款人），加盖财务章和名章等。

2. 取款的步骤

取款人持出纳人员签发的现金支票到银行取款时，一般要遵从以下几个步骤：

（1）将现金支票交银行有关人员审核。

（2）审核无误后将支票交给经办单位结算业务的银行经办出纳人员，等待取款。

（3）银行经办人员对支票进行审核，核对密码及预留印鉴后，办理规定的付款手续。

（4）取款人应根据银行经办人员的要求回答应提取的数额，回答无误后银行经办人员即照支票付款。

（5）取款人收到银行出纳人员付给的现金时，应当面清点现金数量，清点无误后才能离开柜台。

3. 取款人在清点现金时的注意事项

一般来说，取款人在清点现金时，要注意以下几点：

（1）清点现金，特别是在单位清点时，最好由两人以上同时进行。

（2）清点现金应逐捆、逐把、逐张进行。

（3）清点时不能随意混淆或丢弃每一把的腰纸，只有将全捆所有把数清点无误后，才可以将每把的腰纸连同封签一起扔掉。

（4）在清点时发现有残缺、损伤的票币以及假钞，应向银行要求调换。

（5）所有现金在清点无误后才能发放使用，切忌一边清点一边发放，否则一旦发生差错，将无法查清。

（6）在清点过程中，特别是回单位清点过程中，如果发现确有差错，应将所取款项保持原状，通知银行经办人员，妥善进行处理。

4. 现金支票提取现金的会计分录

各单位用现金支票提取现金，应根据支票存根编制银行存款付款的凭证，其贷方科目自然为"银行存款"，其借方科目则为"库存现金"，相应地，其会计分录为：

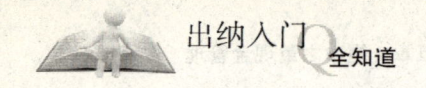

借：库存现金
　　贷：银行存款

各单位需要用现金发放工资，或者其库存现金小于库存现金定额而需要用现金补足时，除了按规定可以用非业务性现金收入补充以及国家规定可以坐支的以外，均应按规定从银行提取现金。

5. 现金送存的一般程序

各单位对当天收入的现金或超过库存限额的现金，应及时送存开户银行。现金送存的一般程序为：

（1）整点票币。

纸币要平铺整齐，每百张为一把，每十把为一捆，以此类推，用纸条在腰中捆扎好，余为零头；硬币每百枚或五十枚为一卷，十卷为一捆，不足一卷为零头；最后合计出需要存款的金额。

（2）填写现金进账单（缴款单）。

（3）向银行提交进账单和整点好的票币，票币要一次性交清，当面清点。如有差异，应当面复核。

（4）开户银行受理后，在现金进账单上加盖"现金收讫"和银行印鉴后退回交款人一联，表示款项已收妥。

（5）根据银行退回盖有"现金收讫"和银行印鉴的一联现金进账单，编制记账凭证。

（6）根据记账凭证登记现金日记账。

6. 送存现金时的注意事项

出纳人员在送存现金时，应注意以下事项：

（1）交款人最好是现金整理人，这样可以避免发生差错时难以明确责任。

（2）凡经整理好准备送存银行的现金，在填好"现金送款簿"后，一般不宜再调换票面，如确需调换的，应重新复点，同时重新填写"现金送款簿"。

（3）送存途中必须注意安全，当送存金额为较大的款项时，最好用专车，并派人护送。

（4）临柜交款时，交款人必须与银行柜台收款员当面交接清点，做到一次交清，不得边清点边交款。

（5）交款人交款时，如遇到柜台较为拥挤，应按次等候。等候过程中，应做到钞票不离手，不能置于柜台之上，以防发生意外。

7. 现金解款单的内容

现金解款单为一式三联或一式二联。现金解款单三联单的内容有：

（1）第一联为回单，此联由银行盖章后退回存款单位，见表5-1：

表5-1　　　　　中国××银行　解款单（回单）

科目：　　　　　年　月　日　　　对方科目：

款项来源				收款人	全称						此联由银行盖章后退回单位
解款部门					账号						
人民币（大写）：						万	千	百	十	元	角	分
票面	张数	票面	张数	种类	百	十	元	角	分		
一百元		五元		角票							
五十元		二元		分币							
十元		一元		封包							
					（收款银行盖章）						

（2）第二联为收入凭证，此联由收款人开户银行作凭证，见表5-2：

123

表 5-2　　　　　　中国××银行　解款单（收入凭证）

			总　字	第　号	
年　　月　　日			现金日记账顺序	记	

款项来源		收款人	全称	
解款部门			账号	

人民币（大写）：					万	千	百	十	元	角	分	附件　　张
票面	张数	票面	张数	种类	百	十	元	角	分	会计分录：	
一百元		五元		角票						（贷）____	
五十元		二元		分币						对方科目:(借)___	
十元		一元		封包						（收款银行盖章）	会计　　记账 复核　　出纳	

（3）第三联为附联，作附件用，属银行出纳留底联，见表5-3：

表 5-3　　　　　　中国××银行　解款单（附联）

科目：　　　　　　　　　年　月　日　　　　　对方科目：

款项来源		收款人	全称	
解款部门			账号	

人民币（大写）：					万	千	百	十	元	角	分	作附件
票面	张数	票面	张数	种类	百	十	元	角	分	会计分录：	
一百元		五元		角票						（贷）____	
五十元		二元		分币						对方科目:(借)___	
十元		一元		封包						（收款银行盖章）	会计　　记账 复核　　出纳	

8. 填写现金解款单的注意事项

出纳人员在填写现金解款单时，必须注意以下几点：

（1）要用双面复写纸复写。

（2）交款日期必须填写交款的当日。

(3) 收款人名称应填写全称。

(4) 款项来源要如实填写。

(5) 大小写金额的书写要标准。

(6) 券别和数额栏按实际送款时各种券面的张数或券枚填写。

9. 送存现金后的会计分录

(1) 由出纳人员送存银行的记账。

如果现金由出纳人员汇总后送存银行，在收到现金时，财务部门应根据实际情况编制如下会计科目：

借：库存现金
　　贷：主营业务收入

(2) 取回"现金送款簿"后的记账。

交款人将现金送存银行并取回"现金送款簿"（回单联）后，财务部门应根据"回单联"填制现金付款凭证，其贷方科目当然为"库存现金"，其借方科目则为"银行存款"，其会计分录为：

借：银行存款
　　贷：库存现金

(3) 由企业柜台直接送存银行的记账。

如果现金不是由出纳人员汇总后送存银行，而是由企业柜台直接送存银行，财务部门则应根据"现金送款簿"（回单联）直接编制银行存款收款凭证，其借方科目当然为"银行存款"，贷方科目具体情况而定，会计分录如下：

借：银行存款
　　贷：主营业务收入

各单位必须按开户银行核定的库存限额保管或使用现金，收取的现金和超出库存限额的现金，应及时送存银行。

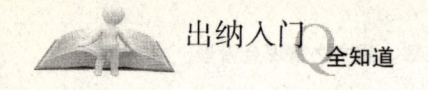

三、现金出纳凭证与账簿

1. 现金出纳凭证

（1）现金出纳凭证的概述。

现金出纳凭证是记录现金收付业务活动，明确现金出纳工作中经济责任的书面证明，是登记现金账簿的重要依据。

企事业单位每天都要发生大量的现金收付业务，这便要求出纳人员取得或填制现金出纳凭证，真实完整地记录和反映单位现金出纳业务情况，以明确经济责任。

在办理现金收款业务时，不同的单位会涉及多种原始凭证，原始凭证包括以下几种：

①发票。

发票，是指企事业单位在购销商品，提供和接受劳务以及从事其他经营活动中开具的票据。它是进行会计核算的原始凭证，也是税务机关进行税务稽查的重要依据。

在经济活动中，发票是一切企事业单位和个人销售商品和提供劳务以及其他业务活动取得收入时填开给对方的合法凭证。

- 普通发票。其基本内容包括：发票的名称、联次及用途、客户名称、商品名称、计量单位、数量、单价、大小写金额、开票人、开票日期、开票单位名称等。发票内容应当包括代扣、代收、委托代征税款的税率和代扣、代收、委托代征税款额。

- 增值税专用发票。它是按照税法规定应当缴纳增值税的单位和个人在销售货物或者应税劳务时，购买方向接受劳务方开具的发票，是计算和缴纳增值税款的基础和前提。

增值税专用发票不仅是纳税人经济活动中的重要会计凭证，也是兼记销货方纳税义务和购货方进项税额的合法证明。增值税一般纳税人应纳税额的计算，是通过销项税额抵扣进项税额来实现的。而进项税额，主要凭购入货物或应税劳务取得的，增值税专用发票上注明的增值税额确定。

②收据。

收据分为非经营性收据和内部收据。

• 非经营性收据。它是指国家机关，事业单位等按规定收取相关费用和咨询服务费所开具的收据。非经营性收据由国家财政部门统一印制或加盖监制章，国家机关、事业单位在规定收取各种费用时必须开具非经营性收据。

• 内部收据。它一般用于单位内部职能部门与职工之间的现金往来及与外部单位和个人之间的非经营性资金往来。企业支付款项收到内部收据时，不可以进行账务处理，必须取得正式收据，否则视为白条。

（2）现金出纳凭证的作用。

现金出纳凭证不仅具有初步记载现金出纳业务、传递经济信息，并作为记账依据的作用，同时还有传送现金收支情况，作为办理现金出纳业务手续依据的作用。因此，填制和审核现金出纳凭证有着非常重要的作用：

①通过现金出纳凭证的填制和审核，可以如实、及时地归类记载现金收付业务。

②通过现金出纳凭证的填制和审查，可以分清各自经济责任，强化经济责任制。

③通过现金出纳凭证的填制和审核，可以检查现金出纳业务的合理性、合法姓，保护国家现金财产的安全、完整，使之得到合理使用。

（3）现金出纳凭证的种类。

现金出纳凭证可分为原始凭证和记账凭证两种。

①现金出纳的原始凭证。

主要是出纳收入现金和支出现金的会计凭证。

②现金出纳的记账凭证。

主要是根据现金收付业务的原始凭证编制的现金收款记账凭证和现金

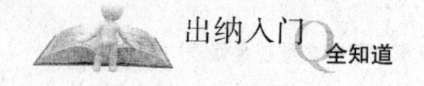

付款记账凭证。

(4) 现金出纳凭证的填制。

填制现金出纳凭证要求做到内容齐全，书写清晰，数据规范，会计科目准确，编号合理，签章手续完备等。

①现金出纳凭证的内容必须齐全。

凡是凭证格式上规定的各项内容必须逐项填写齐全，不得遗漏和省略，以便完整地反映经济活动全貌，这是填制现金出纳凭证最起码的要求。

②填写现金出纳凭证的文字、数字必须清晰、工整、规范。

③记账凭证中所运用的会计科目必须适当。

按照原始凭证所反映的现金出纳业务的性质，根据会计制度的规定，确定应"收"、应"付"会计科目，需要登记明细账的还应列明二级科目和明细科目的名称并据以登账。

④现金出纳凭证要求连续编号以便备查。

记账凭证一般是按月顺序编写，即将每月第一天第一笔现金收付事项作为会计凭证的第一号，顺序编至月末。不允许漏号、重号、错号，为了防止记账凭证丢失，应在填制凭证时及时编号。

⑤现金出纳的签章必须完备。

从外单位或个人处取得的原始凭证，必须盖有填制单位的公章或财务专用章；出纳人员办理收付款项以后，应在收付款的原始凭证上加盖"收讫""付讫"戳记；记账凭证中要有凭证填制人员、稽核人员、记账人员、会计主管人员的签名或盖章。另外，凡是经过审查和处理的凭证，必须加盖规定的公章并有有关人员的签章；传票附件要加盖"作附件"戳记；对外的重要单证如存单、存折、收据等应加盖业务公章。

(5) 现金出纳凭证的审核。

审查现金出纳凭证是保证现金出纳资料真实可靠的重要措施，严格进行审查，保证真实、正确、完整、合理、合法。现金出纳凭证的审核包括形式上的审核和实质上的审核两个方面。

①形式上的审核。

就是审核凭证的填写是否符合规定的要求；填写的基本内容是否完整；有关经办人员是否签章，书写的字迹是否清晰，有无涂改、污损和不符合规定的更改；数字的计算如计量单位、数量、单价、金额是否正确，大小写金额是否相符；记账凭证是否附有原始凭证，内容是否一致，金额是否相符，其摘要是否简明扼要。

②实质上的审核。

就是审核凭证所反映的经济业务是否符合国家方针、政策、法律法规。包括报销的开支是否超标准、超计划；是否正确运用会计科目；现金收支是否符合成本开支范围和费用开支标准，是否符合现金管理规定；是否受理印有"不作报销凭证"字样和盖有"报销无效"戳记的原始凭证等。

2. 现金出纳账簿

（1）现金出纳账簿的概述。

现金出纳账簿，主要指现金日记账，是出纳用以记录和反映现金增减变动和结存情况的账簿。它是出纳以现金收款凭证和付款凭证为根据，全面、系统、连续地记录和反映本单位现金收付业务及其结存情况的一种工具，是各单位会计账簿的重要组成部分，在现金管理中具有十分重要的作用。

（2）现金出纳账的内容。

由于各个单位各行业特点以及业务活动对现金出纳工作的要求不同，现金出纳账的内容略有不同，但一般应具备以下基本内容：

①封面。

在账簿封面上应标明账簿名称及单位名称，以及所属年份。

②启用登记表。

每本出纳账的扉页都要填明启用日期、截止日期、页数、册数、经管人员一览表和签章，以及单位公章等。

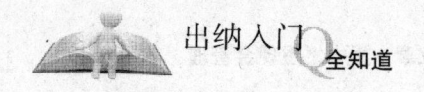

③账页。

账页应包括记账日期（年、月、日）凭证种类及编号、经济业务摘要、收入金额、付出金额、结存金额、对应科目等。

四、现金、空白支票、空白收据的日常管理

1. 现金及有价证券的保管

（1）现金的保管。

现金的保管，主要是指对每日收取的现金和库存现金的保管。现金是流动性最强的资产，可直接使用，因而现金是犯罪分子谋取的最直接目标。因此，各单位应建立健全现金保管制度，防止由于制度不严、工作疏忽而给犯罪分子以可乘之机，给国家和单位造成损失。其保管主要注意以下几个方面：

①要有专人保管库存现金。

②送取现金要有安全措施。

③库存现金，包括纸币和铸币，应实行分类保管。

④库存现金存放的安全措施。

现金的保管要有相应的保安措施，保安重点是出纳办公室和保险柜。出纳办公室应该选择坚固实用的房间，能防潮、防火、防盗、通风，墙壁、房顶要牢固，窗户要有铁栏杆和护窗金属板。出纳人员应配备专用保险柜，保险柜应靠出纳办公室的内墙放置，保险柜钥匙由出纳人员专人保管，不得交由其他人员代管；保险柜密码应由出纳人员掌握，严格保密，开启时，要做好开启记录，出纳人员工作变动时，应及时更换密码。保险柜的钥匙或密码丢失或发生故障，要立即报请领导处理，不得随意找人修理或配钥匙。

必须更换保险柜时，要办理以旧换新的批准手续，注意更换情况

备查。

（2）有价证券的保管。

有价证券是一种具有储蓄性质的、可以最终兑换成人民币的票据，种类较多，目前我国发行的有价证券有国库券、国家重点建设债券、地方债券、金融债券、企业债券和股票等。有价证券是企业资产的一部分，具有与现金相同的性质和价值。有价证券的保管同现金的保管基本一样，同时要对各种有价证券票面额和号码保守秘密。为掌握各种债券到期时间，应建立"有价证券保管登记簿"。

2. 空白支票及空白收据的保管

（1）空白支票的保管。

在银行存款的额度内，开户单位均可向开户银行领购支票，企业一般都保留一定数量的空白支票以备使用。支票是一种支付凭证，一旦填写了有关内容，并加盖在银行留有印样的图章后，即可成为直接从银行提取现金或其他单位进行结算的凭证。所以，在空白支票使用上必须加强管理，同时要采取必要措施，妥善保管，以免发生非法使用和盗用、遗失等情况，给国家和企业造成不必要的经济损失。

存有空白支票的企业，必须明确指定专人妥善保管。要贯彻票、印分管的原则，空白支票和印章不得由一人负责保管。这样，可以明确责任，形成制约机制，防止舞弊行为。

有关部门和人员领用支票一般须填制专门的"支票领用单"，说明领用支票的用途、日期、金额，由经办人员签章，并经有关领导批准。

支票由指定的出纳员专人签发。出纳员根据经领导批准的"支票领用单"按照规定要求签发支票，并在支票签发登记簿上加以登记。

各单位不准携带盖好印鉴的空白支票外出采购。如果采购金额事先难以确定，实际情况又需用空白转账支票结算时，经单位领导同意后，出纳员可签发具有下列内容的空白支票：定时（填写好支票日期）、定点（填写好收款单位）、定用途（填写好支票用途）、定金额（在支票的右上角

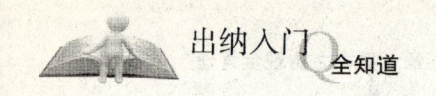

再加注"限额××元"字样)。各单位签发空白支票要设置"空白支票签发登记簿",实行空白支票领用销号制度,以严格控制空白支票的签发。"空白支票签发登记簿"一般应包括以下内容:领用日期、支票号码、领用人、用途、收款单位、限额、批准人、销号。

领用人领用支票时要在登记簿"领用人"栏里签名或盖章;领用人将支票的存根或未使用的支票交回时,应在登记簿"销号"栏销号并注明销号日期。

(2)空白收据的保管。

空白收据即未填制的收据。空白收据一经填制,并加盖有关印鉴,即可成为办理转账结算和现金支付的一种书面证明,直接关系到资金结算的准确性、及时性和安全性,因此,必须按规定严格加以保管和使用。

空白收据一般应由主管会计人员保管。要建立"空白收据登记簿",填写领用日期、单位、起始号码,并由领用人签字。收据使用完后,要及时归还、核销。使用单位不得将收据带出工作单位使用,不得转借、赠送或买卖,不得弄虚作假,不得开具实物与票面不相符的收据,更不能开具存根联与其他联不符的收据。作废的收据要加盖"作废"章,各联要连同存根一起保管,不得撕毁、丢失。

3. 印章的保管

支票印鉴章一般应由会计主管人员或指定专人保管,支票和印鉴必须由两人分别保管。负责保管的人员不得将印章随意存放或带出工作单位。各种印章应与现金的保管相同,不得随意放入抽屉内保管,不然极易给违法违纪人员可乘之机,给国家和单位造成经济损失。

五、现金管理的内容

从宏观上讲,现金管理是指国家银行按照国家方针、政策及有关规章制度对在银行和其他金融机构开立账户的机关、团体、部队、企业、事业单位现金使用的范围和数量的控制。从微观上讲，现金管理是指各单位对自身的现金收、付、存的管理。

按照现行制度规定，国家有关部门对企业使用现金有如下规定：

①现金的使用范围。这里的现金，是指人民币现钞，即企业用现钞从事交易，只能在一定范围内进行。该范围包括：支付职工工资、津贴；支付个人劳务报酬；根据国家规定颁发给个人的科学技术、文化艺术、体育等各种奖金；支付各种劳保、福利费用以及国家规定的对个人的其他支出；向个人收购农产品和其他物品的价款；出差人员必须随身携带的差旅费；结算起点（1 000元）以下的零星支出；中国人民银行确定需要支付的其他支出。

②规定了库存现金金额。企业库存现钞，由其开户银行根据企业的实际需要核定限额。一般以3~5天的零星开支额为限。

③不得坐支现金。即企业不得从本单位的人民币现钞收入中直接支付交易款。现钞收入应于当日终了时送存开户银行。

④不得出租、出借银行账户。

⑤不得签发空头支票和远期支票。

⑥不得套用银行信用。

⑦不得保存账外公款，包括不得将公款以个人名义存入银行和保存账外现钞等各种形式的账外公款。

而为了提高现金使用效率，达到资金的效用最大化，财务人员应当力争做好以下几点：

①力争现金流量同步。如果企业能尽量使它的现金流入与现金流出发生的时间趋于一致，就可以使其所持有的交易性现金余额降低到最低水平。这就是所谓现金流量同步。

②使用现金浮游量。从企业开出支票，收票人收到支票并存入银行，银行将款项划出企业账户，中间需要一段时间。现金在这段时间的占用称为现金浮游量。在这段时间里，尽管企业开出了支票，却仍可动用在活期

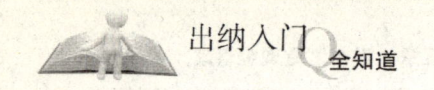

存款账户上的这笔资金。不过，在使用现金浮游量时，一定要控制好使用时间，否则会发生银行存款透支。

③加速收款。这主要指缩短应收账款的时间。发生应收款会增加企业资金占用，但它又是必要的，因为它可以扩大销售规模，增加销售收。问题在于如何既利用应收吸引顾客，又缩短收款时间。这要在两者之间找到适当的平衡点，并需要实施妥善的收账策略。

④推迟应付款的支付。推迟应付款的支付，是指企业在不影响自己已有的信誉的前提下，尽可能地推迟应付款的支付期，充分运用供货方所提供的信用优惠。如遇企业急需现金，甚至可以放弃供货方的折扣和优惠，在信用期的最后一天支付款项。当然，这要权衡折扣优惠与急需现金之间的利弊得失而定。现金管理的具体内容包括：

1. 现金支出管理

现金支出的管理，主要是对现金使用范围及其现金支出的程序和凭证的合法性管理。

（1）现金支付的原始凭证。

现金支付业务的原始凭证可分为外来原始凭证和自制原始凭证。

外来原始凭证是由于向外购货或接受劳务服务，而由供货方或提供劳务服务方填写原始凭证。自制原始凭证，是由本单位在发生付款业务时由本单位统一制作或外购并填开的原始凭证。常见的付款原始凭证有以下几种：

①工资表。

工资表是各单位按月向职工支付工资的原始凭证。出纳人员按每个员工的工资数计算工资总额，通过银行办理，并附以工资发放清单。

②报销单。

报销单是各单位内部有关人员为单位购买零星物品，接受外单位或个人劳务费或服务而办理报销业务，以及单位职工报销医药费、托补费等使用的单据。

③借款收据。

一般适用于单位内部所属机构为购买零星办公用品，或职工因公出差等原因向出纳员借款时的凭证。

④领款收据。

领款收据是本单位职工向单位领取各种非工资性奖金、津贴、补贴、劳务费和其他各种现金款项及其他单位或个人向本单位领取各种劳务费、服务费时填制的，作为付款凭证的凭证。

⑤旅费借款、报销单。

出差人员预先借差旅费可以使用差旅费借款结算单作为原始凭证。

（2）现金支出的基本程序。

①填制原始凭证。

出纳人员认真填制现金支出原始凭证，经有关人员签字盖章，对原始凭证进行认真审核，确认原始凭证真实、合法、准确。

②编制记账凭证。

出纳人员根据审核无误的原始凭证编制记账凭证。

③根据审核无误的收、付款记账凭证登记现金日记账。

（3）现金支出的内容。

①工资。

按照国家有关规定，工资总额应包括计时或计件工资、奖金、津贴、补贴、加班加点工资。但不包括以下内容：

• 根据国务院发布的有关规定颁布的创造发明奖、自然科学奖、科学技术进步奖、支付的合理化建议和技术进步奖，以及支付运动员和教练员奖金。

• 有关劳动保险和职工福利费用；离、退休人员待遇；劳动保护各项支出。

• 稿费、讲课费及其专门工作报酬。

• 出差伙食补助费，误餐补助，调动工作的差旅费和安家费。

• 对购买本企业股票和债券的职工所支付的股息。

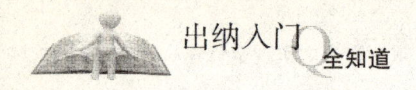

- 劳动合同制职工解除劳动合同时由企业支付的医疗补助费、生活补助费。
- 支付计划生育独生子女补贴。

②差旅费的报销。

单位工作人员因公出差需借支差旅费，应先到财务部门领取并填写借款单，按照借款单所列内容填写完整，然后送所在部门领导和有关部门人员审查签字。出纳人员根据自己的职权范围，审核无误后给予现金支付。出差人员回来后，应持各种原始凭证至出纳人员处报销，出纳人员要熟知差旅费的开支范围、标准和方法。

③差旅费以外的其他费用。

各单位内部有关人员进行零星物品采购或单位职工支付医药费等费用，可持原始凭证到出纳处，出纳人员认真审核这些开支是否符合各种规定，是否有有关人员或部门批准后予以报销。出纳人员依据批准报销的金额支付现金，在原始凭证上加盖"现金付讫"印章，并依此原始凭证编制记账凭证，登记日记账。

④备用金的预借。

单位内部人员需领用备用金时，一般由经办人填写借款单据。借款单据可采用一式三联式凭证，第一联为付款凭证，财务部门作为记账依据；第二联为结算凭证，借款期间由出纳人员留存，报销时作为核对依据，报销后随同报销单据作为记账凭证的附件；第三联交借款人员保存，报销时由出纳人员签字后作为借款结算及时交回借款的收据。

⑤备用金的报销。

备用金可以分为定额备用金和非定额备用金两种。

定额备用金，是指单位经常使用备用金的内部各部门或工作人员用作零星开支、零星采购、售货找零或差旅费等，实际需要核定一个现金数额，并保证其经常保持核定的数额。

非定额备用金，是指单位对非经常使用备用金的内部各部门或工作人员，根据每次业务所需备用金的数额填制借款凭证，向出纳人员预借现金，使用后凭发票等原始凭证一次性到财务部门报销，多退少补，一次结清，下次再用时重新办理借款手续。

（4）现金付款凭证的复核。

现金付款凭证是出纳人员办理现金支付业务的依据。出纳人员对之应进行认真、细致的复核，其复核方法及基本要求与现金收款凭证相同。出纳人员在复核现金付款凭证时应注意以下几点：

①对于涉及现金和银行存款之间的收付业务，只填制付款凭证，不填制收款凭证。如将当日营业款送存银行，制单人员根据现金解款单（回单）编制现金付款凭证，借方账户为银行存款，贷方账户为现金，不再编制银行存款收款凭证。

②发生销货退回时，如数量较少，且退款金额在转账起点以下，需用现金退款时，必须取得对方的收款收据，不得以退货发货票代替收据编制付款凭证。

③从外单位取得的原始凭证，如遗失，应取得原签发单位盖有有关印章的证明，并注明原始凭证的名称、金额、经济内容等，经单位负责人批准，方可代替原始凭证。

2. 现金收入管理

单位现金收入的来源，主要包括零售产品销售收入、各种业务收入以及其他的零星收入。现金收入的管理就是要求各单位现金收入要合法，而且现金收入都应送存银行，需要的现金支出，一律从银行提取，不得任意"坐支"。

（1）现金的收入范围。

各单位现金的收入主要有两条渠道：从银行提取现金和日常业务收入的现金。根据我国现金管理制度的规定，日常业务的现金收入范围有：

①出售给国有单位、集体单位或私营单位的产品、材料及其他物资或提供劳务，业务咨询、信息等方面，不能通过转账办理结算手续的收入。

②出售给个人的商品的现金收入。

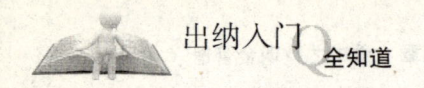

③职工借用的备用金报销后退回的余款。

④其他应收取的利用现金结算的款项。

(2) 现金收入管理的基本规定。

①现金收入必须合法合理。

各单位的现金收入有很多种来源，不管是哪种来源，都必须做到合法合理。从银行提取现金时，应在国家规定的使用范围和限额内开出现金支票，并注明用途，由本单位财务部门负责人签字和盖章，经开户银行审核后，才能支取。任何单位都不得编造用途套取现金。

在日常业务中收入现金时，必须符合国家制定的现金收入范围，不得在出售商品和金额超过结算起点时，拒收银行结算凭证而收取现金，或按一定比例搭配收取现金等。

②现金收入手续必须严格。

为了防止差错和引起纠纷，收入现金时必须坚持先收款，当面清点现金无误后，再开给交款人"收款收据"，不能先开收据后收款。

一切现金收入都应开具收款收据，即使有些现金收入已有对方付款凭证，也应开出收据给交款人，以明确经济责任；收入现金时，签发收据和经手收款，按要求也应当分开，以防做弊。

③现金收入要坚持一笔一清。

现金收入时，要清点完一笔，再清点另一笔，几笔收款不能一起办理，以免互相混淆或调换；一笔款项未办理妥当，出纳不得离开座位；收款过程应在同一时间内完成，不准收款后，过一段时间再来开收据；对已完成收款的收据应加盖"现金收讫"字样。

④现金收入要及时送存银行。

根据《现金管理暂行条例》规定："开户单位现金收入应当于当日送存开户银行，当日送存确有困难的，由开户银行确定送存时间。"因而，各单位收入现金后，都应及时送存银行，不准擅自从收入的现金中坐支现金。

(3) 企业现金管理的"八不准"。

按照《现金管理暂行条例》及其实施细则的规定，企业、事业单位和机关、团体、部队现金管理应遵守"八不准"。这八不准是：

①不准用不符合财务制度的凭证顶替库存现金。

②不准单位之间相互借用现金。

③不准谎报用途套取现金。

④不准利用银行户代其他单位和个人存入或支取现金。

⑤不准将单位收的现金以个人名义存入储蓄。

⑥不准保留账外公款（即小金库）。

⑦不准发行变相货币。

⑧不准以任何票券代替人民币在市场上流通。

（4）现金收入的处理程序。

现金收入的处理程序，指现金收入过程中的处理步骤和规则。

①从银行提取现金。

各单位应在银行规定的现金使用范围办理提取现金业务。

②出纳向外单位或顾客直接收款。

③收款员、营业员收款后交出纳人员。

在零售商店、门市部和旅游饮食服务业单位，由于收款业务比较频繁，一般都采取由营业员分散收款或由收款员集中收款后，每日再定时向出纳缴款。

（5）现金收入的审核。

现金收款凭证是出纳人员办理现金收入业务的依据。为确保收款凭证的合法、真实和准确，出纳人员在办理每笔现金收入前，都必须首先复核现金收款凭证，要求认真复核以下内容：

①现金收款凭证的填写日期是否正确，现金收款凭证的填写日期应为编制收款凭证的当天，不得提前或推后。

②现金收款凭证的编号是否正确，有无重号、漏号或不按日期顺序编号等情况。

③现金收款凭证记录的内容是否真实、合法、准确，其摘要栏的内容

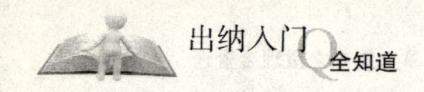

与原始凭证反映的经济业务内容是否相符。

④使用的会计科目是否正确。

⑤复核收款凭证的金额与原始凭证的金额是否一致；原始凭证大小写金额是否相同，有无印章。

⑥复核收款凭证"附单据"栏的张数与所附原始凭证张数是否相符。

⑦收款凭证的出纳、制单、复核、财务主管栏目是否签名或盖章。

3. 现金库存的管理

现金库存的管理，主要是对库存现金及其限额的管理。它包括库存现金安全性的保证、库存现金限额不得突破等内容。

（1）单位收入的现金不准以个人储蓄存款方式存储。

单位收入的所有现金应由财会部门统一管理，存储在财会部门或开户银行，无论是收入的利息归单位所有还是归个人所有，都不能以个人储蓄方式存入银行。

（2）不能以"白条"抵库。

所谓"白条"，是指没有审批手续的凭据。因此"白条"不能作为记账的依据。"白条"具有很多的危害性，主要表现在以下几个方面：

①用"白条"顶抵现金，使实际库存现金减少，日常零星开支所需的现金不足，还往往会使账面现金余额超过库存现金限额。

②用"白条"支付现金，付出随意性大，容易产生挥霍浪费、挪用公款等问题，付出后不能及时进行账务处理，不便于进行财务管理。

③"白条"一般不便于管理，一旦丢失，无据可查，难以分清责任，有时会给单位或个人造成不应有的损失。

（3）不准设"账外账"和"小金库"。

"账外账"，是指有的单位将一部分收入没有纳入财务统一管理，而是在单位核算账簿之外另设一套账来记录财务统管之外的收入。"账外账"有的是财会部门自己设置的，也有的是单位其他部门、小单位设置的。

"小金库"又称"小钱柜"，是单位库存之外保存的现金和银行存款，一般情况下与单位设置的"账外账"'相联系,有"账外账"就有"小金库",有"小金库"就有"账外账"。

设置"账外账"和"小金库"是侵占、截留、隐瞒收入的一种违法行为,为各种违法违纪提供了条件,危害性极大,必须坚决予以取缔。

(4)库存现金的清查。

为了保证账实相符,防止现金发生差错、丢失、贪污等,各单位应经常对库存现金进行核对清查。库存现金的清查包括出纳每日的清点核对和清查小组定期或不定期的清查。

现金清查的基本方法是实地盘点库存现金的实存数,再与现金日记账的余额进行核对,看是否相符。清查现金时,应注意以下几个方面:

①以个人或单位名义借款或取款而没有按手续编制凭证的字条(即白条),不得充抵现金。

②代私人存放的现金等,如事先未作声明又无充分证明的,应暂时封存。

③如发现私设的"小金库",应视作溢余,另行登记,等候处理。

④如果是清查小组对现金进行清点,一般都采用突击盘点,不预先通知出纳;盘点时间最好在一天业务没有开始之时或一天业务结束后,由出纳将截止清查时现金收付款项全部登记入账,并结出账面余额,这样可以避免干扰正常的业务。

⑤清查时,出纳应在场提供情况,积极配合,清查后,应由清查人员填制"现金盘点报告表",列明现金账存、实存和差异的金额及原因,并及时上报有关负责人。

⑥现金清查中,如果发现账实不符,应立即查找原因,及时更正,不得以今日长款弥补它日短款。

4. 现金核算的管理

现金核算的管理,主要是指在现金的收、付、存业务活动中,要严格按照会计准则和会计制度的要求进行核算,全面、系统、连续地计量、记

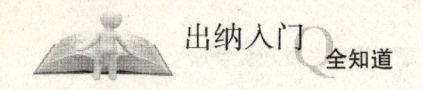

录,反映现金的收、付、存业务活动,为单位的其他会计核算和经济管理提供现金的准确信息。

六、有价证券管理

1. 什么是有价证券

证券是以证明或设定权利为目的而做成的凭证。有价证券,是指具有一定票面价格,能够给它的持有人定期带来收入的所有权或债权凭证,包括股票、债券等。

(1) 股票。

股票,是股东向股份公司投资入股的凭证,它代表本公司的股权,可凭股票分取利润或红利。它是股份有限公司签发的证明,股东可按其所持股份享有权利和承担义务。

(2) 债券。

债券,主要指政府债券、公司债券、企业债券和金融债券。

①政府债券。

主要指政府发行的国库券。它是国家筹集财政资金、平衡财政收支的重要手段。它由国家通过国库直接发行,是国家向各单位和城乡居民筹借建设所需资金的一种方式。国库券不能用来购买商品,不准在市场上流通。城乡居民个人购买的国库券,按规定可以办理贴现。无论是单位购买还是城乡居民个人购买,国家均按规定利率付给利息,利息按单利计算。

②公司债券。

主要是指公司依照法定程序发行的、约定在一定期限还本付息的有价证券。其发行主体只限于股份有限公司、国有独资公司、两个以上的国有企业或两个以上的国有投资主体设立的有限责任公司。

③企业债券。

主要是指非公司制企业依照法定程序发行的、约定在一定期限内还本付息的有价证券。其发行主体是具有法人资格的企业。

④金融债券。

主要是各专业银行平衡自身的信贷收支，面向社会发行的债券。目前有普通金融债券、贴水金融债券和累进利息金融债券。

（3）其他有价证券。

包括邮票、提货单、各种收付票据等。其中提货单、各种收付款票据，严格来说不是有价证券，但却具有有价证券的作用，因此在实际工作中应该视同有价证券进行管理。

2. 投资有价证券的目的

当持有超过正常经营活动所需要的多余现金时，企业会将多余的现金投资购买有价证券。主要目的有以下两点：

（1）作为现金的替代物。

有价证券在流通过程中具有与现金相似的性质，即变现能力非常强。因此，许多企业拥有大量的有价证券，而不是直接持有现金。当现金流出量大于流入量，现金需求量增加时，企业可将有价证券转换为现金，以补充现金的不足。持有有价证券，同样可以达到企业置存现金的目的。

（2）作为短期投资手段。

企业用暂闲置的现金进行短期证券投资，是因为有价证券的利率一般都会高于银行存款利率，这样不仅可以保证流动资产处于高峰时对现金的需求，而且还能够获得比现金存入银行时更多的收益。

3. 有价证券的收付

有价证券的收付，要根据审核无误的原始凭证填制记账凭证，再据以登记账簿。在发出和兑付有价证券的过程中，出纳人员需要注意以下几点：

（1）根据合法的记账凭证进行收付。

出纳人员对于各项有价证券，应根据合法的记账凭证进行收付。依记

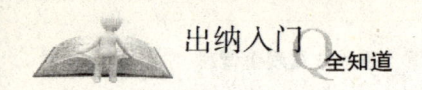

账凭证执行收付后,收付有价证券人员及出纳人员应在记账凭证上签章,以示收讫或付讫。

(2)通知会计部门。

出纳人员收到各项有价证券时,应通知会计部门核验,并存入保险柜。

(3)注意到期日期。

出纳人员应随时注意各项有价证券的到期日期,按期兑取本息后,随即填单或书面通知会计部门编制记账凭证。兑付有价证券时,出纳人员应严格按照出纳制度的规定,凭会计记账的有价证券兑付凭证办理。

(4)核对有价证券。

每日营业终了,应将已兑付的有价证券,按种类、张数、本息总数与有关科目进行核对。账实相符以后,按种类、券别汇总填制有关有价证券表外科目传票,并登记"待销毁有价证券登记簿",将回收的已兑付有价证券按种类、券别填制"交接登记簿"入库保管。

4. 有价证券的保管

有价证券是价值较大的资产,容易成为被偷盗、套取和挪用的对象,是管理的重点和难点。有价证券的保管同现金的保管基本一样,同时要对各种有价证券的票面额和号码保守秘密。为掌握各种债券到期时间,应建立"认购有价证券登记簿"。认购有价证券登记簿格式见表5-4:

表5-4 认购有价证券登记簿

证券种类: 第 号

发行年度	期次	面额	利率	张数	号码		入库依据	兑换日期			兑换本息		
					起	止		年	月	日	本金	利息	合计

5. 保管有价证券的注意事项

出纳在保管有价证券时，应注意以下几点：

（1）按照有关制度规定，实行"账、证分管"：由会计部门管账、出纳部门管证；相互牵制、相互核对。

（2）会计部门对各种有价证券，必须根据"有价证券调拨单"所列票面金额纳入表外科目核算，出纳部门入库保管，并按单证种、券别设户记载"有价证券保管登记簿"，建立账实核对制度。

（3）出纳入库保管的有价证券，其出入库手续及各种核对手续视同人民币保管。各种有价证券要分类整齐地排放在专设的保管箱内保管。

（4）对有价证券也应随时或定期抽查盘点。

（5）办理有价证券的出纳不得由非专业人员充任；不得兼任其他机构有关财务会计职务；不得对外做财务方面的保证。

七、现金收、付款凭证的复核

1. 现金收款凭证的复核

（1）现金收款凭证是出纳人员办理现金收入业务的依据。

为确保收款凭证的合法、真实和准确，出纳人员在办理每笔现金收入前，都必须首先复核现金收款凭证，要求认真复核以下内容：

①现金收款凭证的填写日期是否正确。现金收款凭证的填写日期应为编制收款凭证的当天，不得提前或推后。

②现金收款凭证的编号是否正确。有无重号、漏号或不按日期顺序编号等情况。

③现金收款凭证记录的内容是否真实、合法、准确，其摘要栏的内容与原始凭证反映的经济业务内容是否相符。

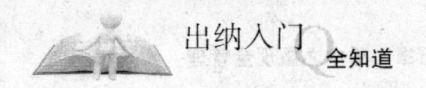

④使用的会计科目是否正确。

⑤复核收款凭证的金额与原始凭证的金额是否一致。原始凭证大小写金额是否相同，有无印章。

⑥复核收款凭证"附单据"栏的张数与所附原始凭证张数是否相符。

⑦收款凭证的出纳、制单、复核、财务主管栏目是否签名或盖章。

（2）现金收入按其性质分为4类。

①业务收入，如企业的营业收入，事业单位的业务收入，机关、团体等的拨款收入等。

②非业务收入，如企业单位的投资收入、营业外收入，事业单位的其他收入等。

③预收现金款项，如企业事业单位按照合同规定预收的定金等。

④其他收入现金款项。

对以上收入的业务，在收到现金时，都应按规定编制现金收款凭证，其借方科目自然为"库存现金"等，其贷方科目则应根据收入现金业务的性质和会计制度的规定来确定。

以下是常见的现金收款业务：

【例】A商业企业销售商品收到现金5 000元。会计分录为：

借：库存现金　　　　　　　　　　　　　　　　　　　　5 000
　　贷：主营业务收入　　　　　　　　　　　　　　　　4 273.50
　　　　应交税费——应交增值税（销项税额）　　　　　　726.50

【例】B工业企业销售产品一件，单价600元，增值税36元，收到现金636元。会计分录为：

借：库存现金　　　　　　　　　　　　　　　　　　　　636
　　贷：主营业务收入　　　　　　　　　　　　　　　　600
　　　　应交税费——应交增值税（销项税额）　　　　　　36

【例】C企业出租包装物，收到租金1 000元现金，有关会计分录为：

借：库存现金　　　　　　　　　　　　　　　　　　　　1 000
　　贷：其他业务收入　　　　　　　　　　　　　　　　1 000

【例】D 企业股票投资收到现金股利 2 000 元，有关会计分录为：

借：库存现金　　　　　　　　　　　　　　　　　　　　2 000
　　贷：投资收益（或长期股权投资）　　　　　　　　　　2 000

【例】E 企业将一台回收的残料价值 800 元的报废设备出售，收到现金，有关会计分录为：

借：库存现金　　　　　　　　　　　　　　　　　　　　　800
　　贷：固定资产清理　　　　　　　　　　　　　　　　　　800

【例】F 公司 12 月 31 日在清查中发现库存现金短缺 300 元，经查是出纳员王某工作失误造成的，按规定由王某赔偿。在这种情况下应先做付款凭证，其会计分录为：

借：其他应收款——现金短款（王某）　　　　　　　　　300
　　贷：库存现金　　　　　　　　　　　　　　　　　　　　300

在收到赔款时，应编制现金收款记账凭证，其贷方科目为其他应收款，其会计分录为：

借：库存现金　　　　　　　　　　　　　　　　　　　　　300
　　贷：其他应收款——现金短款（王某）　　　　　　　　300

【例】G 公司仓库产品发生霉烂变质，造成损失 800 元，经查明为保管员王某失职造成，按规定应由王某赔偿损失并罚款 200 元。实际发生责任事故时，由会计人员编制如下会计分录（未考虑增值税进项税额）：

借：其他应收款——财产赔款　　　　　　　　　　　　　800
　　贷：待处理财产损溢——待处理流动资产损溢　　　　800

实际收到王某交来的赔款和罚款金时，应编制现金收款记账凭证，做如下会计分录：

借：库存现金　　　　　　　　　　　　　　　　　　　　1 000
　　贷：其他应收款——财产赔款　　　　　　　　　　　　800
　　　　营业外收入　　　　　　　　　　　　　　　　　　200

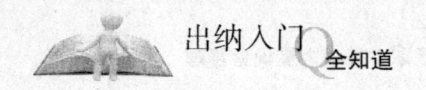

2. 现金付款凭证的复核

（1）对于涉及现金和银行存款之间的收付业务，只填制付款凭证，不填制收款凭证。

如将当日营业款送存银行，制单人员根据现金解款单（回单）编制现金付款凭证，借方账户为银行存款，贷方账户为现金，不再编制银行存款收款凭证。

（2）发生销货退回时，如数量较少，且退款金额在转账起点以下，需用现金退款时，必须取得对方的收款收据，不得以退货发货票代替收据编制付款凭证。

（3）从外单位取得的原始凭证如遗失，应取得原签发单位盖有有关印章的证明，并注明原始凭证的名称、金额、经济内容等，经单位负责人批准，方可代替原始凭证。

支现的经济业务主要包括工资、奖金、退休金以及各种福利补贴支现、差旅费支现、医药费支现、部门领取备用金支现、日常零星的其他支出等，现举例介绍现金支付业务的账务处理。

【例】本单位技改中心开办期间支付办公费3 000元（现金），注册登记费1 000元（现金）。会计分录如下：

借：长期待摊费用　　　　　　　　　　　　　　　　4 000
　　贷：库存现金　　　　　　　　　　　　　　　　4 000

【例】29日，职工曾某出差归来，报销差旅费450元，补给现金50元，结清原借款400元，此款已入账。会计分录如下：

借：管理费用　　　　　　　　　　　　　　　　　　450
　　贷：其他应收款——曾某　　　　　　　　　　　400
　　　　库存现金　　　　　　　　　　　　　　　　50

【例】光明工厂对行政科采用非定额备用金制度，行政科购买办公用品预借备用金800元。预借时，会计部门根据借款凭证编制现金付款凭证，会计分录为：

借：其他应收款——备用金（行政科） 800
　　贷：库存现金 800

行政科购买办公用品700元后凭发票和验收入库单到财务部门报销，交回多余现金100元，会计部门编制转账凭证一张，会计分录为：

借：管理费用 700
　　库存现金 100
　　贷：其他应收款——备用金（行政科） 800

出纳员收回多借的现金100元。如果行政科实际购买办公用品880元，自己垫付了80元，则在报销时，会计人员要按规定编制转账凭证一张，会计分录为：

借：管理费用 880
　　贷：其他应收款——备用金（行政科） 800
　　　库存现金 80

出纳员应付给行政科现金80元，退还经办人员垫付的现金。

【例】公司用现金支付本单位李某医药费300元。会计分录为：

借：应付职工薪酬 300
　　贷：库存现金 300

【例】公司用现金支付报废固定资产的清理费用1 000元。会计分录为：

借：固定资产清理 1 000
　　贷：库存现金 1 000

全知道 ⑥

本章深意：出纳日常管理活动与银行业务有紧密的联系，获取必要的银行管理知识是出纳人员所必需的。

第六章 了解银行管理

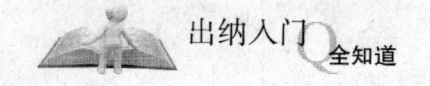

一、银行存款内部控制制度

银行存款的内部控制制度,就是指企事业单位为维护银行存款的完整性,确保银行存款会计记录正确而对银行存款进行的审批、结算、稽核调整的自我调节和监督。

1. 建立内部控制制度的原则

建立内部控制制度的原则,是指企业建立和设计内部控制制度时所必须遵循的客观规律和基本法则。它主要包括以下四个基本原则:

(1) 内部牵制原则。

这是指分离不相容职务,在各部门、各岗位之间建立起一种相互验证或同见共证的关系。

①不相容职务,就是指由一个人从事就会产生差错或舞弊的职务。

②分离不相容职务,就是对每项经济业务所分成的授权、主办、核对、执行和记录等几个步骤,不能同时交由一个人办理,以减少任何人掩饰错误或进行舞弊活动的机会。

(2) 程式定位原则。

这是指根据各部门、各岗位的职能和性质,划分其工作范围,赋予其相应的权利和责任,规定其相应的操作程序和处理办法,确定其检查标准和纪律规范,以保证事事有人管,人人有专责,从而达到切实实施各项内部控制措施的目的。

(3) 系统网络原则。

这是指将各部门和各岗位形成互相依存、互相制约的统一体,促进各岗位、部门的协调,发挥内部控制制度的总体功能,实现内部控制制度的总体目标。

(4) 成本效益原则。

这是指内部控制制度的设置成本应小于其所带给单位的经济利益,力争以最小的控制成本取得最大的控制利益。该原则是任何现代经济管理和规范程序都应考虑的原则。

2. 银行存款内部控制的内容

单位内部完善的银行存款控制制度,应当包括以下8个控制点,并围绕它们展开行之有效的银行存款内部控制。

(1)审批。

这是指单位主管或银行存款业务发生部门的主管人员,对将要发生的银行存款收付业务进行审查批准,或是授权银行存款收支业务经办人,并规定其经办权限。审批一般以签字盖章方式表示。该过程主要为保证银行存款的收支业务要在授权下进行。

(2)结算。

这是指出纳人员复核了银行存款收付业务的原始凭证后,应及时填制或取得结算凭证,办理银行存款的结算业务,并对结算凭证和原始凭证加盖"收讫"或"付讫"戳记,表示该凭证的款项已实际收入或付出,避免重复登记。

(3)分管。

这是指银行存款管理中不相容职务的分离,如支票保管职务与印章保管职务相分离,银行存款总账与明细账登记相分离,借以保障银行存款的安全。

(4)审核。

这是指在编制银行收款凭证和付款凭证前,银行存款业务主管会计应审核银行存款收付原始凭证基本内容的完整性,处理手续的完备性以及经济业务内容的合规、合法性;同时,还要对结算凭证的上述内容进行审核,并把它与原始凭证相核对,审核其一致性,然后签字盖章。该环节的目的是为了保证银行存款收支业务记录的真实性、核算的准确性和银行存款账务处理的正确性。

(5) 稽核。

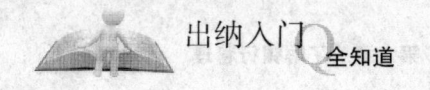

这是指记账前稽核人员、审核人员审核银行存款收付原始凭证和收付款记账凭证内容的完整性，手续的完备性和所反映经济内容的合法、合规性；同时对这些凭证的一致性进行审核，并签字盖章以示稽核。该环节的目的是为了保证证证相符，以及对银行存款记录和核算的正确性。

(6) 记账。

这是指出纳人员根据审核、稽核无误的银行存款收、付款凭证登记银行存款日记账，登记完毕，核对其发生额与收款凭证、付款凭证的合计金额，并签字盖章表示已经登记。银行存款总账会计根据审核、稽核无误的收款凭证、付款凭证或汇总的银行存款收付款凭证，登记银行存款总账，登记完毕，核对其发生额与银行收款凭证和付款凭证或银行存款汇总记账凭证的合计金额，并签字盖章表示已经登记。该环节用以保证账证相符以及银行存款账务处理的正确性。

(7) 对账。

这是指在稽核人员监督下，出纳人员与银行存款总账会计对银行存款日记账和银行存款总账的发生额和余额相核对，并互相取得对方签证以对账。该环节的目的是为了保证账账相符，保证会计资料的正确性、可靠性以及银行账务处理的正确性。

(8) 调账。

这是指银行存款主管会计定期根据银行对账单对银行存款日记账进行核对，编制"银行存款余额调节表"，并在规定的天数内对各未达账项进行检查。该环节的目的是保证企业的银行存款账与银行账相符，保证会计信息的准确性和及时性。

3. 如何实施银行存款内部控制

在实施银行存款内部控制时，各单位应根据自身特点，设定合理的控制点，制定符合自身情况的、健全的银行存款内部控制制度。

(1) 授权与批准。

建立银行存款的内部控制制度，首先要确立授权与批准的制度，即银行存款收付业务的发生，需要经单位主管人员或财务主管人员或总会计师的审批，并授权具体的人员经办。

（2）职责区分，内部牵制。

该程序也就是有关不相容职务由不同的人承担，体现钱账分管、内部牵制等原则。其具体程序包括：

①银行存款收付业务授权与经办、审查、记账要相分离。

②银行存款票据保管与银行存款记账职务要相分离。

③银行存款收付凭证填制与银行存款日记账的登记职务相分离。

④银行存款日记账和总账的登记职务相分离。

⑤银行存款各种票据的保管与签发职务相分离，其中包括银行单据保管与印章保管职务相分离。

⑥银行存款的登账和审核职务相分离。

（3）记录与审核。

各单位对其银行存款收付业务通过编制记账凭证、登记账簿进行反映和记录之前，都必须经过审核，只有审核无误的凭证单据才可作为会计记录的依据。其具体程序包括：

①出纳人员要根据其审核无误的银行存款收付原始凭证办理结算。办理银行结算后的原始凭证和结算凭证，要加盖"收讫"或"付讫"戳记。

②会计人员要根据财务主管审核无误的原始凭证或原始凭证汇总表填制记账凭证。

③原始凭证、收付款凭证须经过财会部门主管或其授权人审签、稽核人稽核签字盖章才能据以登账。

（4）记录与文件的管理。

为了将已发生的经济业务进行完整地反映，有关的文件必须加以适当的整理、管理和保存。其具体内容包括：

①银行支票、银行汇票、银行本票和商业汇票领用时，须经财会部门主管人或其指定人批准，并经领用人签字。

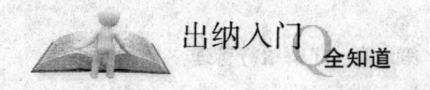

②银行支票、银行汇票、银行本票和商业汇票要有专人负责管理。
③收、付款凭证要连续编号。
④需使用事先连续编号的发货单、发票、支票等。

(5) 核对。

核对是账账相符、账实相符的保证。对账工作对保证银行存款安全性起着举足轻重的作用。

二、银行存款管理的内容

银行存款,就是指企事业单位所存放在银行和其它金融机构中的货币资金。它是现代社会经济交往中的一种主要资金结算工具。

根据国家有关规定,凡是独立核算的企业,都必须在当地银行开设账户。企业在银行开设账户后,除按银行规定的企业库存现金限额保留一定的库存现金外,超过限额的现金都必须存入银行。企事业经济活动所发生的一切货币收支业务,除按国家《现金管理暂行条例》中规定可以使用现金直接支付的款项外,其他都必须按银行支付结算办法的规定,通过银行账户进行转账结算。

银行存款管理,就是指国家、银行、企业、事业、机关团体有关各方对银行存款及相关内容进行的监督和管理。

根据其管理对象不同,银行存款管理可以分为银行存款账户的管理、银行存款结算的管理、银行存款核算的管理。

1. 银行存款账户的管理

银行存款账户的管理,主要是指有关银行存款账户的开立、变更、合并、迁移、撤销和使用等内容的管理。

2. 银行存款结算的管理

银行存款结算的管理,是银行存款管理的核心内容,主要是对经济活动引起的银行存款收、付业务的管理。银行存款结算的管理主要包括以下四个方面的内容：

(1) 银行存款结算的原则性管理。

(2) 银行存款结算的业务性管理。

(3) 银行存款结算的纪律及责任规定。

(4) 银行结算票据和凭证的管理。

3. 银行存款核算的管理

银行存款核算的原理，是指根据《会计法》及会计准则的规定，对银行业务进行确认、计量、核算和报告的管理。

三、银行账户管理

1. 银行账户的管理方法概述

银行账户，又称"银行存款账户"，或称"存款账户"，是指存款人在中国境内银行开立的人民币存款、支取、转账结算和贷款户头的总称。其中，存款人主要包括机关、团体、部队、企事业单位、个体经营者；银行包括银行和其他金融机构。按照资金的不同性质、用途和管理要求，存款账户可分为基本存款账户、一般存款账户、临时存款账户、专用存款账户四种。

银行存款账户是各单位通过银行办理转账结算、信贷以及现金收付业务的工具，它具有反映和监督国民经济各部门经济活动的作用。凡新办的企业或公司在取得工商行政管理部门颁发的法人营业执照后，可选择离办公场地近，办事工作效率高的银行申请开设自己的结算账户。对于非现金使用范围的开支，都要通过银行账户办理。

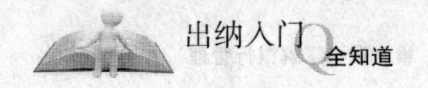

2. 银行账户使用的相关规定

根据《银行账户管理办法》和《违反银行结算制度处罚规定》等法规，使用银行账户时要注意以下内容：

（1）存款人可以自主选择银行，银行也可以自愿选择存款人开立账户，任何单位和个人不得干预存款人在银行开立或使用账户。

（2）存款人在其账户内应有足够资金保证支付。

（3）银行应依法为存款人保密，维护存款人资金自主支配权，不代任何单位和个人查询、冻结、扣划存款人账户内存款。国家法律规定和国务院授权中国人民银行总行的监督项目除外。

（4）存款人在银行的账户必须有足够的资金保证支付，不准签发远期支票，不允许套取银行信用。

（5）存款人申请改变账户名称的，应撤销原账户，可以开立新账户。

（6）存款人撤销账户，必须与开户银行核对账户余额，经开户银行审查同意后，办理销户手续。存款人销户时，应交回各种重要空白凭证和开户许可证。否则，所造成的后果应由存款人承担责任。

（7）银行在办理结算过程中，必须严格执行银行结算办法的规定，及时办理结算凭证，不准延误、积压结算凭证，不准挪用、截留客户和他行的结算资金；不准拒绝受理客户和他行的正常业务。

（8）下列存款人已在银行开立一个基本存款账户的，可以根据其资金性质和管理需要另开立一个基本存款账户：

①管理财政预算资金和预算外资金的财政部门。

②实行财政预算管理的行政机关、事业单位。

③县级（含）以上军队、武警单位。

存款人撤销基本存款账户后，可以在另一家银行开立新账户。

开户银行对一年未发生收付的活动的账户，应通知存款人，自发出通知起30日内来行办理销户手续，逾期视同自愿销户。

（9）存款人不得在多家银行机构开立基本存款账户。存款人不得在同一家银行的几个分支机构开立一般存款账户。

（10）存款人应认真贯彻执行国家的政策法令，遵守银行信贷结算和现金管理规定。银行检查时，开户单位应提供账户使用情况的有关资料。

（11）存款人不得因开户银行严格执行制度、执行纪律，转移基本存款账户，如果存款人转移基本存款账户，中国人民银行不得对其核发开户许可证。

（12）存款人的账户只能办理存款人本身的业务活动，不得出租和转让账户。

（13）正确、及时记载和银行的往来账务，并定期核对。发现不符，应及时与银行联系，查清楚。

3. 违反账户使用规定的相关处罚规定

根据《银行账户管理办法》的规定，开户单位违反了账户使用规定，将受到以下处罚：

（1）若单位出租和转让账户。

①责令其纠正。

②按规定对该行为发生的金额处以5%，但不低于1 000元的罚款。

③没收出租账户的非法所得。

（2）若单位违反了开立基本账户的规定。

①被责令限期撤销该账户。

②处以5 000～10 000元的罚款。

4. 银行账户管理的基本原则

银行结算是社会经济活动各项资金清算的中介，银行结算过程也是一个复杂的款项收付过程。在银行结算过程中，要涉及到收款单位、收款银行、付款单位、付款银行等几个相互关联的个体，以及多个业务环节和繁杂的资金增减变动过程。所以，为保证银行结算的顺利进行，各单位都应该严格遵守银行结算的基本原则（如图6-1所示）。这些原则主要有以下

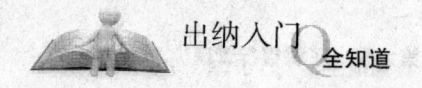

几条：

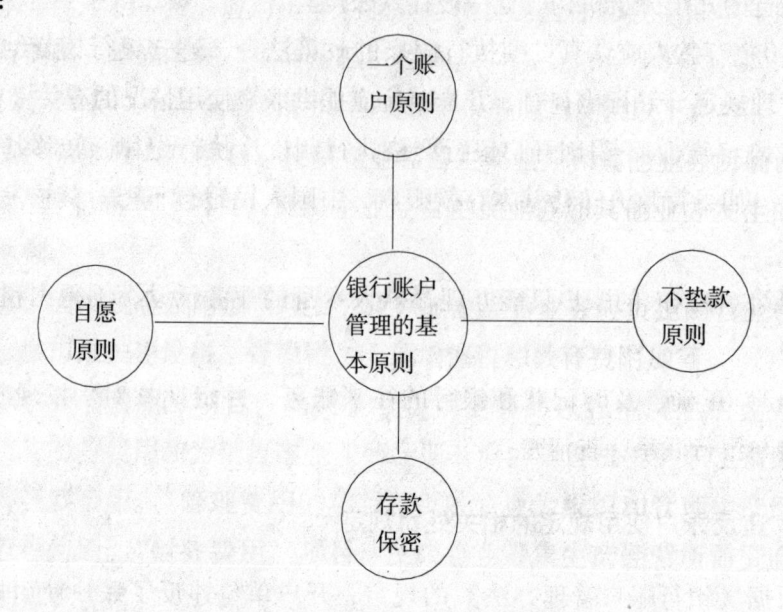

图 6-1 银行账户管理基本原则

（1）一个基本账户原则。

存款人在银行开立基本存款账户，实行由中国人民银行当地分支机构核发开户许可证制度。同时，存款人在其账户内必须有足够的资金，以保证支付。收付款双方在经济交往过程中，只有坚持诚实信用，交易一旦达成，才能保证各方经济活动的顺利进行。

（2）自愿选择原则。

存款人自己支配原则，存款人可以自主选择银行开户，银行也可以自愿选择存款人；一经双方相互认可后，存款人应遵循银行结算的规定；而银行应保证对资金的所有权和自主支配权不受侵犯。

（3）存款保密原则。

银行必须依法为存款人保密，除国家法律规定的国务院授权中国人民银行总行的监督项目外，银行不代任何单位和个人查询、冻结存款人账户内的存款，以维护存款人资金的自主支配权。

（4）不垫款原则。

银行在办理结算时只负责办理结算双方单位的资金转移，不为任何单位垫付资金。

5. 基本存款账户的功能

基本存款账户，是指存款人办理日常转账结算和现金收付的账户。它是独立核算单位在银行开立的主要账户。存款人的工资、奖金等现金的支出，只能通过基本存款账户办理。按照规定，每个存款人只能在银行开立一个基本存款账户。

（1）申请基本存款账户需提供的文件。

①开户许可证。

存款人在银行开立基本存款账户，实行由中国人民银行当地分支机构核发开户许可证制度。因此，存款人开立基本存款账户，必须凭中国人民银行当地分支机构核发的开户许可证开立账户。开户许可证由中国人民银行总行统一制作。

②其他。

存款人申请开立基本存款账户除了必须具备"开户许可证"，还应向开户银行出具下列证明文件之一：

- 个人的居民身份证和户口簿。
- 承包双方签订的承包协议。
- 单位对附设机构同意开户的证明。
- 当地工商行政管理机关核发的《企业法人执照》或《营业执照》副本。
- 驻地有关部门对外地常设机构的批文。
- 军队军以上、武警总队财务部门的开户证明。
- 中央或地方编制委员会、人事、民政等部门的批文。

（2）开设基本存款账户的程序。

如图6-2所示：

开户申请书一式三联，第一联由中国人民银行当地分支机构留存；第

```
填制开户申请书
   ↓
向银行提供开户证明
   ↓
开户银行审核
   ↓
开户银行同意后,将申请
材料送交中国人民银行当
地分支机构审核
   ↓
审核无误后,填制开户许可证
```

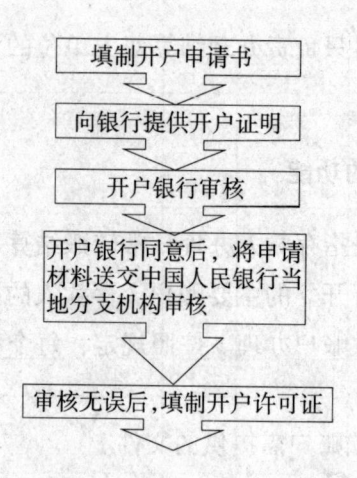

图 6-2 开设基本存款户程序

二联由开户银行留存;第三联由存款人保管,待销户时做重新开户的证明。印鉴卡片一式两张,一张留存开户银行;一张开户单位留存。开户许可证一式两本(正、副本),正本由开户单位留存;副本由开户银行存查。

6. 一般存款账户功能介绍

一般存款账户,是指存款人在基本账户以外的银行借款、转存、与基本存款账户的存款人不在同一地点的附属非独立核算单位开立的账户。存款人可以通过账户办理转账、结算和存入现金,但不能支取现金。

开设一般存款账户,也同样需要一定的条件,大致有以下两点:

(1) 在基本存款账户以外的银行取得借款的。

(2) 与基本存款账户的存款人不在同一地点的附属非独立核算单位。

存款人申请开立一般存款账户,应向开户银行出具下列两个证明文件中的一个:

(1) 借款合同或借款借据。

(2) 基本存款账户的存款人同意其附属的非独立核算单位开户的证明。

在申请开立一般存款账户、临时存款账户和专用存款账户时,应该按照以下程序进行:

（1）填制开户申请书。

（2）提供基本存款账户开户许可证，并送交盖有存款人印章的"印鉴卡片"。

（3）经开户银行审核同意后开立账户。

7. 临时存款账户功能介绍

临时存款账户，是存款人因临时经营活动需要开立的账户，存款人可以通过临时存款账户办理转账结算和根据国家现金管理的规定办理现金收付。

（1）可以开设临时存款账户的条件。

开设临时存款账户，需要一定的条件。在下列两种情况下，存款人可以申请开立临时存款账户：

①外地临时机构。

②临时经营活动需要的。

（2）开设临时存款账户需要提供的文件。

根据《银行账户管理办法》规定，存款人申请开立临时存款账户，应向开户银行出具下列证明文件之一：

①当地工商行政管理机关核发的临时执照。

②当地有关部门同意设立外来临时机构的批件。

8. 专用存款账户功能介绍

专用存款账户，就是指存款人因特定用途需要而开立的账户。

当存款人是因为下列资金时，可以申请开立专用存款账户：

（1）基本建设的资金。

（2）更新改造的资金。

（3）特定用途，需要专户管理的资金。

开设专用存款账户需要提供的文件根据《银行账户管理办法》规定，存款人申请开立专用存款账户，应向开户银行出具下列证明文件之一：

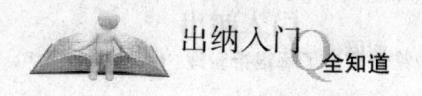

（1）经有关部门批准立项的文件。

（2）国家有关文件的规定。

9. 账户名称的变更

（1）变更账户名称。

单位申请变更账户名称，应向银行交验上级主管部门批准的正式函件，企业单位和个体工商户需要向银行交验工商行政管理部门登记注册的新执照，经银行调查属实后，根据不同情况变更账户名称或撤销原账户并开立新账户。

（2）更换单位财务专用章等。

若开户单位由于人事变动等原因，要更换单位财务专用章、财务主管印鉴或出纳人员印鉴的，只需填写"更换印鉴申请书"，出具有关证明，在银行审查同意后，重新填写印鉴卡片，并注销原预留的印鉴卡片。

10. 账户的迁移、合并及撤销

单位的办公地点或经营场所发生搬迁时，应到银行办理迁移账户手续。如在同城，由迁出行出具证明，迁入行凭此开立新账户；如搬迁他城，应重新按规定办理开户手续。

在搬迁过程中，可凭证暂时保留原账户，但在搬迁结束，单位已在当地恢复生产经营时，原账户一般应在1个月内结清。

单位申请合并、撤销账户，经同开户银行核对存（贷）款账户余额全部无误后，办理销户手续，同时交回各种空白重要凭证。销户后由于未交回空白重要凭证而产生的一切责任，由销户单位全部承担。

各单位在银行的账户连续一年没有发生收、付款活动，银行以为无继续存在的必要时，即通知单位在1个月内，向银行办理销户手续，逾期未办，视同自愿销户，余数未取者，银行在年终时作为收益处理。

四、银行借款业务管理

首先我们要明确什么是银行借款。银行借款就是企业根据其生产经营业务的需要，为弥补自有资金不足，而向银行借入的款项，是企业从事生产经营活动资金的重要来源。

1. 申办贷款的注意事项和程序

（1）申办贷款应具备的条件。

根据国家有关规定，向银行申请办理贷款的单位必须具备下列条件：

①借款单位必须是经主管部门或县以上工商行政管理机关批准设立，注册登记的，并持有"营业执照"的单位。

②企业必须在银行开立账户，有经济收入和还款能力。

③固定资产借款项目。借款单位的项目建议书，可行性研究报告和初步设计已批准，并已列入国家固定资产投资计划。

④借款企业必须是实行独立的经济核算，单独计算盈亏，单独编制会计报表，有对外签订交易合同的权力的企业。

⑤借款单位必须要有正常生产经营所需的一定数量的自有资金，并保证完整无缺。

⑥必须提供银行认可的借款担保人或抵押品做担保，并按时向银行报送有关财务、统计报表，接受银行的贷款监督和检查。

（2）银行贷款方法。

银行贷款一般有以下四种方法：

①逐笔申请，逐笔核贷，逐笔核定期限，到期收回，周转使用。这是指企业每需要一笔贷款，都要向银行提出申请，银行对每笔贷款加以审查，如果同意发贷，对每笔贷款都要核定期限，贷款期满则要按期收回。收回的贷款仍是银行可用于发放贷款的指标，可继续周转使用。这种方法

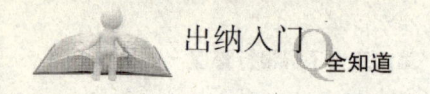

适用于工业部门的生产周转贷款。

②逐笔申请,逐笔核贷,逐笔核定期限,到期收回贷款指标一次使用,不能周转。这种方法与上述方法相比,不同之处在于,到期收回的贷款不能周转使用。这种方法适用于专项的贷款,如基本建设贷款、技术改造贷款等。

③一次申请,集中审核,定期调整企业一年或一个季度办理一次申请贷款的手续,银行一次集中审核。平时企业需要这方面贷款时,由银行根据可贷款额度定期进行调整,贷款不受指标限制,企业不必逐项进行申请。这种贷款方法适合于结算贷款。

④每年或每季一次申请贷款,由银行集中审核根据实际情况,下达一定时期内的贷款指标,企业进货时自动增加贷款,销售时直接减少贷款。贷款不定期限,在指标范围内,贷款可以周转使用,需要突破贷款指标时,则要另行申请,调整贷款指标。这种方法适用于商品流转贷款和物资供销贷款。

2. 企业借款流程

企业需要向银行借款,应遵循以下程序:

(1) 借款申请。

实际工作中,借款方提出借款申请,一般采用填写"借款申请书"的方式提出,并提供以下有关资料:

①借款人上一年度经工商行政管理部门办理年检手续证明的文件的复印件。

②借款人上一年度和最近一期的财会报告及生产经营、物资材料供应、产品销售和出口创汇计划及有关统计资料。

③借款人的"贷款证",借款人在银行开立基本账户、其他账户情况,原有借款的还本付息情况。

④借款人财务负责人的资格证书和聘用书复印件。

⑤购销合同复印件或反映企业资金需求的有关凭证、资料,项目建设书或项目可行性研究报告和国家有关部门的批准文件原件。

⑥非负债的自筹资金落实情况的证明文件。

⑦贷款行需要的其他资料。

（2）贷款方审查。

银行必须对借款方的申请进行审查，以确定是否给予贷款。审查内容包括两个方面：

①形式审查。

即检查"借款申请书"等有关内容的填写是否符合要求，有关的批准文件、计划是否具备等。

②实体审查。

即检查"借款申请书"有关内容是否真实、正确、合法。对于符合贷款条件的项目，可在"借款申请书"的审查意见栏内注明"同意贷款"字样。

（3）签订借款合同。

借款单位的借款申请，经银行审查同意后，借贷双方即可签订"借款合同"。在借款合同中，应明确规定贷款的种类、金额、用途、期限、利率、还款方式、结算办法和违约责任等条款，以及当事人双方商定的其他事项。

3. 贷款证制度

为了加强对企业贷款的监督和保障信贷资金的安全，中国人民银行正式颁布了《贷款管理办法》，决定在我国商业银行的贷款业务经营中实行贷款证的制度。

贷款证，就是指企业向国内商业银行申请贷款的凭证。该证由当地中国人民银行统一印制、颁发给注册地法人企业，作为商业银行审查贷款的重要依据之一。

（1）贷款证的内容。

①发证记录和年审记录。

此部分由发证机关填写，发证记录一栏用来填写贷款证启用时间和有

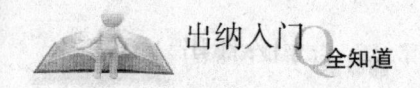

效期限；年审记录一栏用来填写年审结论。

②企业概况。

此部分由企业在申领贷款证时填写，内容主要包括企业名称、法定代表人、注册资本、经济类型、行业类别等。

③银行存款开户记录。

分人民币和外币账户。此部分由企业填写，内容包括开户银行名称和账号，不得漏填；企业在银行开立新的结算户后，要及时填写；填写时要注明基本结算户和主要贷款金融机构。

④贷款金额情况统计表。

此部分由企业在申领贷款和年审时，填写其在各金融机构的贷款金额。

⑤贷款发生情况登记表。

该表分人民币贷款和外币贷款两类，反映企业借还款情况。此部分由金融机构信贷部门填写。

⑥异地贷款情况登记表。

该表反映企业在注册外的城市办理借款业务的情况。此部分由提供贷款的金融机构信贷部门填写。

⑦企业提供经济保证情况登记表。

该表反映企业提供经济保证的情况。此部分由提供贷款的金融机构信贷部门填写。

⑧企业资信等级记录。

在实行贷款证管理制度的城市，经发证机关认可的资信评估机构对企业评定的资信等级，可在此部分登记。

⑨备注。

此部分用于发证机关和金融机构信贷部门记录有关事宜。

（2）贷款证的发放对象。

在实行贷款证管理制度的城市内的企业，拟申请借款或已与金融机构有借款还款关系者，必须申领贷款证。企业只能向注册地发证机关申领贷款证。一个企业只能申领一本贷款证。贷款证可在实行贷款证管理制度的城市内通用。

（3）申办贷款证需要的条件。

企业申请贷款证后，须向发证机关提交下列文件：

①"企业法人营业执照"正本复印件，并出示副本原件。

②企业注册资本的验资报告复印件或有关注册资本来源的证明材料。

③企业启用或刻印行政公章的证明文件。

④企业法定代表人身份证复印件及履历证明材料。

⑤"中华人民共和国企业代码证书"复印件。

⑥发证机关要求的其他材料。

在以上文件齐备并经审验无误后，发证机关应在1个月内为企业颁发贷款证。贷款证经发证机关加盖公章后开始生效。

（4）贷款证的办理。

①领证。

申办人持本人身份证、"企业法人营业执照"正本和企业代码证书原件，到中国人民银行所在地区分行领取空白贷款证及贷款证申请表等四份表格。

②填写申领表格，企业要真实、完整地填写申领表格。

③认真填写贷款证中的相关内容。

申领贷款证的企业自行填写的内容包括：贷款的第2页"企业概括"；第7~9页"人民币存款户开户记录"和"外币存款户开户记录"第10页起"贷款余额情况统计表"。由企业送金融机构信贷部门填写的内容包括：第14页起"人民币贷款发生情况登记表"和"外币贷款发生情况登记表"；第74页起"异地贷款发生情况登记表"；第80页起"企业经济保证情况登记表"。

④办证送审资料及证明文件。

贷款企业将填妥表格和贷款证送交中国人民银行所在地分行，提交证明文件以及企业上年度财务决算报表，以及申领贷款证前1个月的财务报

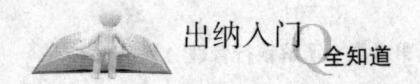

表。如是非法人企业还须提交主管企业法人授权委托人的复印件；与金融机构新建立信贷关系的企业或贷款总额在300万元以上的企业须出示资信等级证明；需要与金融机构新建立信贷关系的企业申办贷款证时，还须提供所在开户金融机构同意建立信贷关系的证明。

中国人民银行所在地分行收到企业申办贷款证的上列资料和文件，经审验齐备无误的，应在不超过1个月时间内，将加盖公章的贷款证发给申办企业。

（5）贷款证使用中的注意事项。

在贷款证的使用中，企业应遵守并注意以下规定：

①企业领取贷款证后，方有资格办理借款还款手续。

②企业归还贷款时，应持金融机构会计部门填制的贷款偿付凭证和贷款证，到金融机构信贷部门及时做还款记录。信贷人员须在贷款证上逐笔登记，并签字盖章。

③企业申请借款时，金融机构信贷部门必须查验借款企业的贷款证。决定向其贷款后，信贷人员须在贷款证上逐笔登记，并签字盖章。

④企业申请贷款经信贷部门批准后，信贷人员须在贷款证上逐笔记录，并签字盖章。

⑤资信评估机构对企业评级，并在企业资信等级记录栏中记录后，加盖公章。

⑥贷款证不得出借、出租、转让、涂改和伪造。

⑦金融机构信贷部门查验企业贷款证的时间不得超过15天。

⑧信贷部门办理保证贷款时，必须同时查验保证企业的贷款证。决定办理保证贷款后，信贷人员须同时在被保证企业和保证企业贷款证上逐笔登记，并签字盖章。

⑨企业归还保证贷款时，借款企业应及时通知保证企业持贷款证到信贷部门作核销登记，由信贷人员签字盖章。

⑩企业在注册地以外城市金融机构办理借款还款手续，要持其所在城市发证机关颁发的贷款证按上述相同程序在异地贷款栏中登记。

在贷款证使用过程中,若企业违反了贷款证使用的有关规定,发证机关应视情节轻重给予批评教育,暂停办理贷款证,通知各金融机构暂停贷款直至吊销贷款证等处罚。

(6) 贷款证的变更。

持证企业向发证机关申请办理贷款证变更手续的情况大致有以下几种:

①企业名称变更。

②企业法定代表人更换。

③企业注册资本变更。

④企业法定住址迁移。

⑤贷款证登录满页或严重破损。

(7) 对贷款证的年审。

贷款证实行集中年审,年审内容主要包括企业生产经营概况、财务状况和银行开户情况等。年审期间贷款证仍然有效。年审手续一般如下:

①发证机关每年3~6月对贷款证进行年审。

②企业凭法人营业执照正本原件及贷款证领取空白年审报告。

③企业把填好的年审报告书交回发证机关审核,并提交"企业法人营业执照"正本复印件、贷款证,以及企业上一年度的资产负债表、损益表和年审时企业最新的财务报表。

4. 银行存款的日常核算工作

银行存款的核算主要包括序时核算和总分类核算两个部分。在实际操作中,出纳人员主要从事序时核算。

(1) 序时核算。

银行存款的序时核算,就是指利用银行存款日记账,按照经济业务发生完成的时间顺序,将银行存款的收、支、余情况逐日、逐笔地反映出来。

银行存款日记账是逐日、逐项记录一个单位银行存款收、支及结存情况的账簿。银行存款日记账由出纳人员根据银行存款收、付款凭证和原始凭证进行登记,并在每日终了时结算出银行存款收支发生额和结存额。月末还要计算出本月收入、付出的合计数和月末结余数,并与"银行存款"总分类账进行核对。银行存款日记账的建立和使用,为随时掌握银行存款收、支动态和结余情况,合理调度资金,为企业收、支平衡提供信息资料。

只要有结算业务的单位,不管其规模大小,都要设置银行存款日记账。不同单位,由于其经济性质、规模大小、经营管理的要求各不相同,因而相应需要设置的日记账的种类、格式也就不同。在具体设置日记账时,应从本单位实际情况出发,遵循节约原则,避免复杂与浪费。有外币存款的企业,应分别按人民币和各种外币设置"银行存款日记账"进行明细核算。企业发生外币业务时,应将有关外币金额折合为人民币记账。除另有规定外,所有与外币业务有关的账户,应采用业务发生时的汇率,也可以采用业务发生当期期初的汇率折合。

期末,各种外币账户的期末余额,应按期末汇率折合为人民币。按照期末汇率折合的人民币金额与原账面人民币金额之间的差额,作为汇兑损益。汇兑损益一般计入当期财务费用,但下面两种情况除外:

①筹建期间发生的汇兑损益,计入长期待摊费用。

②与购建固定资产有关的外币专门借款产生的汇兑损益,按借款费用的处理原则处理。

(2)总分类核算。

①会计科目的设置。

其会计科目为"银行存款"。它属于资产类会计科目,用以核算企事业单位存入银行的各种存款的增减变动和结存情况。该科目借方反映企事业单位银行存款的增加数,贷方反映减少数;余额一般在借方,表示企事业单位银行存款的实际结存数。各单位存入其他金融机构的存款,也应在本科目内核算。但是单位的外埠存款、银行本票存款、银行汇票存款等均不在本科目核算,而应计入"其他货币资金"科目。

②如何处理银行存款核算的账务的处理。

企事业单位存入款项时，应填写"送款单"，将现金或结算款项存入银行。企事业单位根据银行收款退回的"送款单"作为存款凭证，记入"银行存款"的借方；或由单位委托银行按照结算办法及有关规定，将单位收入的款项主动存入银行，单位凭银行收款退回通知单作为存款凭证。企事业单位从银行提取现金，应开具现金支票作为银行存款支出的凭证，记入"银行存款"的贷方。

五、银行存款的核算

1. 现金和银行存款的账务处理

表6-1　　　　　　　　现金和银行存款的账务处理

业务	记账		备注
收到现金	借：库存现金	贷：有关科目	
支出现金	借：有关科目	贷：库存现金	
将现金存入银行	借：银行存款	贷：库存现金	编制现金付款凭证
将现金从银行取出	借：库存现金	贷：银行存款	编制银行付款凭证
单独设置备用金科目的企业	借：备用金	贷：库存现金/银行存款	编制备用金报销清单
有待查明原因的现金短缺	借：待处理财产损溢——待处理流动资产损溢	贷：库存现金	
有待查明原因的现金溢余	借：库存现金	贷：待处理财产损溢——待处理流动资产损溢	

续表

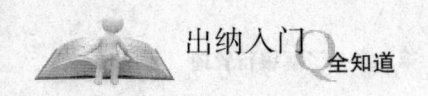

业　务	记　账		备　注
由责任人赔偿的现金短缺	借：其他应收款——应收现金短缺款（或库存现金）	贷：待处理财产损溢——待处理流动资产损溢	
由保险公司赔偿的现金短缺	借：其他应收款——应收保险赔款	贷：待处理财产损溢——待处理流动资产损溢	
无法查明原因的现金短缺	借：管理费用——现金短缺	贷：待处理财产损溢——待处理流动资产损溢	
应付有关人员或单位的现金溢余	借：待处理财产损溢——待处理流动资产损溢	贷：其他应付款——应付现金溢余（个人或单位）	
无法查明原因，经过批准之后	借：待处理财产损溢——待处理流动资产损溢	贷：营业外收入——现金溢余	
银行存款不能收回	借：营业外支出	贷：银行存款	

以下是常见的现金收款业务：

【例】某商业企业销售商品收到现金 11 700 元。会计分录为：

借：库存现金　　　　　　　　　　　　　　　　　　　11 700
　　贷：主营业务收入　　　　　　　　　　　　　　　　10 000
　　　　应交税费——应交增值税（销项税额）　　　　　 1 700

【例】某工业企业销售产品一件，单价 400 元，增值税 68 元，收到现金 468 元。会计分录为：

借：库存现金　　　　　　　　　　　　　　　　　　　　　468
　　贷：主营业务收入　　　　　　　　　　　　　　　　　 400
　　　　应交税费——应交增值税（销项税额）　　　　　　 68

【例】企业出租包装物，收到租金 3 000 元现金，有关会计分录为：

借：库存现金　　　　　　　　　　　　　　　　　　　 3 000
　　贷：其他业务收入　　　　　　　　　　　　　　　　3 000

【例】企业股票投资收到现金股利 4 000 元，有关会计分录为：

借：库存现金 4 000
　　贷：投资收益（或长期投资） 4 000

【例】企业将一台回收的残料价值 1 000 元的报废设备出售，收到现金，有关会计分录为：

借：库存现金 1 000
　　贷：固定资产清理 1 000

【例】公司 5 月 31 日在清查中发现库存现金短缺 800 元，经查是出纳员张某工作失误造成的，按规定由张某赔偿。在这种情况下应先做付款凭证，其会计分录为：

借：其他应收款——现金短款（张某） 800
　　贷：库存现金 800

在收到赔款时，应编制现金收款记账凭证，其贷方科目为其他应收款，其会计分录为：

借：库存现金 800
　　贷：其他应收款——现金短款（张某） 800

【例】公司仓库产品发生霉烂变质，造成损失 600 元，经查明为保管员王某失职造成，按规定应由王某赔偿损失并罚款 400 元。实际发生责任事故时，由会计人员编制如下会计分录（未考虑增值税进项税额）：

借：其他应收款——财产赔款 600
　　贷：待处理财产损溢——待处理流动资产损溢 600

实际收到王某交来的赔款和罚款金时，应编制现金收款记账凭证，做如下会计分录：

借：库存现金 1 000
　　贷：其他应收款——财产赔款 600
　　　　营业外收入 400

【例】企业技改中心开办期间支付办公费 5 000 元(现金)，注册登记费

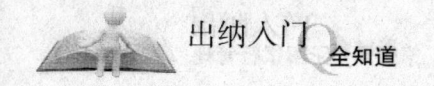

2 000元(现金)。会计分录如下：

　　借：长期待摊费用　　　　　　　　　　　　　　　7 000
　　　　贷：库存现金　　　　　　　　　　　　　　　7 000

【例】29日，职工徐某出差归来，报销差旅费500元，补给现金100元，结清原借款400元，此款已入账。会计分录如下：

　　借：管理费用　　　　　　　　　　　　　　　　　500
　　　　贷：其他应收款——徐某　　　　　　　　　　400
　　　　　　库存现金　　　　　　　　　　　　　　　100

【例】公司用现金支付本单位李某医药费500元。会计分录为：

　　借：应付职工薪酬　　　　　　　　　　　　　　　500
　　　　贷：库存现金　　　　　　　　　　　　　　　500

【例】公司用现金支付报废固定资产的清理费用2 000元。会计分录为：

　　借：固定资产清理　　　　　　　　　　　　　　2 000
　　　　贷：库存现金　　　　　　　　　　　　　　2 000

2. 其他货币资金的核算

（1）其他货币资金的性质与范围。

其他货币资金是指除现金、银行存款以外的其他各种货币资金。其他货币资金同现金和银行存款一样，是企业可以作为支付手段的货币。其他货币资金同现金和银行存款相比，有其特殊的存在形式和支付方式，在管理上有别于现金和银行存款，应单独进行会计核算。

除现金、银行存款以外的货币资金主要包括外埠存款、银行汇票存款、银行本票存款、信用卡存款以及在途货币资金等。外埠存款是指到外地进行临时或零星采购时，在采购地银行开立临时采购账户，而向临时采购存款户存入的款项；银行汇票存款是指企业为取得银行汇票，按规定用于银行汇票结算而存入银行的款项；银行本票存款是指企业为取得银行本票，按规定用于银行本票结算而存入银行的款项；信用卡存款是指企业办理信用卡结算而存入的款项；在途货币资金是指企业同所属单位之间或上下级之间，汇出方已划出未达汇入方的汇款。

（2）其他货币资金收付。

其他货币资金以"其他货币资金"科目进行核算，并按其他货币资金的内容设置明细科目进行明细核算。

①外埠存款。

企业在外埠开立临时账户，需经开户地银行批准。银行对临时采购户一般实行半封闭式管理的办法，即只付不收，付完清户。除采购人员差旅费用可以支取少量现金外，其他支出一律转账。

【例】某企业根据发生的有关外埠存款收付业务，编制会计分录如下：

企业在外埠开立临时采购账户，委托银行将800 000元汇往采购地。

借：其他货币资金——外埠存款　　　　　　　　　　　800 000
　　贷：银行存款　　　　　　　　　　　　　　　　　800 000

采购员以外埠存款购买材料，材料价款500 000元，增值税85 000元，货款共计585 000元，材料入库。

借：原材料　　　　　　　　　　　　　　　　　　　500 000
　　应交税费——应交增值税（进项税额）　　　　　　85 000
　　贷：其他货币资金——外埠存款　　　　　　　　　585 000

外埠采购结束，将外埠存款清户，收到银行转来收账通知，余款215 000元收妥入账。

借：银行存款　　　　　　　　　　　　　　　　　　215 000
　　贷：其他货币资金——外埠存款　　　　　　　　　215 000

②银行汇票存款。

企业办理银行汇票，需将款项交存开户银行。未用汇票存款应及时办理退款。其账务处理与外埠存款基本相同。

【例】某企业根据发生的有关银行汇票存款收付业务，编制会计分录如下：

企业申请办理银行汇票，将银行存款50 000元转为银行汇票存款。

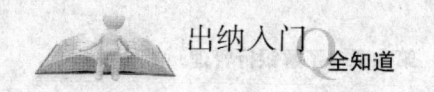

借：其他货币资金——银行汇票存款　　　　　　　　　50 000
　　贷：银行存款　　　　　　　　　　　　　　　　　50 000

收到收款单位发票等单据，采购材料付款46 800元，其中，材料价款40 000元，增值税6 800元，材料入库。

借：原材料　　　　　　　　　　　　　　　　　　　40 000
　　应交税费——应交增值税（进项税额）　　　　　　6 800
　　贷：其他货币资金——银行汇票存款　　　　　　　46 800

收到多余款项退回通知，将余款3 200元收妥入账。

借：银行存款　　　　　　　　　　　　　　　　　　3 200
　　贷：其他货币资金——银行汇票存款　　　　　　　3 200

③银行本票存款。

企业办理银行本票，需将款项交存开户银行。本票存款实行全额结算，本票存款与结算金额的差额一般采用支票或其他方式清结。其账务处理与银行汇票存款基本相同。

【例】某企业根据发生的有关银行本票存款收付业务，编制会计分录如下：

企业申请办理银行本票，将银行存款60 000元转入银行本票存款。

借：其他货币资金——银行本票存款　　　　　　　　60 000
　　贷：银行存款　　　　　　　　　　　　　　　　　60 000

收到收款单位发票等单据，采购材料付款58 500元，其中，材料价款50 000元，增值税8 500元，材料入库。

借：原材料　　　　　　　　　　　　　　　　　　　50 000
　　应交税费——应交增值税（进项税额）　　　　　　8 500
　　其他应收款　　　　　　　　　　　　　　　　　　1 500
　　贷：其他货币资金——银行本票存款　　　　　　　60 000

收到收款单位退回的银行本票余款1 500元，存入银行。

借：银行存款　　　　　　　　　　　　　　　　　　1 500
　　贷：其他应收款　　　　　　　　　　　　　　　　1 500

④在途货币资金。

企业进行在途货币资金核算，主要是为了提供上下级独立核算单位之间下拨或上缴货币资金的具体情况。在会计处理上，"其他货币资金——在途货币资金"，同核算上下级拨缴款项的有关科目形成对应关系。

【例】某单位的附属独立核算单位根据发生的在途货币资金业务，编制会计分录如下：

上级单位以银行存款拨入单位资金30 000元，作为本单位周转资金。本单位收到上级单位的通知及所附划款单据的复印件。

借：其他货币资金——在途货币资金　　　　　　　　　　30 000
　　贷：上级拨入资金　　　　　　　　　　　　　　　　30 000

收到银行转来收款通知，上级单位投入的周转资金已收妥入账。

借：银行存款　　　　　　　　　　　　　　　　　　　　30 000
　　贷：其他货币资金——在途货币资金　　　　　　　　30 000

⑤信用卡存款。

企业对于信用卡存款的核算主要包括办理信用卡存款、以信用卡支付有关费用、收取信用卡存款利息收入等。

【例】某企业根据发生的有关信用卡存款收付业务，编制会计分录如下：

将银行存款70 000元存入信用卡。

借：其他货币资金——信用卡存款　　　　　　　　　　　70 000
　　贷：银行存款　　　　　　　　　　　　　　　　　　70 000

信用卡支付业务招待费4 500元。

借：管理费用　　　　　　　　　　　　　　　　　　　　4 500
　　贷：其他货币资金——信用卡存款　　　　　　　　　4 500

收到信用卡存款的利息80元。

借：其他货币资金——信用卡存款　　　　　　　　　　　80
　　贷：财务费用　　　　　　　　　　　　　　　　　　80

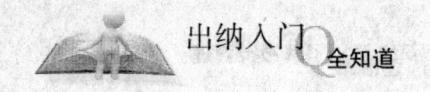

六、银行结算的内容

1. 支票结算方式

（1）支票及其分类。

支票是出票人签发的，委托办理支票存款业务的银行或其他金融机构在见票时无条件支付确定的金额给收款人或者持票人的票据。支票实际上是存款人开出的付款通知。

①在支票结算关系中的当事人。

• 出票人。它是指在经中国人民银行当地分支行批准办理业务的银行机构开立可以使用支票的存款账户的单位和个人。

• 持票人。它是指收款单位或个人。

• 付款人。它是指支票上记载的出票开户银行。

②支票可以按照不同的标准进行不同的分类。

• 支票按照收款人的记载形式不同可以分为记名式支票和不记名式支票两种。记名式支票又称抬头支票，即在支票上记载收款人姓名或者商号的支票，这种支票的票款，只能付给票面指定的人，转让时须有收款人背书。无记名式支票又叫空白支票，是指在支票上不记载受款人姓名或商号的支票，这种支票的持票人可以直接向银行取款，而不必在支票上签字盖章。

• 支票按照其使用的要求可以分为转账支票和现金支票。按照《支付结算办法》规定，支票印有"现金"字样的为现金支票，现金支票只能用于支取现金。支票上印有"转账"字样的为转账支票，转账支票只能用于转账。支票上印有"现金"或"转账"字样的为普通支票，普通支票可以用于支取现金，也可以用于转账。在普通支票左上角画两条平行线的，为画线支票，画线支票只能用于转账，不得支取现金。

● 保付支票。保付支票是指支票付款人在支票上记载"照付"或"保付"字样的支票。支票一经保付，付款人就成为支票的主债务人，承担起付款责任，这一点同汇票承兑人的付款责任是相同的，保付支票不许退票。

支票结算仅限于同城或指定票据交换地区内使用，可用于商品交易、劳务供应、资金调拨以及其他款项结算。凡在银行设立账户的单位、个体经济户和个人经开户银行同意，均可使用支票结算。

在这里，需要特别说明的是，还有一种支票，即定额支票。定额支票不仅具有特殊用途，同时还可以作为"现金"使用，除农产品收购单位使用外，其他单位不使用。我们习惯上所说的支票是指现金支票和转账支票两种，不包括定额支票。

（2）支票结算的基本规定。

①支票一律记名。

即签发的支票必须注明收款人的名称，并只准收款人或签发人向银行办理转账或提取现金。在中国人民银行总行批准的地区，转账支票可以背书转让。

②支票的有效期为 5 天（背书转让地区的转账支票的有效期为 10 天）。

有效期从签发的次日算起，到期日遇节假日顺延。过期支票银行不予受理，支票自行作废。

③支票的金额起点为 100 元。

起点以下的款项结算一般不使用支票，但缴纳公用事业费，缴拨基本养老保险基金、住房公积金等，可不受金额起点的限制。

④签发支票应使用墨汁、碳素墨水或蓝黑墨水填写，未按规定填写，被涂改冒领的，由签发人负责。支票上各项内容要填写齐全，内容要真实，字迹要清晰，数字要标准，大小写金额要一致。支票大小写金额、签发日期和收款人不得更改，其他内容如有更改，必须由签发人加盖预留银行印签章之一证明。

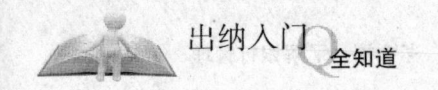

⑤签发人必须在银行账户余额内按照规定向收款人签发支票。不准签发空头支票或印章与预留银行印鉴不符的支票,否则,银行除退票外还要按票面金额处以5%,但不低于1 000元的罚款,另收2%的赔偿金给收款人。对屡次签发空头支票的,银行将根据情节给予警告、通报批评,直至停止其向收款人签发支票。

⑥已签发的现金支票遗失,可以向银行申请挂失。挂失前已经支付的,银行不予受理。已签发的转账支票遗失,银行不受理挂失,可请求收款人协助防范。

(3) 支票结算的程序。

①现金支票结算程序。

开户单位用现金支票提取现金时,由本单位出纳人员签发现金支票并加盖银行预留印鉴后,到开户银行提取现金;开户单位用现金支票向外单位或个人支付现金时,由付款单位出纳人员签发现金支票并加盖银行预留印鉴和注明收款人后交收款人,收款人持现金支票到付款单位开户银行提取现金,并按照银行的要求交验有关证件。

②转账支票结算程序。

付款人按应支付的款项签发转账支票后交收款人,凭支票存根贷记"银行存款"账户,借记对应账户。收款人审查无误后,填制一式两联进账单连同支票一并送交本单位开户银行,经银行审查无误后,在进账单回单上加盖银行印章,退回收款人,作为收款人入账的凭证,收款人据此借记"银行存款"账户,贷记对应账户。另一联和支票银行留存,作为划转款项和记账凭据。

(4) 支票结算应注意的问题。

①存款人向开户银行领取支票时,必须填写"支票领用单",并加盖预留银行印鉴章,经银行核对印鉴相符后,按规定收取工本费和手续费,发给空白支票,并在支票登记簿上注明领用日期、存款人名称、支票起止号码,以备查对。

银行出售支票,每个账户只准一次一本,业务量大的可以适当放宽。

出售时应在每张支票上加盖本行行名和存款人账号。

单位撤销、合并结清账户时,应将剩余的空白支票填列一式两联清单,全部交回银行注销。清单一联由银行盖章后退交收款人,一联作清户传票附件。

②要严格控制携带空白支票外出采购。

对事先不能确定采购物资的单价、金额的,经单位领导批准,可将填明收款人名称和签发日期、明确了款项用途和款项限额的支票交采购人员,使用支票人员回单位后必须及时向财务部门结算。

款项限额的办法是在支票正面用文字注明所限金额,并在小写金额栏内有"￥"处填写数位。

③支票应由财会人员或使用人员签发,不得将支票交给收款人代为签发。支票存根要同其他会计凭证一样妥善保管。

④收款人在接受付款人交来的支票时,应注意审核以下内容:支票收款人或被背书人是否确为本收款人;支票签发人及其开户银行的属地是否在本结算区;支票签发日期是否在付款期内;大小写金额是否一致;背书转让的支票其背书是否连续,有无"不准转让"字样;支票是否按规定用墨汁或碳素墨水填写;大小写金额、签发日期和收款人名称有无更改;其他内容更改后是否加盖印鉴证明;签发人盖章是否齐全等。

⑤对持支票前来购货的购货人必须核对身份,查验有关证件。

为了防止发生诈骗、冒领或收受空头支票,收款人或被背书人接受支票时,可检查持票人的身份证,摘要身份证号码并问明联系电话等。按常规应将受理的支票及时送存银行,待银行将款项收妥并存入本单位账户后再行发货。

2. 银行本票结算方式

(1) 本票及其分类。

本票是由出票人签发的,承诺自己在见票时无条件支付确定的金额给收款人或者持票人的票据。

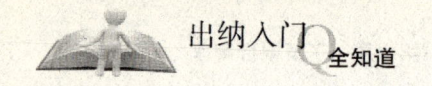

本票可以按照不同的标准进行不同的分类：

①本票按照出票人的性质分为银行本票和商业本票。

我国目前所称的本票是指银行本票。

②本票按收款人的记载形式不同，分为记名本票和无记名本票。

记名本票是指出票人出票时在本票上记载具体的收款人的本票。无记名本票是指出票人在出票时在本票上不记明收款人或仅记"来人"字样的本票。

③本票按照金额是否预先固定，分为定额本票和不定额本票

（2）本票结算的基本规定。

①银行本票一律记名。

②银行本票允许背书转让。

③银行本票的付款期为1个月（不分大月、小月，统按次月对日计算，到期日遇节假日顺延）。逾期的银行本票，兑付银行不予受理。

④银行本票见票即付，不予挂失。遗失的不定额银行本票在付款期满后1个月确未冒领，可以办理退款手续。

⑤不定额本票的金额起点为100元，定额本票的面额分为500元、1 000元、5 000元和10 000元四种。

⑥银行本票需支取现金的，付款人应在"银行本票申请书"上填明"现金"字样，银行受理签发本票时，在本票上划去"转账"字样并盖章，收款人凭此本票即可支取现金。

（3）本票结算的程序。

银行本票的结算程序，包括签发本票和款项结算两个阶段。具体程序如下：

①申请人办理银行本票，应向银行填写"银行本票申请书"，详细填明收款人名称、金额、日期等内容，并加盖预留银行印鉴，如个体经济户和个人需要支取现金的，还应填明"现金"字样，然后送本单位开户银行（未在银行开户的个人办理银行本票时，应先将现金交银行出纳部门，办理领取银行本票手续）。

银行本票申请书一式三联，第一联由签发单位或个人留存，第二联为签发行办理本票的付款凭证，第三联为签发行办理本票的收款凭证。

②银行受理银行本票申请书，在收妥款项后，据以签发银行本票。

申请人取回本票后应借记"其他货币资金——银行本票"账户，贷记"银行存款"账户。需支现金的，在银行本票上划去"转账"字样，加盖印章，不定额银行本票用压数机压印金额，将银行本票交给申请人。

③申请人持银行本票可以向填明的收款单位或个体经济户办理结算。

④收款人收到付款人交来的银行本票，经审查后，填写一式两联进账单连同收到的银行本票，交本单位开户银行办理收款入账手续。

收款人为个人的也可以持转账的银行本票经背书向被背书人的单位或个体经济户办理结算，具有"现金"字样的银行本票可以向银行支取现金。

⑤收款开户行收妥入账，并通知收款人。

⑥银行间办理划拨。

（4）本票结算应注意的问题。

①受理银行本票应审查事项。

收款人在受理银行本票时应注意审查以下内容：

- 收款人或被背书人是否的确为本收款人。
- 背书是否连续。
- 银行本票付款期是否在规定的付款期内。
- 签发的内容是否符合规定，有无涂改，印章是否清晰、有效。
- 不定额银行本票是否有压数机压印的金额。
- 持票人身份查验，摘录身份证号码。

②银行本票的退款规定。

申请人因银行本票超过付款期或因其他原因未使用而要求退款时，可持银行本票到签发银行办理退款手续。在银行开立存款账户的持票人，还应填写一式两联进账单，一并交银行，待银行办妥退款手续后，凭银行退回的进账单进行账务处理。未在银行开立账户的持票人，应在未用的银行

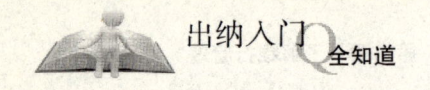

本票背面签章，并交有关证件，经银行审核没有问题方予退款。

3. 汇兑结算方式

（1）汇兑及其分类。

汇兑是汇款单位委托银行将款项汇往异地收款单位的一种结算方式。

汇兑根据划转款项的不同方法及传递方式的不同可以分为信汇和电汇两种，由汇款人自行选择。信汇是汇款人向银行提出申请，同时交存一定金额及手续费，汇出行将信汇委托书以邮寄方式寄给汇入行，授权汇入行向收款人解付一定金额的一种汇兑结算方式。电汇是汇款人将一定款项交存汇款银行，汇款银行通过电报或电传给目的地的分行或代理行（汇入行），指示汇入行向收款人支付一定金额的一种汇款方式。

采用信汇的，汇款单位出纳员应填制一式四联"信汇凭证"。"信汇凭证"第一联为"回单"，是汇出行受理信汇凭证后给汇款人的回单；第二联为"支款凭证"，是汇款人委托开户银行办理信汇时转账付款的支付凭证；第三联为"收款凭证"，是汇入行将款项收入收款人账户后的收款凭证；第四联为"收账通知或取款收据"，是给直接记入收款人账户后通知收款人的收款通知，或不直接记入账户的收款人凭以领取款项的取款收据。

电汇凭证一式三联，第一联为"回单"，是汇出行给汇款人的回单；第二联为"支款凭证"，为汇出银行办理转账付款的支款凭证；第三联为"发电依据"，汇出行凭此向汇入行拍发电报。

（2）汇兑结算的基本规定。

①汇兑结算不受金额起点的限制，即不论汇款金额多少均可以办理信汇和电汇结算。

②支取现金的规定。

收款人要在汇入银行支取现金，付款人在填制信汇和电汇凭证时，须在凭证"汇款金额"大写金额栏中填写"现金"字样。款项汇入异地后，收款人需携带本人的身份证件或汇入地有关单位足以证实收款人身份的证明，到银行一次办理现金支付手续。信汇或电汇凭证上未注明"现金"字样而需要支取现金的，由汇入银行按现金管理规定审查支付；需部分支取现金的，收款人应填写取款凭证和存款凭证送交汇入银行，办理支取部分现金和转账手续。

③留行待取的规定。

汇款人将款项汇往异地需派人领取的，在办理汇款时，应在签发的汇兑凭证各联的"收款人账号或地址"栏注明"留行待取"字样。留行待取的汇款，需要指定单位的收款人领取汇款的，应注明收款人的单位名称。信汇凭印鉴支取的，应在第四联凭证上加盖预留的收款人印鉴。款项汇入异地后，收款人须携带足以证明本人身份的证件，或汇入地有关单位足以证实收款人身份的证明向银行支取款项。如信汇凭印鉴支取的，收款人必须持与预留印鉴相符的印章，经银行验对无误后，方可办理付款手续。

④分次支取的规定。

收款人接到汇入银行的取款通知后，若收款人需要分次支取的，要向汇入银行说明分次支取的原因和情况，经汇入银行同意，以收款人名义设立临时存款账户，该账户只付不收，结清为止，不计利息。

⑤转汇的规定。

收款人如需将汇款转到另一地点，应在汇入银行重新办理汇款手续。转汇时，收款人和用途不得改变，汇入银行必须在信汇或电汇凭证上加盖"转汇"戳记。

⑥退汇的规定。

汇款人对汇出的款项要求退汇时，应出具正式函件，说明要求退汇的理由或本人身份证明和原信电汇凭证回单，向汇出银行办理退汇。汇出银行审查后，通知汇入银行，经汇入银行查实款项确未解付，方可办理退汇。如汇入银行回复款项已经解付或款项已直接汇入收款人账户，则不能办理退汇。此外，汇入银行对于收款人拒绝接受的汇款，应立即办理退汇。汇入银行对从发出取款通知之日起，两个月内仍无法交付的款项，可

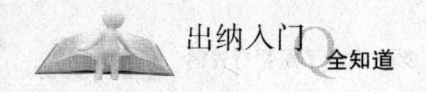

主动办理退汇。

（3）汇兑结算的程序。

①汇款人委托开户银行办理汇款。

②银行受理退汇回单。

③银行间划拨。

④收款人开户银行通知收款人汇款已到。

（4）汇兑结算应注意的问题。

①汇款人异地汇款时，可根据款项汇入地点的远近和时间的要求，选择信汇或电汇结算方式。填写汇款凭证时，要按照凭证各栏要求，详细填明汇入地点、行名、收款人及汇款用途等项内容并在第二联上加盖预留银行印鉴章。

②根据结算规定，信汇汇款可附带与汇款有关的少量单证，如向外地订购书刊的订购单、商品订购单以及向外地人员汇付工资发放表等。电汇款项不允许附带单证。

③收款人收到银行转来的收款通知或电划代收报单时，要认真地对凭证的内容进行审查，主要查看凭证收款人全称和账号是否与本单位的全称和账号一致，汇款用途是否与本单位有关，汇入银行是否加盖了转讫印章。

在确认属于本单位款项但又用途不明的情况下，应及时与本单位有关部门联系，尽快查明款项用途，从而准确归属有关核算账户。

全知道 ⑦

本章深意：由于出纳工作的特殊性，出纳人员需要保持良好的工作独立性，所以其在工作交接时需要做到权责分明，有效管理。

第七章 明悉工作交接

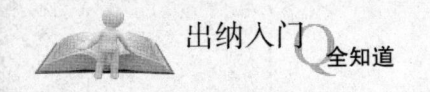

一、出纳工作的交接手续

1. 移交前的准备工作

为了使出纳工作移交清楚,防止遗漏,保证出纳交接工作顺利进行,出纳人员在办理交接手续前,必须做好以下准备工作:

(1) 将出纳账登记完毕,并在最后一笔余额后加盖名章。

(2) 在出纳账启用表上填写移交日期,并加盖名章。

(3) 整理应该移交的各项资料,对未了事项写出书面材料。

(4) 出纳日记账与现金、银行存款总账核对相符,现金账面余额与实际库存现金核对一致,银行存款账面余额与银行对账单核对无误。如有不符,要找出原因,弄清问题所在,加以解决,务求在移交前做到相符。

(5) 编制移交清册。

列明应当移交的会计凭证、账簿、报表、印章、现金、有价证券、支票簿、发票、文件、其他会计资料和物品等内容。

实行会计电算化的单位,从事该项工作的移交人员还应当在移交清册中列明会计软件及密码、会计软件数据磁盘(磁带等)及有关资料、实物等内容。

2. 交接阶段

出纳人员的离职交接,必须在规定的期限内,向接交人员移交清楚。接交人员应认真按移交清册当面点收。

(1) 现金、有价证券要根据出纳账和备查账簿余额进行点收。接交人发现不一致时,移交人要负责查清。

(2) 出纳账和其他会计资料必须完整无缺,不得遗漏。如有短缺,由移交人查明原因,在移交清册中注明,由移交人负责。

(3) 接交人应核对出纳账与总账、出纳账与库存现金和银行对账单的余额是否相符。如有不符，应由移交人查明原因，在移交清册中注明，并负责处理。

(4) 接交人按移交清册点收公章（主要包括财务专用章、支票专用章和领导人名章）和其他实物。

(5) 实行电算化的单位，必须将账页打印出来，装订成册，书面移交。

(6) 接交人办理接收后，应在出纳账启用表上填写接收时间，并签名盖章。

3. 交接结束

交接完毕后，交接双方和监交人，要在移交清册上签名或盖章。移交清册必须具备：

(1) 单位名称。

(2) 交接日期。

(3) 交接双方和监交人的职务及姓名。

(4) 移交清册页数、份数和其他需要说明的问题和意见。

移交清册一般一式三份，交双方各执一份，存档一份。

4. 出纳交接的相关责任

出纳交接工作结束后，在交接前后各期的工作责任应由当时的经办人负责，主要体现在以下几个方面：

(1) 接收人应认真接管移交工作，继续办理未了事项。

(2) 接收人应继续使用移交后的账簿等资料，保持会计记录的连续性，不得自行另立账簿或擅自销毁移交资料。

(3) 移交后，移交人对自己经办的已办理移交的资料负完全责任，不得以资料已移交为借口推脱责任。

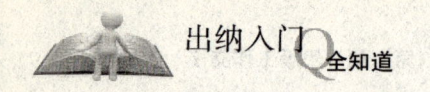

二、出纳交接移交表

移交表主要包括库存现金移交表、银行存款移交表、有价证券、贵重物品移交表、核算资料移交表和物品移交表,以及交接说明书等。

1. 库存现金移交表

根据现金库存实有数,按币种(分人民币和各种外币)、币别分别填入库存现金移交表内。库存现金移交表见表7-1:

表7-1　　　　　　　　　库存现金移交表　　　　　　　　第　页

币种:　　　　　　移交日期:　年　月　日　　　　　　单位:元

币别	数量	移交金额	接受金额	备注
100元				
50元				
10元				
5元				
2元				
1元				
5角				
2角				
2角				
5分				
2分				
1分				

单位负责人:　　　移交人:　　　监交人:　　　接管人:

2. 存款移交表

银行存款,又分为活期存款和定期存款,有的单位还可能在不同的银行开户。因此,填表时应根据账面数、实有数、币种、期限、开户银行等分别填写。银行存款交表见表7-2:

表7-2　　　　　　　　　　　銀行存款移交表　　　　　　　　　　第　頁

移交日期：　年　月　日　　　　　　　　　　单位：元

开户银行	币种	期限	账面数	实有数	备注
合计					

附：（1）银行存款余额调节表一份。
　　（2）银行预留卡片一张。

单位负责人：　　　　移交人：　　　　监交人：　　　　接管人：

3. 有价证券、贵重物品移交表

有价证券、贵重物品是出纳经管的单位财产，移交时，出纳移交人员应根据清理核对后的有价证券和贵重物品按品种、价值等分别登记。有价证券、贵重物品移交表见表7-3：

表7-3　　　　　　　有价证券、贵重物品移交表　　　　　　　第　页

移交日期：　年　月　日　　　　　　　　　　单位：元

名称	购入日期	单位	数量	金额	备注
××债券					
××股票					
××票据					
××贵重物品					
××投资基金					

单位负责人：　　　　移交人：　　　　监交人：　　　　接管人：

对贵重物品较多的单位，可分别编制有价证券移交表与贵重物品移交表。

4. 核算资料移交表

核算资料主要包括出纳账簿、收据、借据、银行结算凭证、票据领用、使用登记簿，以及其他文件资料等。核算资料移交表见表7-4：

表7-4　　　　　　　　　核算资料移交表　　　　　　　　第　页

移交日期：　年　月　日　　　　　　　　单位：元

名称	年度	数量	起止号码	备注
现金收入日记账				
现金支出日记账				
银行存款收入日记账				
银行存款支出日记账				
收据领用登记簿				
支票领用登记簿				
收　　据				
现金支票				
转账支票				

单位负责人：　　　移交人：　　　监交人：　　　接管人：

5. 物品移交表

物品主要包括会计用品、公用会计工具等。物品移交表见表7-5：

表7-5　　　　　　　　　物品移交表　　　　　　　　　第　页

移交日期：　年　月　日　　　　　　　　单位：元

名称	编号	型号	购入日期	单位	数量	备注
文件柜						
装订机						
复印机						
打印机						
保险柜						
照相机						
财务印章						

单位负责人：　　　移交人：　　　监交人：　　　接管人：

6. 出纳人员工作交接书

"交接说明书"是把移交表中无法列入或尚未列入的内容做具体说明的文件。该说明书包括：交接日期、交接双方及监交人员的职务和姓名、移交清册页数、需要说明的问题和意见。"交接说明书"的格式见表7

−6：

表7–6　　　　　　　　　　　交接说明书

> **交接说明书**
>
> 　　因原出纳人员刘××辞职，财务处已决定将出纳工作移交给赵××接管。现办理如下交接手续：
> 　　一、交接日期：20××年××月××日
> 　　二、具体业务的移交：
> 　　1. 库存现金：××月×日购面余额××元，实存相符，月记账余额与总账相符；
> 　　2. 库存国库券：××××××元，经核对无误；
> 　　3. 银行存款余额×××万元，经编制"银行存款余额调节表"核对相符。
> 　　三、移交的会计凭证、账簿、文件：
> 　　1. 本年度现金日记账一本；
> 　　2. 本年度银行存款日记账二本；
> 　　3. 空白现金支票××张（×××号至×××号）；
> 　　4. ………………。
> 　　四、印鉴。
> 　　1. ××公司财务处转讫印章一枚；
> 　　2. ××公司财务处现金收讫印章和付讫印章各一枚。
> 　　五、交接前后工作责任的划分
> 　　20××年××月××日前的出纳责任事项由刘××负责；20××年××月××日起的出纳工作由赵××负责。以上移交事项均经交接双方认定无误。
> 　　六、本交接书一式三份，双方各执一份，存档一份。
> 　　移交人：刘××（签名盖章）
> 　　接管人：赵××（签名盖章）
> 　　监交人：张××（签名盖章）
>
> 　　　　　　　　　　　　　　　　　　　　　　　　××公司财务处（公章）
> 　　　　　　　　　　　　　　　　　　　　　　　　20××年××月××日

三、出纳交接的内容

1. 出纳交接的范围

　　出纳交接，是指企业的出纳人员在调动或离职时，由离任的出纳人员将有关的工作和资料票证交给离任出纳人员的工作过程。出纳人员凡因故调动、离职、请假前，均应向接替人员办理相关的交接手续，没有办理移

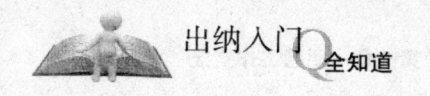

交手续的，不得调动或离职。

出纳人员办理交接手续主要有以下几方面的原因：

（1）出纳人员辞职或离开原单位。

（2）企业内部工作变动不再担任出纳职务。

（3）出纳岗位轮岗调换到会计岗位。

（4）出纳岗位内部增加工作人员进行重新分工。

（5）因病假、事假或临时调用，不能继续从事出纳工作。

（6）因特殊情况如停止审查等按规定不宜继续从事出纳工作的。

（7）企业因其他情况按规定应办理出纳交接工作的，如企业解散、破产、兼并、合并、分立等情况发生时，出纳人员应向接收单位或清算组移交的。

2. 出纳移交的内容

出纳交接的具体内容根据各单位的具体情况而定，情况不一样，移交的内容也不一样。但总体来看，出纳的交接工作，主要包括以下一些基本内容：

（1）财产与物资。

①会计凭证（原始凭证、记账凭证）。

②会计账簿（现金日记账、银行存款日记账等）。

③相关报表（出纳报告等）。

④现金、银行存款、金银珠宝、有价证券和其他一切公有物品。

⑤用于银行结算的各种票据、票证、支票簿等。

⑥各种发票、收款收据。包括空白发票、空白收据、已用或作废的发票或收据的存根联等。

⑦印章，包括财务专用章、银行预留印鉴以及"现金收讫""现金付讫""银行收讫""银行付讫"等业务专用章。

⑧各种文件资料和其他业务资料，如银行对账单，应由出纳人员保管的合同、协议等。

⑨办公室、办公桌与保险工具的钥匙，各种保密号码。

⑩本部门保管的各种档案资料和公用会计工具、器具等。

⑪经办未了的事项。

（2）电算化资料。

实行会计电算化的单位，还应包括以下内容：

①会计软件。

②密码、磁盘、磁带等有关电算化的资料、实物。

（3）业务介绍。

①原出纳人员工作职责和工作范围的介绍。

②每期固定办理的业务介绍，如按期交纳电费、水费、电话费的时间等。

③复杂业务的具体说明，如交纳电话费的号码、台数等，银行账户的开户地址、联系人等。

④历史遗留问题的说明。

⑤其他需要说明的业务事项。

四、出纳交接应注意的事项

《会计法》第 24 条规定："会计人员调动工作或者离职，必须与接管人员交接手续。一般会计人员办理交接手续，由会计机构负责人、会计主管人员监交。"出纳交接要按照会计人员交接的要求进行。出纳人员调动工作或者离职时，与接管人员办理交接手续，是出纳人员应尽的责任，也是分清移交人员与接管人员责任的重大措施。办好交接工作，可以使出纳工作前后衔接，可以防止账目不清、财务混乱。

出纳人员必须按有关规定和要求办理好工作的交接手续，搞好工作的移交。出纳工作交接的作用主要有：

（1）可以明确工作责任。

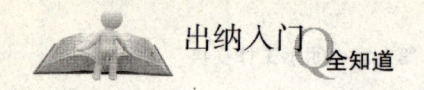

（2）便于接办的出纳人员熟悉工作。

（3）有利于发现和处理出纳工作和资金管理工作中存在的问题。

（4）预防经济责任事故经济犯罪的发生。

在出纳工作交接的过程中我们应该注意以下问题的发生：

（1）出纳人员进行交接时，一般应由会计主管人员监交，必要时，还可以请上级领导监交。

（2）监交的过程中，如果移交人交代不清，或者接交人故意为难，监交人员应及时处理裁决。移交人不作交代，或者交代不清的，不得离职。否则，监交人和单位领导人均应负连带责任。

（3）移交时，交接双方人员一定要当面点清、点数、核对，不得由别人代替。

（4）交接后，接管的出纳人员应及时向开立账户的银行办理更换出纳人员印章的手续，检查保险柜的使用是否正常、妥善，保管现金、有价证券、贵重物品、公章等的条件和周围环境是否齐全。如不够妥善、安全，立即采取改善措施。

（5）接管的出纳人员应继续使用移交的账簿，不得自行另立新账，以保持会计记录的连续性。对于移交的银行存折和未使用的支票，应继续使用，不要把它搁置、浪费，以免单位遭到损失。

（6）移交后，移交人应对自己经办的已经移交资料的合法性、真实性承担法律责任，不能因为资料已经移交而推脱责任。

总之，出纳交接要做到两点：

（1）移交人与接管人员要办清手续。

（2）交接过程中要有专人负责监交，交接要进行财产清理，做到账账核对、账款核对，交接清楚后填妥移交清册，由交、接、监三方签字盖章。

全知道 ⑧

本章深意：出纳还需要有纠错的专业技能，核查错误，及时准确地纠正错误，达到财务信息的完整有效。

第八章 掌握纠错技能

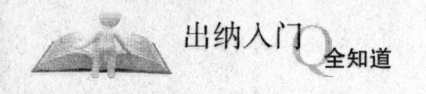

一、出纳工作中应控制的关键点

1. 出纳工作中常见的记账错误

出纳工作中,经常遇到的差错种类很多,其主要表现在:记账凭证汇总表不平;总分类账不平;各明细分类账的余额之和不等于总分类账有关账户的余额;银行存款账户调整后的余额与银行对账单不符等。在实际工作中,常见的记录错误主要有以下三种:

(1)会计原理、原则运用错误。

这种错误的出现是指在会计凭证的填制、会计科目的设置、会计核算形式的选用、会计处理程序的设计等会计核算的各个环节出现不符合会计原理、原则、准则规定的错误。例如,对规定的会计科目不设立,对不应设立的却乱设置,导致资产、负债、所有者权益不真实;对现行财务制度规定的开支范围、执行标准不严等。

(2)记账错误。

主要表现为漏记、重记、错记三种。错记又表现为错记了会计科目、错记了记账方向、错用了记账墨水(蓝黑墨水误用红水,或红水误用蓝黑墨水)、错记了金额等。

(3)计算错误。

主要表现为运用计算公式错误、选择计算方法错误、选定计量单位错误等等。

2. 出纳工作中应关注的出错时段

(1)刚上班时。

刚上班时,由于精力尚未完全集中,或者准备工作尚未完全做好,就开始收付款项,有时东翻西找、手忙脚乱最终可能导致错款。

(2) 快下班时。

快下班时，出纳人员因急于离岗，未将现金按规定要求整理、核对和结扎就随便地放入保险箱。

(3) 业务较多时。

收付业务较多时，因急于想完成工作或精神过于紧张，此时很容易出现差错。

(4) 工作清闲时。

工作清闲时，出纳人员有时与别人聊天或做私活或看书等，此时如发生个别收付款业务，往往会因思想不集中、注意力分散而出现差错。

(5) 节假日前后。

节前等待放假，节后又难以平静，工作松懈，思想涣散，此时非常容易出现差错。

二、现金的清查

1. 现金清查制度

在坚持日清月结制度，由出纳员自身对库存现金进行检查清查的基础上，为了加强对出纳工作的监督，及时发现可能发生的现金差错或丢失，防止贪污、盗窃、挪用公款等不法行为的发生，确保库存现金安全完整，各单位应建立库存现金清查制度，由有关领导和专业人员组成清查小组，定期或不定期地对库存现金情况进行清查盘点，重点放在账款是否相符、有无白条抵库、有无私借公款、有无挪用公款、有无账外资金等违纪违法行为。

一般来说，现金清查多采用突击盘点方法，不预先通知出纳员，以防预先做手脚，盘点时间最好在一天业务没有开始之前或一天业务结束后，由出纳员将截至清查时现金收付账项全部登记入账，并结出账面余额。清查时出纳员应始终在场，并给予积极的配合。清查结束后，应由清查人填制"现金清查盘点报告表"，填列账存、实存以及溢余或短缺金额，并说明原因，上报有关部门或负责人进行处理。

2. 现金短缺或溢余的核算

（1）查明原因前的账务处理。

每日终了结算现金收支、财产清查等发现有待查明原因的现金短缺或溢余时，都必须进行财务处理。

①属于现金短缺。

借：待处理财产损溢——待处理流动资产损溢

　　贷：库存现金

②属于现金溢余。

借：库存现金

　　贷：待处理财产损溢——待处理流动资产损溢

（2）现金短缺的财务处理。

①属于应由责任人赔偿的部分。

借：其他应收款——应收现金短缺款（××个人）

　　贷：待处理财产损溢——待处理流动资产损溢

②属于应由保险公司赔偿的部分。

借：其他应收款——应收保险赔款（××保险公司）

　　贷：待处理财产损溢——待处理流动资产损溢

③属于无法查明的其他原因。

借：管理费用——现金短缺

　　贷：待处理财产损溢——待处理流动资产损溢

（3）现金溢余的账务处理。

①属于应支付给有关人员或单位的。

借：待处理财产损溢——待处理流动资产损溢

　　贷：其他应付款——应收现金溢余

②属于无法查明原因的。

借：待处理财产损溢——待处理流动资产损溢

　　贷：营业外收入——现金溢余

三、错款和失款

1. 错款

错款，是指当日终了或经过一段时间，库存现金的实存数和账存数间的差额。如果现金实存数多于账上结存数，就叫"长款"；反之，则称"短款"。这些长、短款大都是由于工作造成的差错，因此应及时查清原因，正确处理。

2. 失款

失款，是指办完收付款后，发现现金实存数少于现金账存数的差额。失款一般属于人为损失或自然损失的款项。

出纳一旦在工作中发生错款或失款，不论是责任事故或意外事故，是人为原因或自身原因，都应立即向主管会计人员报告，如实反映情况，切勿因怕受牵连、受嫌疑或因工作有缺点而隐瞒、掩饰真相，甚至私下制造假象以图推卸责任。

出现差错后，出纳要积极采取有效措施，查明原因，以挽回或减少损失。

3. 错款和失款的处理

在实际工作中，一旦发生现金差错，出纳要采取措施，仔细查找，以挽回损失，更正错误。对确实无法挽回的损失，要在弄清情况的基础上，正确处理，具体的处理要求和方法为：

（1）属于技术性的错误和一般责任事故的错误，经过及时查找，确实无法找回时，按主要部门规定的审批手续处理。技术性错误是指在坚持财经制度的前提下，由于书写、计算、清点或机器故障等原因造成的错误。

（2）属于对工作不负责任，玩忽职守，有章不循，违反劳动纪律而造成的错款、失款，应追究失职人员的经济责任，视情节和损失程度的大小，赔偿全部或部分损失，有的还要给予行政处分。

（3）属于有关人员监守自盗款项，侵吞长款，挪用公款的，应按贪污案件处理。

（4）如发生火灾、水灾等自然灾害，应及时报请领导查看现场，将灾害发生的时间、地点，造成的损失等书面上报。

（5）由于不明原因，正在继续调查，一时难以处理的，应由责任人填具《出纳错款、失款审批报告表》，经会计主管人员签署意见，单位领导批准后，列入有关账户挂账处理，但仍需继续清查，不能草率从事。

（6）各单位发生长短款时，都应在出纳账上进行记录。原因未明的，先记入"其他应付款——现金长款"或"其他应收款——现金短款"账户，已查明原因并经审批后，属本单位负责的，再记入财产溢余或损失。

总而言之，错、失款处理的基本原则是：长款不得溢库，短款不得空库，不得以长补短，也不能不做登记。

四、错账的查找

1. 发生错账原因

出纳工作过程中，记账差错在所难免，由于账簿错误会引起账账、账实不符，从而影响会计信息的质量。实际工作中错账原因各种各样，归纳起来主要有以下几种：

（1）重记。

将已登记入账的记账凭证在现金、银行存款日记账上重复登记。

（2）漏记。

某记账凭证在现金、银行存款日记账上没有登记。

（3）记账方向错误。

将应记入借方的金额误记入贷方，或将应记入贷方的金额误记入借方。

（4）记账科目错误。

将应记入某一会计科目的金额误记入另一会计科目。

（5）计算错误。

出纳人员在计算过程中，如加计合计数、余额时，由于计算有误而形成的错账。

（6）数字记录错误。

主要包括数字移位和数字颠倒。数字移位是指该数中的各位数码并列向前或向后移位，或者小数点点错，如将345写成34.5等。数字颠倒是指一个数字中相邻两个数码相互颠倒，如将83写成38。

2. 差错查找方法

（1）二除法。

"二除法"是指用除2来检查数字错误的方法。根据"有借必有贷、借贷必相等"的记账规则，借贷双方记录的金额应保持平衡关系。

"二除法"适用于对漏记、重记、方向记错而导致的差错的查找。用误差数除以2，得到的商数可能就是账簿记错方向的数字，然后再到账簿中去查找差错，待查到这个数值后再与记账凭证核对，便可找到错记的方向。

（2）九除法。

"九除法"是指用除以9来检查数字错误的方法，主要适用于数字颠倒或数字移位而导致的记账错误的查找。

①数字颠倒。

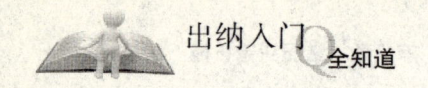

数字颠倒差错有以下特征：
- 误差是9的倍数，也就是说误差的绝对值可以被9整除。
- 将误差的各位上的数字相加，其和应等于9。

数字颠倒的具体查找方法如下：

当误差是9的倍数同时又小于90时，可能是个位数和十位数位置的颠倒，例如：把73记成37，误差为36（9的4倍）。

如误差为9的一倍，则错数的两个数字本身相差为1，如把65记成56，误差为9的一倍。

如误差为9的两倍，则错数的两个数字本身相差为2，如把79记成97，误差为97－79＝18是9的两倍，依此类推。在实际工作中，可以通过"数码颠倒速查表"进行查找，"数码颠倒速查表"见表8－1：

表8－1　　　　　　　　　数码颠倒速查表

误差倍数	9		18		27		36		45		54		63		72		81	
	9的一倍		9的二倍		9的三倍		9的四倍		9的五倍		9的六倍		9的七倍		9的八倍		9的九倍	
数值范围	01	10	02	20	03	30	04	40	05	50	06	60	07	70	08	80	09	90
	12	21	13	31	14	41	15	51	16	61	17	71	18	81	19	91		
	23	32	24	42	25	52	26	62	27	72	28	82	29	92				
	34	43	35	53	36	63	37	73	38	83	39	93						
	45	54	46	64	47	74	48	84	49	94								
	56	65	57	75	58	85	59	95										
	67	76	68	86	69	96												
	78	87	79	97														
	89	98																

当误差是9的倍数同时又大于90小于900时，可能是百位数和十位数位置的颠倒，例如：把2 730记成2 370，误差为360（9的40倍）。

当误差是9的倍数同时又大于900小于9 000时，可能是百位数和千位数位置的颠倒，例如：把2 730记成7 230，误差为4 500（9的500倍）。

如误差是由一位整数和一位小数组成的小数时，则差错可能是小数点前后二位数码的颠倒,如把 37.24 写成 32.74,误差为 37.24 - 32.74 = 4.5 是 9 的 0.5 倍。

如误差为"纯小数"时(误差为 0.9 除外),则差错可能是十分位和百分位的颠倒,如把 18.38 写成 18.83,误差为 18.83 - 18.38 = 0.45 是 9 的 0.05 倍。

②数字移位。

数字移位是指该数中的各位数码并列向左或向右移位。数字移位差错有以下特征:

误差是 9 的倍数。

将误差的各位上的数字相加,其和均等于 9。

数字移位的具体查找方法见表 8 - 2、表 8 - 3:

表 8 - 2　　　　　　　向右移位表(小数记成大数)

移动位数	误差数	正确数字	举　例
一位	误差数是正确数的 9 倍	正确数等于误差除以 9。	将 2.5 记成 25, 误差为 25 - 2.5 = 22.5 正确数 = 22.5/9 = 2.5
二位	误差数是正确数的 99 倍	正确数等于误差除以 9 再除以 11,或者等于误差除以 99。	将 2.5 记成 250, 误差为 250 - 2.5 = 247.5 正确数 = 247.5/9/11 = 2.5 或:正确数 = 247.5/99 = 2.5
三位 (注:这种情况一般很少发生)	误差数是正确数的 999 倍	正确数等于误差除以 9 再除以 111,或者等于误差除以 999。	将 2.5 记成 2 500, 误差为 2 500 - 2.5 = 2 497.5 正确数 = 2 497.5/9/111 = 2.5 或:正确数 = 2 497.5/999 = 2.5

表 8 – 3　　　　　　　向左移位表（大数记成小数）

移动位数	误差数	错误数字	举　例
一位	误差数是正确数的 9 倍	错误数等于误差除以 9。	将 79 记成 7.9, 误差为 79 – 7.9 = 71.1 错误数字 = 71.1/9 = 7.9
二位	误差数是正确数的 99 倍	错误数等于误差除以 9 再除以 11，或者等于误差除以 99。	将 790 记成 7.90, 误差为 790 – 7.90 = 782.1 错误数字 = 782.1/9/11 = 7.9 或：错误数字 = 782.1/99 = 7.9
三位 （注：这种情况一般很少发生）	误差数是正确数的 999 倍	错误数等于误差除以 9 再除以 111，或者等于误差除以 999。	将 7 900 记成 7.900, 误差为 7 900 – 7.900 = 7 892.1 错误数字 = 7 892.1/9/111 = 7.9 或：错误数字 = 7 892.1/999 = 7.9

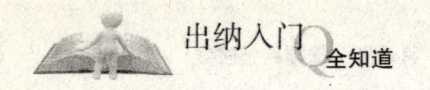

数字移位差错查找的关键是将误差试除以 9 得到一个商，再根据这个商从账簿中找出错误数。

（3）差数法。

根据误差数直接查找差错的方法称为差数法。此法主要适用于漏记、重记差错的寻找。如月末账账核对时，发现现金日记账余额比现金总账余额少（或多）102.35 元，出纳可以一边回忆是否有该笔业务，同时着手查找有关记账凭证，检查是否漏记、重记。

通常发现账实不符时，先用上述方法进行查找，如果采用上述方法后仍未找出差错的，则应采用顺查法、逆查法、抽查法继续查找，一直到发现差错为止。

顺查法是指按原来账务处理程序，即原始凭证、记账凭证、登记账簿、结账、试算平衡这个顺序，依次一一查对的一种差错查找方法。

逆查法是指按与原来账务处理程序相反的顺序，依次一一查对的一种查错方法。

抽查法对账簿记录中估计出现差错可能性较大的部分进行检查的方法。

差错各种各样，查错的方法也有许多，要求出纳人员掌握各种查错方法和规律，有针对性的查找，避免盲目。差错有时是由一笔业务引起，有时是由几笔业务相互交叉而引起，出纳人员在查找错时必须耐心、细致，避免急躁。

五、对应收账款业务错弊的关注

1. 应收账款中的错弊

应收账款业务，是指形成的应收账款能够收回的经济业务。应收账款业务会计核算的漏洞及错弊主要表现在以下几个方面：

（1）应收账款的回收期过长。

应收账款从形成到收回有一个时间间隔，这个时间间隔就是应收账款的回收期。该回收期的长短应是合理而正常的。一般来说，应收账款的回收期越短越好，说明资金的周转速度越快，有利于提高企业的经济效益；反之，应收账款的回收期越长，说明企业的资金周转速度越慢，不利于搞好企业的经营管理，提高经济效益，甚至影响企业的生产或经营活动的正常进行。在实际中存在着应收账款的回收期过长的问题，如有的企业应收账款回收期比正常的、合理的回收期或比同类企业的平均回收期高出50%甚至1倍。

（2）应收账款平均余额过大。

应收账款平均余额与应收账款回收期一样，其数值越大，越不利于加快资金的周转，据以计算应收账款周转率就越不理想，也就越不利于企业搞好经营管理，提高经济效益。在实际中存在着应收账款余额过大的问题，以致影响了企业正常的生产和经营活动。

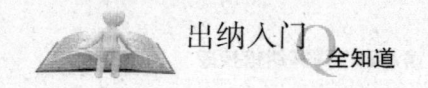

(3) 应收账款周转率不理想。

应收账款周转率,是一定时期内商品或产品赊销净额与应收账款平均余额的比率。它可以用应收账款周转次数表示,也可以将次数换算成天数来表示。一定时期内周转的次数越多或周转一次需要的天数越少,说明应收账款的周转速度越快,应收账款的周转率也就越理想。在实际中存在应收账款周转速度慢,以致影响企业的正常生产或经营活动等问题。

(4) 列作应收账款的经济事项不合理、不真实,不合法等。

列作应收账款的经济业务,必须是真实正确的销售商品或产品、材料等或计提劳务后应收而尚未收取货款或劳务费的业务。在实际中存在着利用"应收账款"账户从事舞弊活动,列作应收账款的经济业务不真实、不合理、不合法的问题。

(5) 对坏账损失的会计处理方法不合理。

对坏账损失的会计处理方式主要有备抵法和直接转销法两种。

①备抵法。

即企业按期预估可能产生的坏账损失,单列入当期费用,形成坏账准备,当实际发生坏账损失时再冲销坏账准备和应收账款。

②直接转销法。

即企业平时不预估形成坏账准备,当实际发生坏账损失时直接从应收账款中转销列作费用。

按照现行财务制度规定,企业既可以采用备抵法,也可以采用直接转销法。但所采用的方法必须符合本企业的实际情况,即如果企业发生坏账损失很不均衡,且金额较大,就采用备抵法,否则,可采用直接转销法。

2. 如何查证应收账款舞弊

(1) 查证企业在销售环节中的内部控制。

①企业销售商品或提供劳务后,将债权转入应收账款的批准程序。

②为购货方代垫费用支付现金或银行存款的批准程序。

③与购货方对账制度及对账单签发手续等等。

（2）查证有关销货发票。

了解有无销售折扣与折让情况，看其与"应收账款"、"产品销售收入"等账户记录是否一致，以弄清是否存在以净价法入账而导致应收账款入账金额不实等问题。

（3）查证应收账款平均余额。

分析应收账款账龄，计算应收账款周转率，并同该行业平均周转率比较，看是否存在周转太慢、回收期过长的问题，并进一步调查是否因款项收回后挂账或私分所致。

（4）查阅明细账及凭证。

看是否存在列作应收账款的经济事项不真实、不合理、不合法的情况。问题发生后，其线索或疑点表现在以下几个方面：

①反映在"商品销售收入"和"应收账款"账户中的虚假金额，与正常的经济业务金额比较，可能表现为异常，如金额过大，精确度过大等。

②会计凭证可能只有记账凭证，没有原始凭证；或虽有原始凭证，但内容不全、不真实等，表现为账证不符。

③所虚设的应收账款，可能只记入了"应收账款"总账，未虚设虚记明细账或未在其他明细账中虚记，表现为应收账款与所属明细账不相符。

④所虚设的应收账款，可能既记入了总账，也记入了虚设的或其他的明细账中。这样尽管总账与明细账是平衡的，但该企业所记录的这些内容与实际或对方客户"应付账款"账上的对应内容不相符，表现为两个单位间的账账不符。

（5）查证企业备抵法运用是否正确。

应运用审阅法、复核法检查被查单位坏账准备计提是否正确、合规，有无多提、少提或人为地调节利润水平的问题。

审阅"坏账准备"账户借方记录，来发现和查证有无发生坏账损失后多冲或少冲坏账准备，以此调节"应收账款"账户内的内容，从而达到利用"应收账款"账户舞弊的目的。根据发票、收据的号码不连续和调查询

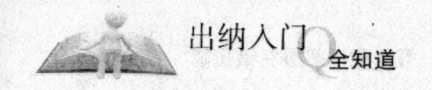

问所掌握的情况，审阅核对"坏账准备"账户的贷方记录内容，来查证收回已经核销的坏账未入账而将其私分或存入"小金库"的问题。

六、凭证和账簿中常见的错弊

1. 记账凭证中常见错弊

（1）记账凭证的错误。

①基本要素不全或填写不完整。

主要是日期不写或写错、摘要过于简单或用语不准确。

②科目运用错误。

即没有正确运用有关会计科目，发生了科目运用错误、内容错误和对应关系错误等。

③记账凭证无编号。

无编号是指对多份原始凭证没有按序排队编号，使各份凭证难以辨别彼此。

④记账凭证编号错误。

编号错误是指虽然存在原始凭证编号但所排列的顺序混乱，难以窥视其相互关系。

⑤附件数量和金额错误。

记账凭证所附原始凭证的张数和内容与记账凭证不符，或者各张原始凭证所记金额的合计数与记账凭证记录金额不符。

⑥印鉴错误。

对已入账记账凭证未加盖有关印章，或者加盖不全，使已入账的凭证与未入账凭证难以区分；有效的记账凭证与出错作废的凭证难以区分；记账凭证中没有记账、审核等人员的签章。

（2）记账凭证中常见舞弊。

①假账真做。

它是指无原始凭证而以行为人的意志凭空填制记账凭证，或在填制记账凭证时，让其金额与原始凭证不符，并将原始凭证与记账凭证不符的凭证混杂于众多凭证之中。

②真账假做。

舞弊者故意错用会计科目或忽略某些业务中涉及到的中间科目，来混淆记账凭证对应关系，打乱查阅人的视线。

③障眼法。

这就是对记账凭证的摘要栏进行略写或错写，使人看不清经济业务的本来面目。舞弊者采用这种手法使记账凭证的摘要往往与原始凭证所反映的真实经济业务不符，或让摘要空出不写，或者粗粗写上让人不得要领的几个字，以达到掩饰和弄虚作假的目的。

2. 账簿中的常见错弊

（1）账簿中的常见错误。

会计账簿中错误主要存在于启用、设置、登记、结账等环节。

①会计账簿启用错误。

出现在会计账簿启用中的错误主要表现在以下几个方面：

• 在账簿封面上未写明单位名称和账簿名称。

• 在账簿扉页上未附"启用表"，或虽附有"启用表"，但所列内容不齐全、不完整。

• 会计人员调动工作时，未按规定在账簿中注明交接人员、监交人员的姓名或未加签章，无法明确有关责任。

• 启用订本式和活页式账簿时，未按规定对其编订页数等。

②会计账簿设置错误。

会计账簿设置错误主要表现在以下几个方面：

• 账簿形式设计不合理。包括装订形式、账页的尺寸、账页划线、印刷颜色及账页用纸等不合理。

●账簿设计不齐全。任何单位必须设置数量能满足需要的总账,对现金和银行存款必须设置日记账,对需要提供详细经济活动情况的总账,还必须在其下设置能够满足需要的明细账。另外,根据工作需要,还应设置若干备查簿,以反映一些特殊的不能在正规账簿进行反映的经济事项。在实际工作中存在着账簿设置不齐全的问题主要有:

◇未设置应有的总账。

◇未设置应有的明细账,或明细账的分类不合理。

◇未设置必须的备查簿或设置项目不全等。

◇所设置的账簿未能很好地形成一个账簿体系。

③会计账簿登记错误。

会计账簿登记错误主要包括以下几个方面的内容:

●登记的方式不合理。明细账一般是根据记账凭证和原始凭证登记的,而总账要根据所采用的会计核算形式的不同选择性进行登记。在实际中存在着所采用的核算形式、登记总账的依据不合理、不能满足生产经营管理需要的问题。

●账簿摘要不合理。一种是摘要过于简略或表达不清,使人不能明白到底是什么业务;另一种是摘要虽然写的很好,但所反映的经济业务不合理、不合法。

●登记不及时。

●账簿中书写的文字和数字所留空距不合理。

●登记账簿所用笔墨不合要求。

●登记中发生跳行、隔页的情况。

●未按规定结出账簿中账户的余额。

(2) 账簿中的常见舞弊。

账簿上常见的舞弊形式有:

①无据记账,凭空记账。

即账簿中所列的业务不是根据经审核无误的原始凭证填制的记账凭证逐笔登录的,而是凭空捏造出来的,或者在合法的凭证中插入一些不合法的业务内容。

②涂改、销毁、遗失、损坏账簿。

如用类似涂改凭证的方法来篡改有关账簿，有的制造事故，造成账簿不慎被毁的假相，从而将不法行为掩盖于一般的过失当中，使查账人员的线索中断。

③设置账外账。

即一个企业建立两套或三套账，一套用于内部管理（对外不公开），一套用于应付外来部门的检查。

④登账、挂账、改账、结账作假。

· 登账作假，就是不按照记账凭证的内容和要求记账，而是随意改动业务内容，或故意使用错误账户，使借贷方科目弄错，混淆业务应有的对应关系，以掩饰其违法乱纪的意图。

· 挂账作假，就是利用往来科目和结算科目将经济业务不结清到位而是挂在账上，或将有关资金款项挂在往来账上，等待时机成熟再回到账中，以达到"缓冲"、不露声色和隐藏事实真相之目的。

· 改账作假，就是对账簿记录中发生的错误不按照规定的改错办法，而是用非规范的改错方法进行改错，或者利用红字"改错"随意对账户中的记录进行加减处理，如利用红字改变库存数、冲销材料成本差异数、无据减少销售数额等，以达到其违法乱纪之目的。

· 结账作假，就是在结账及编制报表的过程中，通过提前或推迟结账、结总增列或结总减列和结账空转等手法故意多加或减少数据，虚列账面金额；或者人为地把账做平，而故意调节账面数据，以达到其掩饰或舞弊的目的。

⑤利用计算机舞弊。

随着计算机会计系统的普及，计算机舞弊正被日益关注。其主要的作案手法是在实现计算机会计核算的单位，利用计算机的知识和经验，在系统程序中设置陷阱，篡改程序，篡改输入，篡改文件和非法操作等。

全知道 ❾

本章深意：出纳工作涉及财务管理的多个方面，与税务、工商都有很大的关联，出纳人员内外兼修，必能达到出纳工作的理想境界

第九章 兼修相关技巧

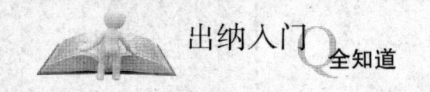

一、资产负债表的编制

1. 资产负债表的编制

（1）资产负债表的编制目的及依据。

资产负债表是反映企业在某一特定时期财务状况的会计报表，这是一张静态报表。它是根据资产、负债和所有者权益之间的相互关系，按照"资产＝负债＋所有者权益"这一基本会计恒等式，依照一定的分类标准和一定的顺序，把企业在一定时期的资产、负债、所有者权益反映出来的。由此可见，资产负债表须根据编制报表日的资产、负债和所有者权益账户的期末余额填列。

（2）资产负债表的编制方法。

资产负债表的各个项目都列有"年初余额"和"期末余额"两栏，相当于两期的比较资产负债表。该表"年初余额"栏内各项数字，应根据上年末资产负债表"期末余额"栏内所列数字填列。如果本年度资产负债表规定的各个项目的名称和内容与上年不一致，应对上年年末资产负债表各项目的名称和数字按照本年度的规定进行调整，填入表中"年初余额"栏内。表中的"期末余额"，指月末、季末或年末数字，它们是根据各项目有关总账科目或明细科目的期末余额直接填列或计算分析填列。

（3）资产负债表数据的填列。

①"货币资金"项目，反映企业期末持有的现金、银行存款和其他货币资金等总额。

②"交易性金融资产""应收票据""预付账款""应收股利""应收利息""其他流动资产""可供出售金融资产""在建工程""工程物资""固定资产清理""开发支出""商誉""递延所得税资产""其他非流动资产"等项目，反映企业持有的相应资产的期末价。其中，固定资产清理发现的净损失，以"－"号填列。

③"应收账款""其他应收款""长期应收款""存货""持有至到期投资""投资性房地产""长期股权投资""固定资产""生产性生物资产""油气资产""无形资产"等资产项目,反映企业期末持有的相应资产的实际价值,应当以扣减提取的相应资产减值准备后的净额填列。

其中,"固定资产""无形资产""生产性生物资产""油气资产"项目,还应按减去相应的"累计折旧""累计摊销""生产性生物资产累计折旧""累计折耗"期末余额后的金额填列。

材料采用计划成本核算以及库存商品采用计划成本或售价核算的,"存货"项目还应按加上或减去"材料成本差异""商品进销差价"期末余额后的金额填列。

"代理业务资产"减去"代理业务负债"后的余额在"存货"项目反映。

"长期应收款"项目,应按减去相应的"未实现融资收益"期末余额后的金额填列。

建造承包商的"工程施工"期末余额大于"工程结算"期末余额的差额,应在"存货"项目反映。

企业期末持有的公益性生物资产,应在"其他非流动资产"项目反映。

④"短期借款""交易性金融负债""应付票据""应付账款""预收账款""应付职工薪酬""应交税费""应付利息""应付股利""其他应付款""预计负债""其他流动负债""长期借款""应付债券""专项应付款""递延所得税负债""其他非流动负债"等项目,一般应反映企业期末尚未偿还的短期借款、应付未付给职工的各种薪酬、应交未交税费等。

其中,"应付职工薪酬""应交税费"等期末转为债权的,以"-"号填列。

建造承包商的"工程施工"期末余额小于"工程结算"期末余额的差额,应在"应付账款"项目反映。

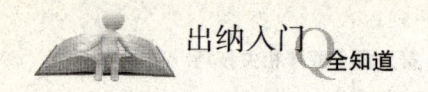

"递延收益"就在"其他流动负债"项目反映。

⑤"实收资本（或股本）""资本公积""盈余公积""库存股"等项目，一般应反映企业期末持有的接受投资者投入企业的实收资本、从净利润中提取的盈余公积余额、企业收购的尚未转让或注销本公司股份金额等。

其中，期末累计未分配利润、资本公积为负数的，以"-"号填列。

⑥企业与同一客户在购销商品结算过程中形成的债权债务关系，应当单独列示，不应当相互抵销。即应收账款不能与预收账款相互抵销、预付账款不能与应付账款相互抵销、应付账款不能与预收账款相互抵销、预收账款不能与预付账款相互抵销。

预期应收款中将于1年内到期的部分，在"一年内到期的非流动资产"项目反映。长期待摊费用中将于1年（含1年）内摊销的部分，在"预付账款"项目反映。"长期应付款"项目，反映企业除长期借款、应付债券外的其他各种长期应付款项减去"款确认融资费用"。长期应付款中将于将于1年内到期的部分，在"一年内到期的非流动负债"项目反映。

企业期末持有的"衍生工具""套期工具""被套期项目"，应在"其他流动资产"或"其他流动负债"项目反映。

2. 资产负债表编制举例

【例】甲公司××年12月31日有关科目的余额见表9-1：

表9-1　　　　　　　　　　科目余额表

单位：元

科目名称	借方余额	贷方余额
库存现金	3 440	
银行存款	224 900	
应收账款	177 700	
坏账准备		888.50
预付账款	11 900	

续表

科目名称	借方余额	贷方余额
其他应收款	0	
材料采购	0	
原材料	178 760	
库存商品	223 680	
固定资产	860 000	
累计折旧		107 160
短期借款		35 000
应付票据		105 300
应付账款		46 100
应付职工薪酬		13 160
应交税费		50 186.20
应付股利		38 000
预收账款		0
其他应付款		500
应付利息		3 400
实收资本		1 130 000
资本公积		0
盈余公积		91 996.89
本年利润		0
利润分配		139 208.41
生产成本	80 520	
合　　计	1 760 900	1 760 900

根据上述所给资料和新会计准则的规定，可以编制该公司××年12月31日的资产负债表，见表9-2：

表9-2　　　　　　　　　　　资产负债表

编制单位：甲公司　　　　　　××年12月31日　　　　　　　　单位：元

资　产	行次	年初余额	期末余额	负债和所有者权益	行次	年初余额	期末余额
流动资产：				流动负债：			
货币资金		228 340		短期借款		35 000	
交易性金融资产				交易性金融负债			
应收票据				应付票据		105 300	
应收账款		176 811.50		应付账款		46 100	

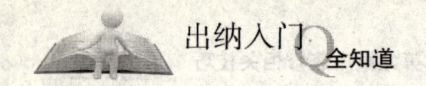

续表

资　产	行次	年初余额	期末余额	负债和所有者权益	行次	年初余额	期末余额
预付账款		11 900		预收款项		0	
应收股利				应付职工薪酬		13 160	
应收利息				应交税费		50 186.20	
其他应收款				应付利息		3 400	
存货		482 960		应付股利		38 000	
一年内到期的非流动资产				其他应付款		500	
其他流动资产				一年内到期的非流动负债		3 400	
流动资产合计		900 011.50		其他流动负债			
非流动资产：				其他流动负债			
可供出售的金融资产				流动负债合计			
持有至到期投资				非流动负债：		291 646.20	
长期应收款				长期借款			
长期股权投资				应付债券			
投资性房地产				长期应付款			
固定资产		752 840		专项应付款			
在建工程				递延所得税负债			
工程物资				其他非流动负债			
固定资产清理				非流动负债合计			
生产性生物资产				负债合计		291 646.20	
油气资产				所有者权益：			
无形资产				实收资本（或股本）		1 130 000	
开发支出				资本公积			
商誉				减：库存股			
长期待摊费用				盈余公积		91 996.89	

续表

资　产	行次	年初余额	期末余额	负债和所有者权益	行次	年初余额	期末余额
递延所得税资产				未分配利润		139 208.41	
其他非流动资产				所有者权益合计		1 361 205.30	
非流动资产合计				负债和所有者权益合计		1 652 851.50	
资产合计		1 652 851.50					

二、利润表的编制

1. 利润表的编制方法

利润表分为"本月数"和"本年累计数"两栏并分别填列。"本月数"栏反映利润表各项目的本月实际发生数；在编报年度财务会计报告时，填列上年全年累计实际发生数。如果上年度利润表与本年度利润表的项目名称和内容不相一致，则按编报当年的口径对上年度利润表项目的名称和数字进行调整，填入利润表"上年数"栏。在编报中期和年度财务会计报告时，将"本月数"栏改成"上年数"栏。

利润表"本年累计数"栏反映各项目自年初起至报告期末止的累计实际发生数。

2. 利润表列示说明

（1）本表反映企业在一定期间内利润（亏损）的实现情况。

（2）本表"上年金额"栏内各项数字，应根据上年度利润表"本年金额"栏内所列数字填列。如果上年度利润表规定的各个项目的名称和内

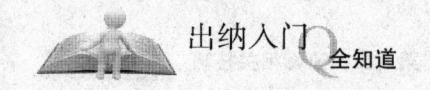

容同本年度不相一致，应对上年利润表各项目的名称和数字按本年度的规定进行调整，填入本表"上年金额"栏内。

（3）本表"本年金额"栏内各项数字一般应当反映以下内容：

①"营业收入"项目，反映企业经营主要业务和其他业务所确认的收总额。"营业成本"项目，反映企业经营主要业务和其他业务发生的实际成本总额。

②"营业税金及附加"项目，反映企业经营业务应负担的营业税、消费税、城市维护建设税、资源税、土地增值税和教育费附加等。

③"销售费用"项目，反映企业在销售商品过程中发生的业务招待费、广告费等费用和为销售本企业商品而专设的销售机构的职工薪酬、业务费等经营费用。"管理费用"项目，反映企业为组织和管理生产经营发生的管理费用。"财务费用"项目，反映企业筹集生产经营所需资金等而发生的筹资费用。

企业发生勘探费用的，应在"管理费用"和"财务费用"项目之间，增设"勘探费用"项目反映。

④"资产减值损失"项目，反映企业各项资产发生的减值损失。

⑤"公允价值变动收益"项目，反映企业按照相关准则规定应当计入当期损益的资产或负债公允价值变动净收益，如交易性金融资产当期公允价值的变动额。如为净损失，以"－"号填列。

⑥"投资收益"项目，反映企业以各种方式对外投资所取得的收益。如为净损失，以"－"号填列。企业持有的交易性金融资产处置和出售时，处置收益部分应当自"公允价值变动损益"项目转出，列入本项目。

⑦"营业外收入""营业外支出"项目，反映企业发生的与其经营活动无直接关系的各项收入和支出。其中，处置非流动资产净损失，应当单独列示。

⑧"利润总额"项目，反映企业实现的利润总额。如为亏损总额，以"－"号填列。

⑨"所得税费用"项目，反映企业根据所得税准则确认的应从当期利

润总额中扣除的所得税费用。

⑩"基本每股收益"和"稀释每股收益"项目，应当根据每股收益准则的规定计算的金额填列。

2. 利润表编制举例

【例】乙公司××年12月份损益类账户在结转本年利润前的净发生额及其11月份止的累计资料见表9-3，根据新会计的规定编制利润表见表9-4：

表9-3　　　　　　　　损益类账户净发生额情况表

单位：元

账户	12月份净发生额 借或贷	金额	11月份止累计 借或贷	金额	12月份止累计 借或贷	金额
营业收入	贷	870 000	贷	10 330 000	贷	11 200 000
营业成本	借	600 000	借	7 400 000	借	8 000 000
营业税金及附加	借	87 000	借	1 033 000	借	1 120 000
销售费用	借	13 000	借	157 000	借	170 000
管理费用	借	30 000	借	360 000	借	390 000
财务费用	借	24 000	借	226 000	借	250 000
营业外收入	贷	6 000	贷	74 000	贷	80 000
营业外支出	借	4 000	借	48 000	借	52 000

表9-4　　　　　　　　利润表

编制单位：乙公司　　　　　××年12月　　　　　单位：元

项目	行次	本月数	本年累计数
一、主营业务收入	1	870 000	11 200 000
减：营业成本	2	600 000	8 000 000
营业税金及附加	3	87 000	1 120 000
销售费用	4	13 000	170 000
管理费用	5	30 000	390 000
财务费用	6	24 000	250 000
资产减值损失	7	—	—
加：公允价值变动收益	8	—	—
投资收益（损失以"-号"填列）	9		

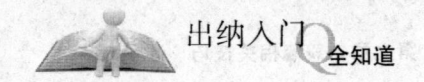

续表

项目	行次	本月数	本年累计数
其中：对联营企业和合营企业的投资收益	10	—	—
二、营业利润（亏损以"－号"填列）	11	116 000	1 270 000
加：营业外收入	12	6 000	80 000
减：营业外支出	13	4 000	52 000
其中：非流动资产净损失（净收益以"－号"填列）	14	—	—
三、利润总额（亏损总额以"－号"填列）	15	118 000	1 298 000
减：所得税费用	16	38 940	428 340
四、净利润（净亏损以"－号"填列）	17	79 060	869 660
五、每股收益：	18	—	—
（一）基本每股收益	19	—	—
（二）稀释每股收益	20	—	—

三、现金流量表的编制

现金流量表是反映企业在一定会计期间内有关现金和现金等价物流入和流出信息的会计报表。反映企业在一定会计期内经营活动、投资活动、筹资活动的变动情况及对企业现金流量的影响，以便于报表使用者了解和评价企业获取现金和现金等价物的能力，并据以预测企业未来现金流量，掌握企业的偿债能力和支付能力。

现金流量表所指的现金，包括库存现金、银行存款和其他货币资金。所指的现金等价物，包括企业持有的期限短、流动性强、易于转换为已知金额现金、价值变动风险很小的投资。

现金流量表按年度编制。具体格式见表9－5：

表 9-5　　　　　　　　　　　现金流量表

编制单位：　　　　　　　　　××年度　　　　　　　　　　单位：元

项　目	行次	本年余额	上年余额
一、经营活动产生的现金流量：			
销售商品、提供劳务收到的现金			
收到的税费返还			
收到的其他与经营活动有关的现金			
经营活动现金流入小计			
购买商品、接受劳务支付的现金			
支付给职工以及为职工支付的现金			
支付的各项税费			
支付其他与经营活动计有关的现金			
经营活动现金流出小计			
经营活动产生的现金流量净额			
二、投资活动产生的现金流量：			
收回投资收到的现金			
取得投资收益收到的现金			
处置固定资产、无形资产和其他长期资产收回的现金净额			
处置子公司及其他营业单位收到的现金净额			
收到其他与投资活动有关的现金			
投资活动现金流入小计			
购建固定资产、无形资产和其他长期资产支付的现金			
投资支付的现金			
取得子公司及其他营业单位支付的现金净额			
支付其他与投资活动有关的现金			
投资活动现金流出小计			
投资活动产生的现金流量净额			
三、筹资活动产生的现金流量：			
吸收投资收到的现金			
取得借款收到的现金			
收到其他与筹资活动有关的现金			
筹资活动现金流入小计			
偿还债务支付的现金			

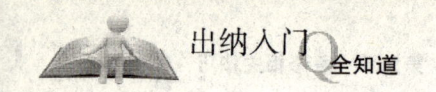

续表

项　　目	行次	本年余额	上年余额
分配股利、利润或偿还利息支付的现金			
支付其他与筹资活动有关的现金			
筹资活动现金流出小计			
筹资活动产生的现金流量净额			
四、汇率变动对现金的影响			
五、现金及现金等价物净增加额			
加：期初现金及现金等价物余额			
六、期末现金及现金等价物余额			
现金流量表补充资料如下：			
1. 将净利润调节为经营活动现金流量：			
净利润			
加：资产减值准备			
固定资产折旧（油气资产折耗、生产性生物资产折旧）			
无形资产摊销			
长期待摊费用摊销			
处置固定资产、无形资产和其他长期资产的损失（收益以"-"号填列）			
固定资产报废损失（收益以"-"号填列）			
公允价值变动损失（收益以"-"号填列）			
财务费用（收益以"-"号填列）			
投资损失（收益以"-"号填列）			
递延所得税资产减少（收益以"-"号填列）			
递延所得税负债增加（收益以"-"号填列）			
存货的减少（收益以"-"号填列）			
经营性应收项目的减少（收益以"-"号填列）			
经营性应付项目的增加（收益以"-"号填列）			
其他			
经营活动产生的现金流量净额			
2. 不涉及现金收支的重大投资和筹资活动：			
债务转为资本			
一年内到期的可转换公司债券			

续表

项　　目	行次	本年余额	上年余额
融资租入固定资产			
3. 现金及现金等价物净变动情况：			
现金的期末余额			
减：现金等价物的期初余额			
加：现金等价物的期末余额			
减：现金等价物的期初余额			
现金及现金等价物净增加额			

1. 经营活动产生的现金流量

（1）"销售商品、提供劳务收到的现金"项目，反映企业本期销售商品、提供劳务收到的现金，以及前期销售商品、提供劳务本期收到的现金（包括销售收入和应向购买者收取的增值税销项税额）和本期预收的款项，减去本期销售本期退回的商品和前期销售本期退回的商品支付的现金。企业销售材料和代购代销业务收到的现金，也在本项目反映。

（2）"收到的税费返还"项目，反映企业收到返还的增值税、营业税、所得税、消费税、关税和教育费附加返还款等各种税费。

（3）"收到其他与经营活动有关的现金"项目，反映企业收到的罚款收入、经营租赁收到的租金等其他与经营活动有关的现金流入，如果金额较大的应当单独列示。

（4）"购买商品、接受劳务支付的现金"项目，反映企业本期购买商品、接受劳务支付的现金（包括增值税进项税额），以及本期支付前期购买商品、接受劳务的未付款项和本期预付款项，减去本期发生的购货退回收到的现金。

（5）"支付给职工以及为职工支付的现金"项目，反映企业本期实际支付给职工的工资、奖金、各种津贴和补贴等职工薪酬，但是应由在建工程、无形资产负担的职工薪酬以及支付的离退休人员的各项费用除外。

（6）"支付的各项税费"项目，反映企业本期发生并支付的、本期支付以前各期发生的以及预交的教育费附加、矿产资源补偿费、印花税、房

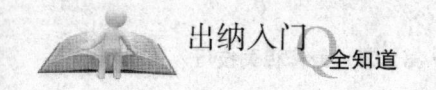

产税、土地增值税、车船使用税、预交的营业税等税费，计入固定资产价值、实际支付的耕地占用税、本期退回的增值税、所得税等除外。

（7）"支付的其他与经营活动有关的现金"项目，反映企业支付的罚款支出、支付的差旅费、业务招待费、保险费、经营租赁支付的现金等其他与经营活动有关的现金流出，金额较大的应当单独列示。

2. 投资活动产生的现金流量

（1）"收回投资收到的现金"项目，反映企业出售、转让或到期收回除现金等价物以外的交易性金融资产、长期股权投资而收到的现金，以及收回持有至到期投资本金而收到的现金，但持有至到期投资收回的利息除外。

（2）"取得投资收益收到的现金"项目，反映企业因股权性投资而分得的现金股利，从子公司、联营企业或合营企业分回利润而收到的现金，以及因（持有至到期投资）债权性投资而取得的现金利息收入，但股票股利除外。

（3）"处置固定资产、无形资产和其他长期资产收回的现金净额"项目，反映企业出售、报废固定资产、无形资产和其他长期资产所取得的现金（包括因资产毁损而收到的保险赔偿收入），减去为处置这些资产而支付的有关费用后的净额，但现金净额为负数的除外。

（4）"处置子公司及其他营业单位收到的现金净额"项目，反映企业处置子公司及其他营业单位所取得的现金减去相关处置费用后的净额。

（5）"购建固定资产、无形资产和其他长期资产支付的现金"项目，反映企业购买、建造固定资产、取得无形资产和其他长期资产所支付的现金及增值税款、支付的应由在建工程和无形资产负担的职工薪酬现金支出，但为购建固定资产而发生的借款利息资本化部分、融资租入固定资产所支付的租赁费除外。

（6）"投资支付的现金"项目，反映企业取得的除现金等价物以外的权益性投资和债权性投资所支付的现金以及支付的佣金、手续费等附加费用。

（7）"取得子公司及其他营业单位支付的现金净额"项目，反映企业购买子公司及其他营业单位购买出价中以现金支付的部分，减去子公司或其他营业单位持有的现金和现金等价物后的净额。

（8）"收到其他与投资活动有关的现金""支付其他与投资活动有关的现金"项目，反映企业除上述（1）至（7）各项目外收到或支付的其他与投资活动有关的现金流入或流出，金额较大的应当单独列示。

3. 筹资活动产生的现金流量

（1）"吸收投资收到的现金"项目，反映企业以发行股票、债券等方式筹集资金实际收到的款项，减去直接支付给金融企业的佣金、手续费、宣传费、咨询费、印刷费等发行费用后的净额。

（2）"取得借款收到的现金"项目，反映企业举借各种短期、长期借款而收到的现金。

（3）"偿还债务支付的现金"项目，反映企业以现金偿还债务的本金。

（4）"分配股利、利润或偿付利息支付的现金"项目，反映企业实际支付的现金股利、支付给其他投资单位的利润或用现金支付的借款利息、债券利息。

（5）"收到其他与筹资活动有关的现金""支付其他与筹资活动有关的现金"项目，反映企业除上述（1）至（4）项目外，收到或支付的其他与筹资活动有关的现金流入或流出，包括以发行股票、债券等方式筹集资金而由企业直接支付的审计和咨询等费用、为购建固定资产而发生的借款利息资本化部分、融资租入固定资产所支付的租赁费、以分期付款方式购建固定资产以后各期支付的现金等。

4. "汇率变动对现金的影响"项目

其反映下列项目的差额：

（1）企业外币现金流量及境外子公司的现金流量折算为记账本位币时，所

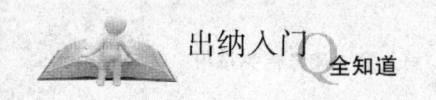

采用的现金流量发生日的即期汇率或按照系统合理的方法确定的、与现金流量法计算即期汇率近似的汇率折算的金额；

（2）"现金及现金等价物净增加额"中外币现金净增加额按期末汇率折算的金额。

5. "将净利润调节为经营活动的现金流量"各项目

（1）"资产减值准备"项目，反映企业本期计提的坏账准备、存货跌价准备、短期投资跌价准备、长期股权投资减值准备、持有至到期投资减值准备、投资性房地产减值准备、固定资产减值准备、在建工程减值准备、无形资产减值准备、商誉减值准备、生产性生物资产减值准备、油气资产减值准备等资产减值准备。

（2）"固定资产折旧""油气资产折耗""生产性生物资产折旧"项目，分别反映企业本期计提的固定资产折旧、油气资产折耗、生产性生物资产折旧。

（3）"无形资产摊销""长期待摊费用摊销"项目，分别反映企业本期计提的无形资产摊销、长期待摊费用摊销。

（4）"处置固定资产、无形资产和其他长期资产的损失"项目，反映企业本期处置固定资产、无形资产和其他长期资产发生的损益。

（5）"公允价值变动损失"项目，反映企业持有的金融资产、金融负债以及采用公允价值计量模式的投资性房地产的公允价值变动损益。

（6）"财务费用"项目，反映企业利润表"财务费用"项目的金额。

（7）"投资损失"项目，反映企业利润表"投资收益"项目的金额。

（8）"递延所得税资产减少"项目，反映企业资产负债表"递延所得税资产"项目的期初余额与期末余额的差额。"递延所得税负债增加"项目，反映企业资产负债表"递延所得税负债"项目的期初余额与期末余额的差额。"存货的减少"项目，反映企业资产负债表"存货"项目的期初余额与期末余额的差额。"经营性应收项目的减少"项目，反映企业本期经营性应收项目（包括应收票据、应收账款、预付账款、长期应收款和其他应收款中与经营活动有关的部分及应收的增值税销项税额等）的期初余额与期末余额的差额。"经营性应付项目的增加"项目，反映企业本期经营性应付项目（包括应付票据、应付账款、预收账款、应付职工薪酬、应交税费、应付利息、应付股利、长期应付款、其他应付款中与经营活动有关的部分及应付的增值税进项税额等）的期初余额与期末余额的差额。

6. **"不涉及现金收支的投资和筹资活动"项目**

其反映企业一定期间内影响资产或负债但不形成该期现金收支的所有投资和筹资活动的信息：

（1）"债务转为资本"项目，反映企业本期转为资本的债务金额。

（2）"一年内到期的可转换公司债券"项目，反映企业一年内到期的可转换公司债券的本息。

（3）"融资租入固定资产"项目，反映企业本期融资租入固定资产的最低租赁付款额扣除应分期计入利息费用的未确认融资费用的净额。

7. **其他**

"现金及现金等价物净增加额"与现金流量表中的"现金及现金等价物净增加额"项目的金额应当相等。

四、税务登记证的办理、使用及管理

1. **税务登记证的概念**

税务登记证是表明纳税人依法具有纳税义务，并已向主管税务部门办理纳税登记手续的证明。

2. **税务登记证的规定**

《税收征管法》规定，纳税人在办理工商登记的一个月内，应当办理

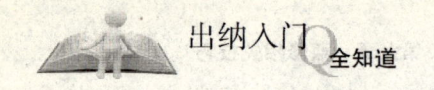

税务登记证,逾期税务机关处以2 000元以下罚款;情节严重的,处以2 000元以上,10 000元以下罚款。各类企业及其分支机构和从事生产、经营的场所,个体工商户和从事生产、经营的事业单位,应当自领取营业执照之日起30日内向主管税务机关申请办理税务登记。

3. 办理税务登记纳税人应出示以下证件和资料

(1) 营业执照,对不需要办理工商登记的纳税人应提供有关部门核准执业证件。

(2) 有关合同、章程、协议书、验资报告。

(3) 银行账号证明。

(4) 法定代表人(负责人)居民身份证。

(5) 组织机构统一代码证书。

(6) 非独立核算分支机构应提供总机构批准文件。

(7) 企业公章、法人代表章。

(8) 税务机关要求提供的其他有关资料。

4. 税务登记证办理程序

纳税人向税务机关提出申请,税务机关接受纳税人申请后发给其税务登记表,纳税人如实填写好表格,税务机关对纳税人填写的表格进行审核,符合规定的,输入电脑打印税务登记证正、副本,发放给纳税人。纳税人可以委托税务代理人员代办税务登记。

5. 税务登记证的变更

税务登记证件定期由税务机关统一更换,换证工作一般为3~5年进行一次,具体时间由国家税务总局统一规定。

纳税人办理税务登记后,发生税务登记内容变更的,应当自办理工商变更登记之日起30日内或自有关机关批准、宣布变更之日起30日内,持有关变更证明及变更后的证件和原税务登记证正、副本,向原税务登记机关提出变更申请。税务登记机关审核后,符合规定的,重新核发税务登记证件,并收回原税务登记证件。

6. 税务登记证的使用规定

(1) 纳税人领取的税务登记证件不得转借、涂改、损毁、买卖或者伪造。

(2) 纳税人应当将税务登记证件正本在其生产、经营场所或者办公场所公开悬挂,接受税务机关检查。

(3) 纳税人办理下列事项时必须持税务登记证件:

①申请减税、免税、退税。

②领购发票。

③办理外出经营活动税收管理证明。

④在银行或其他金融机构开立基本存款账户或者其他存款账户。

⑤申请办理一般纳税人认定手续。

⑥其他有关税务事项的证件。

7. 税务登记证件的验证、补发

为了保证税务登记证的合法使用,税务机关对税务登记证实行定期验证和换证制度。验证时间一般一年一次,税务机关验证后须在税务登记证(副本)及税务登记表中注明验证时间,加盖验讫印章。

验证、换证工作既是对税务登记情况的全面检查,也是对税源基本情况的调查,清理漏管漏征户,检查并处罚违反税务登记制度的行为。

纳税人如果遗失税务登记证件应当书面报告主管税务机关,并公开声明作废,同时向税务机关申请补发税务登记证件。

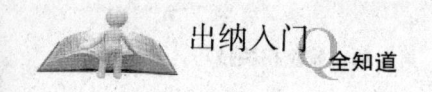

五、发票的领购、填开、保管及缴销

1. 发票的领购

依法办理税务登记的单位和个人，在领取税务登记证件后，方可向主管税务机关申请领购发票。

在初次申请领购发票和因经营范围变化需增减领购发票数量或改变种类时，纳税人需填写"发票领购申请审批表"。

同"发票领购申请审批表"一起报送的还有发票经办人的身份证明、税务登记证件或者其他有关证明，以及财务印章或发票专用章的印模。经主管税务机关审核后，发给纳税人"发票领购簿"。

"发票领购簿"上主要有三个方面的记录：领购发票记录、自印专用发票记录、发票缴销记录。"发票领购簿"上的记录，均由主管税务机关进行登记。纳税人必须按领购簿上核准的发票名称购买或印制发票，当纳税人发生转业、改组、分设、合并、联营、迁移、歇业、停产、破产、吊销以及变更主管税务机关时，要及时向税务机关办理领购簿的变更或缴销手续。发票的领购过程如图9-1所示。

发票管理部门

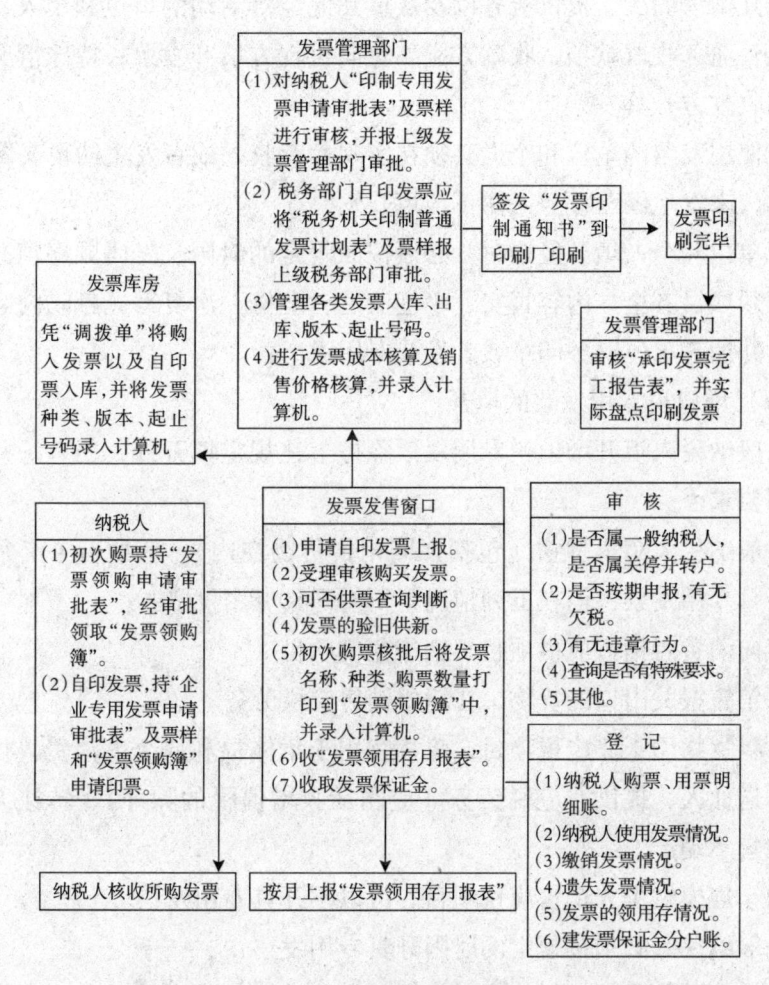

(1) 对纳税人"印制专用发票申请审批表"及票样进行审核,并报上级发票管理部门审批。
(2) 税务部门自印发票应将"税务机关印制普通发票计划表"及票样报上级税务部门审批。
(3) 管理各类发票入库、出库、版本、起止号码。
(4) 进行发票成本核算及销售价格核算,并录入计算机。

签发"发票印制通知书"到印刷厂印刷 → 发票印刷完毕

发票管理部门

审核"承印发票完工报告表",并实际盘点印刷发票

发票库房

凭"调拨单"将购入发票以及自印票入库,并将发票种类、版本、起止号码录入计算机

纳税人

(1) 初次购票持"发票领购申请审批表",经审批领取"发票领购簿"。
(2) 自印发票,持"企业专用发票申请审批表"及票样和"发票领购簿"申请印票。

发票发售窗口

(1) 申请自印发票上报。
(2) 受理审核购买发票。
(3) 可否供票查询判断。
(4) 发票的验旧供新。
(5) 初次购票核批后将发票名称、种类、购票数量打印到"发票领购簿"中,并录入计算机。
(6) 收"发票领用存月报表"。
(7) 收取发票保证金。

审核

(1) 是否属一般纳税人,是否属关停并转户。
(2) 是否按期申报,有无欠税。
(3) 有无违章行为。
(4) 查询是否有特殊要求。
(5) 其他。

登记

(1) 纳税人购票、用票明细账。
(2) 纳税人使用发票情况。
(3) 缴销发票情况。
(4) 遗失发票情况。
(5) 发票的领用存情况。
(6) 建发票保证金分户账。

纳税人核收所购发票　　按月上报"发票领用存月报表"

图 9-1　发票领购流程

2. 发票的填开

(1) 发票填开的基本规定。

①发票只限于用票单位和个人自己填开使用,不得转借、转让、代开发票;未经国家税务机关批准不得拆本使用发票。

②单位和个人只能使用国家税务机关批准印制或购买的发票,不得用"白条"和其他票据代替发票,也不得自行扩大专用发票的使用范围。

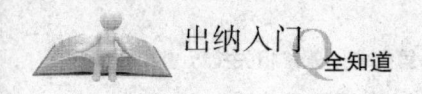

③凡销售商品、提供劳务以及从事其他经营活动的单位和个人，对外发生经营业务收取款项，收款方应如实向付款方填开发票；特殊情况由付款方向收款方开具发票。

④使用发票的单位和个人必须在实现经营收入或者发生纳税义务时填开发票，未发生经营业务一律不准填开发票。

⑤单位和个人填开发票时，必须按照规定的时限、号码顺序填开。填写时必须项目齐全、内容真实、字迹清楚，全份一次复写，各联内容完全一致，并加盖单位财务印章或者发票专用章。

（2）增值税专用发票的填开。

一般纳税人填开增值税专用发票除按上述规定填开外，还有一些特殊的填写要求。

一般纳税人销售货物（包括视同销售货物在内）、应税劳务必须向购买方开具专用发票，但在下列情况下不得开具专用发票：

①向消费者销售应税项目、销售免税项目。

②销售报关出口的货物，在境外销售应税劳务。

③将货物用于非应税项目，将货物用于集体福利或个人消费，将货物无偿赠送他人，提供非应税劳务（应当征收增值税的除外），转让无形资产或销售不动产。

向小规模纳税人销售应税项目，可以不开具专用发票。

一般纳税人必须按规定的时限开具专用发票：

①采用预收货款、托收承付、委托银行收款结算方式的，为货物发出的当天。

②采用交款提货结算方式的，为收到货款的当天。

③采用赊销、分期付款结算方式的，为合同约定的收款日期的当天。

④设有两个以上机构并实行统一核算的纳税人，将货物从一个机构移送其他机构用于销售，按规定应当征收增值税的，为货物移送的当天。

⑤将货物交付他人代销的，为收到受托人送交的代销清单的当天。

⑥将货物作为投资提供给其他单位或个人经营的，为货物移送的

当天。

⑦将货物分配给股东，为货物移送的当天。

一般纳税人经国家税务机关批准采用汇总方式填开增值税专用发票的，应当附有国家税务机关统一印制的销货清单。

销售货物并向购买方开具专用发票后，如发生退货或销售折让，应视不同情况分别按以下规定办理：

在购买方未付货款并且未作账务处理的情况下，须将原专用发票的发票联和抵扣联主动退还销售方。销售方收到后，应在该发票联和抵扣联及有关的存根联、记账联上注明"作废"字样，整套保存，并重新填开退货后或销售折让后所需的专用发票。

在购买方已付货款，或者货款未付但已作账务处理，专用发票发票联及抵扣联无法退还的情况下，购买方必须取得当地主管税务机关开具的进货退出或索取折让证明单（以下简称证明单）送交销售方，作为销售方开具红字专用发票的合法依据。销售方在未收到证明单以前，不得开具红字专用发票；收到证明单后，根据退回货物的数量、价款或折让金额向购买方开具红字专用发票，红字专用发票的存根联、记账联作为销售方扣减当期销项税额的凭证，其发票联和抵扣联作为购买方扣减当期进项税额的凭证。

购买方收到红字专用发票后，应将红字专用发票所注明的增值税从当期进项税额中扣减。如不扣减，造成不纳税或少纳税的，属于偷税行为。

凡具备使用电子计算机开具专用发票条件的一般纳税人，可以向主管税务机关提交申请报告以及按照专用发票（机外发票）格式用电子计算机制作的模拟样张，根据会计操作程序用电子计算机制作的最近月份的进货、销货及库存清单及电子计算机设备的配置情况等，经主管税务机关批准，购领由国家税务机关监制的机外发票，并按规定填开使用。

3. 发票的保管

开具发票的单位和个人应当建立发票使用登记制度，设置发票登记

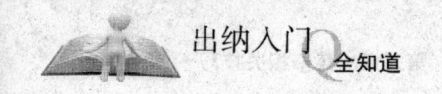

簿，并定期向税务机关报告发票使用情况。发票的存放和保管应当按照税务机关的规定办理，不得擅自丢失和损毁。如果丢失发票，应当在当天报告主管税务机关并通过报刊等传播媒介公告作废，已经开具的发票存根联和发票登记簿应当保存5年；保存期满，报经税务机关查验后可以销毁。

4. 发票的缴销

（1）凡有下列情形之一的，应及时缴销或收缴其发票：

①用票单位或个人超过规定的使用期限而未用的发票。

②用票单位或个人发生合并、联营、分设、迁移、废业时，其已领购未使用的发票。

③用票单位或个人因某种原因暂时停业或歇业的。

④用票单位或个人有严重违反税务管理和发票管理行为的。

（2）发票缴销，收缴应履行的程序：

①发生上述第①项情形的，由发票管理部门将其发票剪口作废，并填写《发票缴销登记表》。

②发生上述第②项情形的，由用票单位和个人提出申请，按税务登记程序处理后，再由发票管理部门将其发票剪口作废，并填写《发票缴销登记表》，收回《发票领购簿》。

③发生上述第③项情形的，按停复业登记程序处理。

④发生上述第④项情形的，按规定程序进行处理后，将收缴或暂收的发票交由发票管理部门进行处理，并填写收缴或暂收缴发票登记表。

（3）凡有下列情形的，应及时销毁发票：

①用票单位和个人已使用的保存期满的发票存根。

②税务机关在税务稽查中发现的非法印制的发票和假发票。

③税务机关内部因发票换版而作废或其他原因而损坏的发票。

六、如何办理税务登记

税务登记,是税务机关对纳税人的市场经营活动进行登记,并据此对纳税人实施纳税管理的一系列法定制度的总称。

1. 办理开业登记的时间

(1) 从事生产、经营的纳税人应当自领取营业执照之日起 30 日内,主动依法向国家税务机关申报办理登记。

(2) 按照规定不需要领取营业执照的纳税人,应当自有关部门批准之日起 30 日内或者自发生纳税义务之日起 30 日内,主动依法向主管国家税务机关申报办理税务登记。

2. 办理开业登记的地点

(1) 纳税企事业单位向当地主管国家税务机关申报办理税务登记。

(2) 纳税企事业单位跨县(市)、区设立的分支机构和从事生产经营的场所,除总机构向当地主管国家税务机关申报办理税务登记外,分支机构还应当向其所在地主管国家税务机关申报办理税务登记。

(3) 有固定生产经营场所的个体工商业户向经营地主管国家税务机关申报办理税务登记;流动经营的个体工商户,向户籍所在地主管国家税务机关申报办理税务登记。

(4) 对未领取营业执照从事承包、租赁经营的纳税人,向经营地主管国家税务机关申报办理税务登记。

3. 办理开业登记的程序

根据有关法律法规的规定,凡是经国家行政管理部门批准,从事生产、经营的纳税人,必须申请办理税务登记。

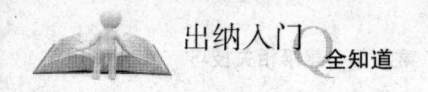

(1) 申报。

纳税人必须提出书面申请报告,并提供下列有关证件、资料:

①营业执照。

②有关章程、合同、协议书。

③银行账号证明。

④法定代表人或业主居民身份证、护照或者回乡证等其他合法证件。

⑤总机构所在地国家税务机关证明。

⑥国家税务机关要求提供的其他有关证件、资料。

(2) 填报税务登记表。

纳税人领取税务登记表或者注册税务登记表后,应当按照规定内容逐项如实填写,并加盖企业印章,经法定代表人签字或业主签字后,将税务登记表或者注册税务登记表报送主管国家税务机关。

税务登记表的内容包括:纳税人名称、法定代表人或业主姓名及居民身份证、护照或其他合法入境证件号码;纳税住所、经营地点;经济性质或经济类型、核算方式、机构情况、隶属关系;生产经营范围、经营方式;注册资金、投资总额、开户银行及账号;生产经营期限、从业人数、营业执照字号及有效期限和发照日期;财务负责人和办税人员;记账本位币、结算方式、会计年度;境外机构的名称、地址、业务范围及有关事项;总机构名称、地址、法定代表人、主要业务范围、财务负责人;其他有关事项。税务登记表格式见表9-6:

表9-6　　　　　　　　　　税务登记表格

企业名称或业户名称			法定代表人或业主姓名	
法定代表人或业主身份证号码			电话	
经营地址			邮编	
商品货物存放地			行业	
法定代表人或业主住址			经营方式	
生产经营范围	主营		经济性质	
	兼营		经济类型	
生产经营期限			核算形式	

续表

企业名称或业户名称			法定代表人或业主姓名	
开业时间			从业人数	
注册资金(资本)			投资总额	
批准开业证照文件情况	证照号码(字号)		财务负责人	
	有效期限			
	发照日期		办税人员	
	批准机关			
开户银行名称		银行账号		使用币种
税务代理	受托代理机构名称		受托代理人名称	
	委托书编码		资格证书号码	
	代理机构地址		代理机构电话	
附送件				
以下由受理登记税务机构填写				
主管税务机关审核	受理人：	税务所(盖章)：	税务局（分局）（盖章）：	
税务登记号		发证日期	税务登记有效日期	

（3）领取税务登记证件。

纳税人报送的税务登记表或者注册税务登记表和提供的有关证件、资料，经主管国家税务机关审核后，须报有关国家税务机关批准予以登记的，应当按照规定的期限到主管国家税务机关领取税务登记证或者注册税务登记证及其副本，并按规定缴付工本管理费。

4. 变更税务登记的程序

变更税务登记的情况：改变单位名称或法定代表人；改变所有制性质、隶属关系或经营地址；改变经营方式、经营范围；改变经营期限、开户银行及账号；改变工商证照等。遇到上述情况之一的，纳税人应当自工商行政管理机关办理变更登记之日起30日内，持下列有关证件向原主管国家税务机关提出变更登记书面申请报告：

（1）营业执照。

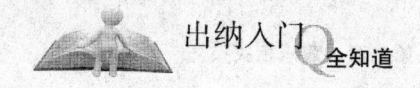

（2）变更登记的有关证明文件。

（3）国家税务机关发放的原税务登记证件（包括税务登记证及其副本、税务登记表等）。

（4）其他有关证件。

纳税人按照规定不需要在工商行政管理机关办理注册登记的，应当自有关机关批准或者宣布变更之日起 30 日内，持有关证件向原主管国家税务机关提出变更登记书面申请报告。税务变更登记表的格式见表 9－7：

表 9－7　　　　　　　　　　　　税务变更登记表

变更登记事项		
序号	变更项目	变更前的内容	变更后的内容

送交证件情况：

纳税人（盖章）：　　法定代表人（负责人）：　　办税人员：

　　　　　　　　　　　　　　　　　　　　　　年　　月　　日

主管税务机关审批意见：

　　　　　　　　　　　　　　　　　　　　税务机关（盖章）：
　　　　　　　　　　　　　　　　　　　　　年　　月　　日

负责人：　　经办人：

5. 注销税务登记的程序

纳税人发生停业、破产、撤销、解散及依法应终止履行纳税义务的，应在申报办理注销工商登记前，先向主管税务机关办理注销税务登记；对于未在工商部门注册登记的，应在有关部门批准，或宣告之日起 15 日内申报办理注销税务登记；对被吊销营业执照的纳税人，应自被吊销营业执照之日起 15 日内申报办理注销税务登记。

6. 停业、复业登记

实行定期定额征收方式的纳税人在营业执照核准的经营期限内需要停业的，应向税务机关提出停业登记，说明停业的理由、时间、停业前的纳税情况和发票的领、用、存情况，并如实填写申请停业登记表。对于停业期满不能及时恢复生产经营的，应在停业期满前向税务机关提出延长停业登记。

纳税人应于恢复生产、经营之前，向税务机关提出复业登记申请，经确认后办理复业登记，领回或启用税务登记证件和发票领购簿及其领购的发票，恢复正常生产经营。

七、如何申报纳税

纳税申报，是指纳税人在发生法定纳税义务后，按税法或税务机关规定的期限和内容向主管税务机关提交有关纳税书面报告的法律行为。

1. 办理纳税申报的对象

办理纳税申报的主体，即纳税申报的对象分为以下四种情况：

（1）负有纳税义务的单位和个人，应在发生纳税义务后，按有关法律法规的规定如实向主管税务机关办理纳税申报。

（2）取得临时应税收入或发生应税行为的纳税人，在发生纳税义务后，即向税务机关办理纳税申报和缴纳税款。

（3）享有减、免税待遇的纳税人，在减免税期间应按规定办理纳税申报。

（4）扣缴义务人作为间接负纳税义务的单位和个人，必须按有关法律法规的规定报送代扣代缴、代收代缴税款报告表及税务机关要求扣缴义务人报送的其他有关资料。

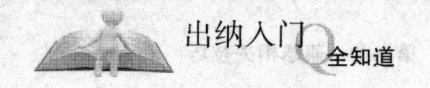

2. 办理纳税申报的要求

（1）时间要求。

《税收征收管理法》规定纳税人、扣缴义务人都必须按法定的期限办理纳税申报。各税种都规定了各自的纳税期限和申报期限。原则上，报缴期限的最后一天，如遇公休日可以顺延。如遇不可抗力或财务会计处理上的特殊情况等原因，经税务机关核准，纳税人、扣缴义务可以延期申报，但最长不得超过3个月，其税款应按上期或税务机关核定税额预缴。

（2）内容要求。

纳税申报的内容主要明确在各税种的纳税申报表和代扣代缴报告表内。根据有关法律法规的规定，纳税申报的内容一般包括：税种、税目、应纳税项目或者应代扣代收项目，适用税率或单位税额，计税依据，扣除项目及标准，应纳税额或应代扣、代收税额，税款所属期限等。

纳税人在申报期内无论有无收入，都必须在规定的期限如实填报纳税申报表，并附送有关资料。享受减、免税优惠的纳税人，在减、免期内应按以下两部分进行纳税申报：

①按正常纳税年度进行申报，并据以计算应纳税额。

②按其享受税收优惠的待遇，依据税收优惠规定计算应纳税额。

（3）纳税申报的方法。

纳税申报的方法主要有以下三种：

①自行申报，即纳税人或扣缴义务人按规定期限主动到主管税务机关办理纳税申报手续。

②邮寄申报，即纳税人到税务机关办理纳税申报有困难的，经税机关批准，可采用邮寄方式申报，该种申报以邮出地邮戳日期为实际申报日期。

③代理申报，即纳税人或扣缴义务人委托代理人办理纳税申报或报送代扣（收）代缴税款报告表。

3. 办理纳税申报的程序

（1）纳税人办理纳税申报的程序。

纳税人办理纳税申报的程序如图9-2所示。

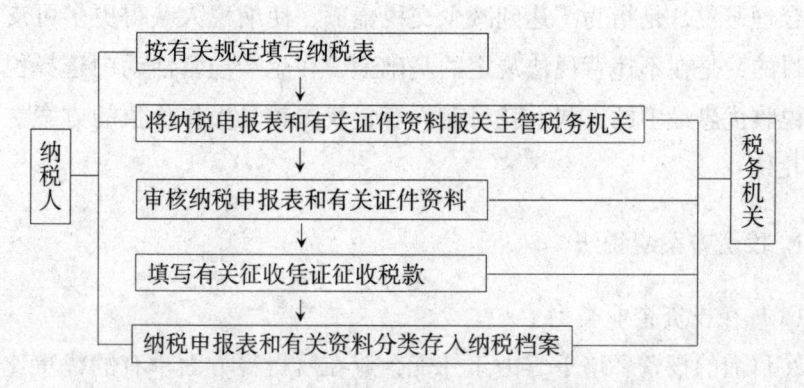

```
纳税人 → 按有关规定填写纳税表
      → 将纳税申报表和有关证件资料报关主管税务机关
      → 审核纳税申报表和有关证件资料
      → 填写有关征收凭证征收税款
      → 纳税申报表和有关资料分类存入纳税档案
                                              → 税务机关
```

图9-2　纳税人办理纳税申报的程序

（2）扣缴义务人办理纳税申报的程序。

扣缴义务人办理纳税申报的程序如图9-3所示。

```
扣缴义务人 → 填写代扣代缴、代收税款报告表
          → 将代扣代缴、代收代缴款报告表和有关证件资料报关主管税务部门
          → 审核代扣代缴、代收代缴税款报告和有关证件管理
          → 办理税款入库
          → 代扣代缴、代收代缴税报告有关资料分类存入纳税人档案
                                                        → 税务机关
```

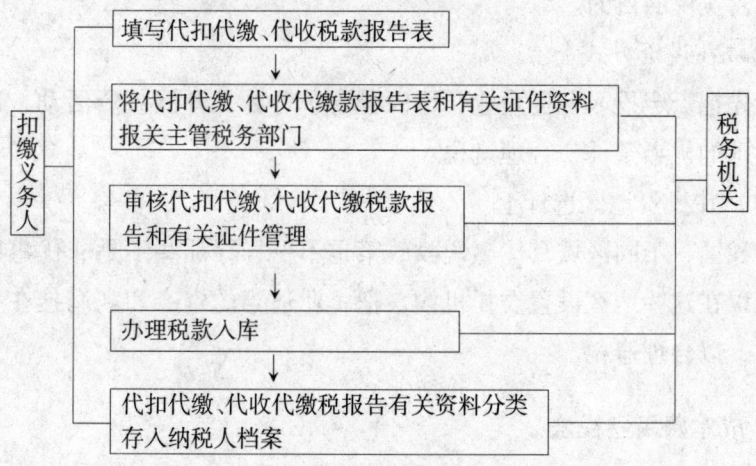

图9-3　扣缴义务人办理纳税申报的程序

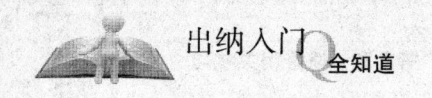

八、如何合理纳税

合理避税，是指为了达到减少交税金额，使纳税人获得更多可支配收入的目的，是在不违背税法规定的基础上，在生产经营活动中选择税负最轻、税收优惠最多的方式。就目前而言，我国较具操作价值的方案主要有以下几种：

1. 投资方案避税法

（1）在投资企业类型上。

在目前的投资环境下，由于外资企业在所得税方面享有的优惠比内资企业多，而且内资企业有10个税种，外资企业只有6个税种。在内资企业之间，在不同时期，对不同行业，国家也有不同的税收政策。企业可通过行业挂靠或横向联合，避免交易外表，以达到减少营业额，避开或减少增值税、营业税的目的。

（2）在投资方式上。

可先把资金投入合资企业，再以合资企业名义开展投资活动，以满足税法要求的优惠条件，合理避税。

（3）在投资地区选择上。

在我国，不同区域其优惠税收政策也不一样，那些不是非优惠区的企业，可以在这些地区设置委托机构，把企业适当的资产和利润挂在委托机构名下，以合理避税。

2. 成本费用避税法

它是企业通过对成本费用项目的组合和核算，使之符合税法、财务会计制度及财务规定有关少纳税或不纳税的要求，实现合理避税的目的。

目前，我国在一些具体的财务核算中，给企业留下了一定的选择空间。以材料计价为例，企业可在先进先出法、加权平均法、移动平均法、个别计价法中间任选一种。因为市场上材料的价格是波动的，因此采用不同的方法计价后，计入当期产品的成本是不同的。如果选择得当，就有合理避税的可能。

3. 转让定价避税法

又称"转移价格"，是指在经济活动中，有经济联系的企业各方为均摊利润或转移利润而在购销业务、提供劳务、贷款业务、租赁业务、无形资产转让和管理费支付上不依照市场规则和市场价格，而根据他们之间的共同利益或为了最大限度地增加他们的收入而进行的交易。这样，收入和费用在有关企业之间重新分配，便于利用不同区域间的税收优惠差异。

九、如何办理出口退税

1. 企业办理出口退税必须提供的凭证

（1）购买出口货物的增值税专用发票（税款抵扣联）、普通发票。

申请退消费税的企业，还应提供由工厂开具并经税务机关和银行（国库）签章的《税收（出口产品专用）纳款书》（以下简称专用税票）。

（2）出口货物销售明细账。

主管出口退税的税务机关必须对销售明细账与销售发票等认真核对后再予以确认。出口货物的增值税专用发票，消费税专用税票和销售明细账，必须于企业申请退税时提供。

（3）盖有海关验讫章的《出口货物报关单（出口退税联）》。

《出口货物报关单（出口退税联）》原则上应由企业于申报退税时附送，但对少数出口业务量大，出口口岸分散或距离较远而难以及时收回报关单的企业，经主管出口退税税务机关审核，其财务制度健全且从未发生

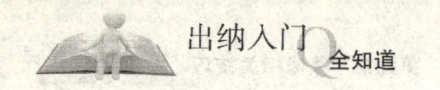

过骗税行为的，可以批准缓延在3个月期限内提供。逾期不能提供的，应扣回已退（免）税款。

（4）出口收汇单证。

企业应将出口货物的银行收汇单证按月装订成册并汇总，以备税务机关核对。税务机关每半年应对出口企业已办理退税的出口货物收汇单证清查一次。在年度终了后将企业上一年退税的出口货物收汇情况进行清算。除按规定可不提供出口收汇单的货物外，凡应当提供出口收汇单而没有提供的，应一律扣回已退免的税款。

2. 办理出口退税的程序

（1）出口货物退税企业应在其出口货物装载的运输工具办结海关手续后，向其报关的海关申请出口货物的退税专用报关单（浅黄色）。出口货物在口岸海关直接办理出口手续的，由企业在口岸海关办理。出口货物在内地海关报关后转关至口岸海关出口的，内地海关在收到口岸海关的转关通知单回执后，才予以办理出口货物退税专用报关单。海关根据实际出口货物的数量、价格等签发出口货物的专用报关单，并按规定收取签证费。海关签发出口货物退税专用报关单的时间为：装载出口货物的运输工具办结海关手续之日起，至海关放行货物之日起的六个月内。

（2）办理出口退税必须在出口货物实际离境后，因此，存入出口监管仓库的出口货物要待货物提取出仓库并装载运输工具离境后，海关才能签发出口货物退税专用报关单。通过转关运输方式存入出口监管仓库的货物，企业应在货物装载运输工具离境后，向出境地海关申请办理出口货物退税专用报关单。

（3）提取出口保税仓库货物销售给国内企业或三资企业进行深加工产品复出口的，海关按结转加工的有关规定办理，不予签定出口货物退税专用报关单。

（4）企业遗失海关签发的出口货物退税专用报关单可以补办，补办时间为自该出口货物办结海关出口监管手续之日起6个月内。补办时，企业应先到主管其出口退税地（市）的国家税务局申请，税务机关经核实出口货物确实未办理过退税后，签发《关于申请出具（补办报关单）证明的报告》。企业得到《报告》后，应该到出口货物原签发海关去办理补办报关手续。海关凭《报告》补签出口货物退税专用报关单。

（5）企业开展进料加工业务出口货物办理出口退税，必须持外经贸主管部门批件，先送主管其出口退税的税务部门审核签章，税务部门逐笔登记并将复印件留存备查。海关凭有主管出口退税税务部门印章的外经贸主管部门的批件，方能办理出口料件"登记手册"。企业因故未能执行进料加工合同，需持原"登记手册"或海关证明到主管税务部门办理注销手续。

（6）外商投资企业办理出口货物退税，根据《中华人民共和国增值税暂行条例》和国务院有关规定，对1994年1月1日以后办理工商登记的外商投资企业生产的出口货物，符合《出口货物退（免）税管理办法》的在办结海关出口手续后，可申请办理出口货物退税专用报关单。

（7）出口货物遇特殊情况发生退关或退运，如海关已签发了出口货物退税专用报关单，报关人需将该报关单退交海关；如企业已交国家税务局办理了退税手续，则应向税务局申请《出口商品退运已补税证明》，在办理退关或退运报关时随报关单等一并递交海关，才予办理退关或退运。

全知道 ⑩

本章深意：财务有其严格的管理要求，也有其特有的工作乐趣，轻松看待一种生活，使财务人生变得丰满有趣。

第十章 怡然自得的出纳人生

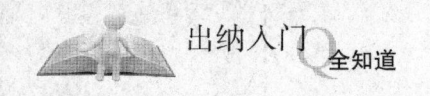

一、孔子的会计理论

孔会计名丘,字仲尼,孔夫子是后人对他的爱称。这位大名鼎鼎的学问家,不仅是伟大的思想家、教育家,还是伟大的会计。上世纪八十年代中期,联合国教科文组织曾评选出人类历史上的"世界十大文化名人",孔子位居榜首;1988年1月,历届诺贝尔奖获得者在巴黎共同签署了《全世界诺贝尔奖获得者宣言》,称"人类要想在二十一世纪生存下去,必须从2500年前的孔子那里去汲取智慧。"

孔夫子年轻时,便与会计打上了交道,成了会计的老行尊。当时,在鲁国执政的大贵族是季氏,孔夫子就是在季氏的手下当上了一名主管仓库的小官吏——委吏,一个小小的财务科长,每个月拿到的钱粮很有限,刚刚够养家糊口。那时候的会计没有分工牵制一说,孔夫子凡事都得自己动手。孔夫子拿起一支钢笔,哦,不对,那时没有钢笔;拿起毛笔,哦,也不对,那时也没有毛笔;孔夫子拿起了一把刀!

呀,孔夫子怎么拿刀,斯斯文文的圣人,拿刀干什么?杀人么?孔夫子是儒者,不会杀人。

他是要记账。

刀子刻在青竹片上,一刻上去,竹片直冒水,像是流汗一样,故名"汗青"。汗青,实际就是账本,象征着书籍、历史,诗云:"留取丹心照汗青",盖源于此。

那时候的会计虽然简单,但孔夫子却很投入。他终日守候在库房里,数着数码,划着记号,监督着仓库的财物出入。他谨慎地(会计的谨慎性原则就是从那时开始孕育的)辨别着出入事项,一一在竹简上刻画、登记,力求使每一笔"账目"都正确无误。

孔先生也是一个颇有心计的人,他年当十五便立志于学,研究问题总是"发愤忘食,乐以忘忧",最后总要追究出一个结果,他对待仓库会计

第十章　怡然自得的出纳人生

这项工作的态度亦如此。"作会计的关键是什么呢？"平素孔先生每每想到这个问题，便琢磨不已，日子久了，他从中悟出一个道理。一次，他语重心长地对旁人说："会计，当而已矣。"这句话看似简单，却内涵深刻，高度凝练。会计工作的要害系于"当"字，即真实性与中立性，一个"当"字，使两性合一。孔子这一说可了不得，他的门徒把这句话刻在"汗青"上，传之后世，于是，会计便有了名人名言。

前苏联著名的诗人叶甫图申科在其诗作《中国海员》中写道：

假如孔子还活着，他就不会受骗，而是怀着悲伤的心情，打量着自己的国家。

生活在动荡的、纷争不断的春秋时代的孔子"怀着悲伤的心情打量着自己的国家"，像守护诚信一样，怀念着周朝，并把"克己复礼"当作毕生奋斗的目标。

孔子的一生，把先王的"礼制"看得比什么都重要，"非礼勿视，非礼勿听，非礼勿言"——凡不合乎礼制的东西，你连看也不要去看它；凡不合乎礼制的言论，你连听也不要去听它；凡不合乎礼制的话，你无论如何也不要去讲。他认为会计亦在礼帛约束之列，一切收支事项务必以礼制为准绳。当收则收，既不许少收，也不可超过规定的标准多收；当用则用，既不可因少用而违礼，亦不可违反财务制度滥用无度，与今天的预算庶几近之。在孔夫子的心目中，一切应力求适中、适当，适可而行，适可而止。

孔会计理论的实质是"政要节财"，谨慎性原则与预算管理思想呼之欲出。取要得当，用要得当，算要得当，方能达到守礼制、尊王权、财掌不乱的目的。孔子的仁爱之于当下的会计领域，不是要我们大家坐在星巴克里读《论语》，或穿上"不亦悦乎"的文化衫，而是传承以人为本的夫子之道，尊重专业，尊重人才，构建和谐的会计秩序。

在财税方面，孔子反对聚敛；在开支方面，提倡节用。他在论语中说："敬事而信，节用而爱人，使民以时"，"不患寡而患不均，不患贫而患不安"，"财聚则民散，财散则民聚"，"与其有聚敛之臣，宁有盗臣"。

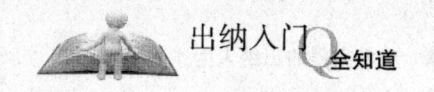

孔子认为，做事应敬业，讲信用，节约开支，富有爱心；重要的不是财富的多少，而是公平的原则。他反对贫富差距过度，主张"仁治"。

至于诚信，孔夫子更是殷殷教诲："人而无信，不知其可也。""自古皆有死，民无信不立"。一旦道德沦丧，不应随波逐流："道不行，乘桴浮于海！"夫子不仅坐而论道，而且起而躬行。他的道德训条，无论数量、质量，均不让当今，诸如：一言、二道、三至、四教、五礼、六艺、七情、八目、九思……可以成十龙、配百套。先师开风，弟子步从，遂成"拥表章以自重，挟口号以自强"。

在孔子诞辰2555年的日子里，我们这些做了会计和准备做会计的，都应时时回溯会计第一人——孔子，是他，给这个领地播撒了文明的种子，注入了思想的精髓。虽然，"仲尼不出"未必是万古如长夜，但仲尼不出，中华文化肯定要丧失相当光彩，孔夫子对包括会计文明在内的中华文化的影响古今不做第二人想。

这位孜孜不倦的学者、知人论世的智者、兼善天下的仁者、乐天知命的通者，其会计理论专注人伦理性之道，充盈着卓绝而常新的人文内涵，他把华瞻的语句和丰厚的滋养写在了"孔会计理论"的旗帜上，让我们仰之弥高，敬之弥深，虽不能至，心向往之。

二、并存的机遇与挑战

1. 对道德操守更重视

最近几年来，全球商界经历了太多的变化，财务违规行为以及由此带来的监管变化已经让越来越多的人开始关注财会人员的职业道德建设了，而职业道德又恰恰是财会人员安身立命的饭碗。对审计的重新关注已经再次证明，审计在财会业中扮演着多么重要的角色，它能够保证财会数据的准确与无误。

2. 机会在招手

几乎在所有组织中任职的各级会计不但已经看到了他们自身地位的提高，而且也看到了许多层出不穷的机会正向他们涌现。不仅如此，会计师事务所、国营及私营公司、非营利组织等都在不同程度上受到了 2005 年最新立法影响，它们都不约而同地发现：社会越来越需要会计的服务。

3. 压力不断增大

社会对会计人才执业门槛的要求在水涨船高，从而使财会人员身上背负的工作压力在不知不觉中增大。

4. 福利得到改善

2007 年，对于很多新出道的会计来说，无疑是好事连连。新法规特别强调对缺乏工作经验的会计从业人员的培训，同时，为了留住人才，雇主们还不断为员工增加福利开支。

5. 用人需求在增加

无论是国营还是私营企业，都要面对同一个问题：老会计即将退休，新人因缺乏从业经验而不能被公司委以重任。由于一大批在"婴儿潮"出生的会计要退休，会计专业大学毕业生人数又不是很多，这更让会计人才市场告急。

6. 新学科层出不穷

当今社会几乎所有的行业都发生着日新月异的变化，会计学术界也是如此，在一些大学，纷纷开设了内部审计、企业风险管理、法务会计以及市场道德等课程。

7. 更为年轻人钟情

据美国注册会计师协会公布的《2005 年会计毕业生与注册会计师事务

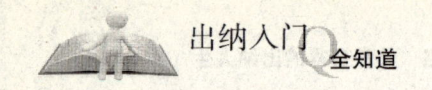

所招聘人员供需报告》显示，从上个世纪90年代末以后，会计学科人才青黄不接现象彻底得到了遏制，从2000年到2004年，大学会计专业入学新生增加了19%。

8. 证书含金量更高

证书在证明会计从业人员的资历、水平时，得到了社会的广泛认可。在众多会计证书中，注册会计师证书的含金量无疑是最高的。另外，国际注册内部审计师、注册管理会计师、注册舞弊审查师等证书也得到了社会的广泛认可。

9. 与人沟通摆上日程

会计不但要和枯燥的数字打交道，还要和不同类型的人一起工作，所以，良好的人际关系非常重要。善于言辞的会计往往会被公司重用。

10. CPA将成"宠儿"

2007年，对于财会人员来说充满了机会，但注册会计师恐怕会赢得更多的工作机会。据美国注册会计师协会公布的资料显示，专业知识加上多年的从业经验，注册会计师是会计师事务所、国营及私营公司、非营利组织的最爱。

资料来源：财务顾问网

三、好出纳的"七心"

从事财务工作20年，两次担任出纳。第一次是刚参加工作的1985年，只干了半年就转做会计，2005年我又重操旧业，至今一月有余。忆昔抚今，感触良多。出纳承担着财务工作链中最后一个环节的职责，应收的款项悉数尽收，该支的费用全部付清，相关经济业务方算完成。通过实践，

第十章　怡然自得的出纳人生

我琢磨出做好出纳工作必须做到"七心"，列举如下：

开心——态度决定一切，心态左右行动

尽管有丰富的会计工作经验，一手筹建了一个独立核算单位的财务工作，多年来同其一起成长壮大，单位的财务成果似雪球越滚越大，本人也于 2000 年受聘为高级会计师，但我觉得有必要再当一回出纳。这种换位对当好会计大有益处，天天跑银行，时时收付款，具体琐碎的事务不但使财会业务能力与时俱进，更能提升综合判断分析力及有效解决问题的能力。目前，我忙得不亦乐乎，感觉乐趣多多，十分开心。

细心——匠心独运出奇巧，妙手神抓显功夫

将钞票依不同面值分类摆放，付款时按从小到大或从大到小的顺序进行，这样做有两个好处，一是有次序地取款并报数付出，不会出错，二是和报账人之间建立了和谐的互动关系，收付款的过程对方看得一清二楚，可以说是同步复核了一遍。这样的付款方式看似慢，实则事半功倍，一次成功。

热心——举手之劳勤为之，抬腿几步与人便

为了保证会计凭证装订起来更美观，就要从原始单据的正确粘贴作起。对司机等经常报销者，出纳要热情地示范其按标准格式粘贴报销单据。报账人有时因业务繁忙，将报销凭证留在财务部门，等会计做好凭证后，出纳应电话通知报账人来领款，对无暇前来者可亲自送钱过去。

耐心——微笑服务，不厌其烦

对进出财务办公室的，不论老少，报之以微笑，道一声问候。遇到报账人较多，都着急领钱时，出纳切记不能急躁，要指导大家安静地排队，在轻松友好的气氛中按次序领款。

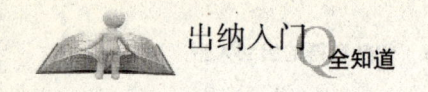

虚心——处处留心皆学问

工作的过程固然积累了业务能力，时常抽空看看有用书籍或浏览精品网站，从中学习方方面面的经验技巧，有助于全面提高人的整体素质，工作起来更能得心应手。诚恳征询各方对自己工作的意见和建议，采取有效方法加以改进。

公心——坚守职业道德

经手的公款千千万，出纳也只是过路财神，丝毫不能起贪心。

信心——紧跟时代步伐

科技的飞速发展给财务工作者创造了前所未有的良机，会计电算化使会计摆脱了繁琐的记账工作。电子银行频频向我们招手，那种提现金付钞票的事情将成为出纳的趣谈。对此，要充满信心，积极主动地利用高科技手段提高工作效率，真正成为纤纤十指拨键盘的"甩手掌柜"。

总之，以快乐的心态当出纳，细心处理每笔款项，耐心热情地对待报账人，抱着虚心，秉持公心，满怀信心地工作，就一定能做到"七心"。使自己省心，会计称心，领导放心，让大家舒心。

资料来源：财务顾问网

四、会计职场轻松胜出

作为职场新人，首先面临的是职业生涯的起步阶段，这一阶段大约是3~5年时间。如果你做到了或者说努力去做到上节所述几点，那么轻松顺利地走过这一阶段没有问题。如果想做得更好，你还应该注意以下几点：

1. 明确自己的奋斗目标

为了获得美好的前程，职场新人要把自己的短期目标和长期目标写在纸上。一旦有了完整的想法，你将很容易地知道什么是必须做的，什么是应该避免的，什么是应该克服的。明确了自己的奋斗目标之后，你就要远离一些影响你胜出的小事。不要过于注意周围的小事，如果你将精力集中在这样一些琐碎的小事上，你就会忘记真正重要的事情，从而影响你的进步。

2. 集中精力与正派的人发展关系

你应问问自己谁能帮助你，谁会伤害你，集中精力与能帮助你更好地完成任务的人发展关系。远离流言蜚语，不要当说闲话的主角，否则你的威信将会下降。

3. 主动积极地表现自己的工作能力

你可以利用一点时间和一些机会来表明，尽管你是一个职场新人，但你有能力胜任交给你的一切工作。为了使别人发现你有能力，你有责任宣传和证明自己。

4. 寻求别人的帮助

寻求别人的帮助，会使你以后的工作更加顺利，你将渐渐地了解有关你的岗位的一切并掌握工作方法。同时这种做法能很快地拉近与同事的距离。

5. 培养和发挥自己的特长

一个人不可能什么都行，但必须有一样能超出众人，这在职场中胜出是很重要的。比如懂得外语的，可以去翻译一些资料；会电脑家电修理的，可以为同事们排忧解难。做出这样的表现，肯定会给用人单位留下好印象。如果你没有特长，那你就应该尽早地去"充电"。

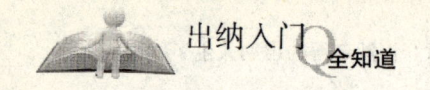

五、出纳之歌

出纳员,很关键;静头脑,清杂念。
业务忙,莫慌乱;情绪好,态度谦。
取现金,当面点;高警惕,出安全。
收现金,点两遍;辨真假,免赔款。
支现金,先审单;内容全,要会签。
收单据,要规范;不合规,担风险。
账外账,甭保管;违法纪,又罚款。
长短款,不用乱;平下心,细查点。
借贷方,要分清;清单据,查现款。
月凭证,要规整;张数明,金额清。
库现金,勤查点;不压库,不挪欠。
现金账,要记全;账款符,心坦然。

附录

人民币银行结算账户管理办法

第1章 总 则

第1条 为规范人民币银行结算账户（以下简称银行结算账户）的开立和使用，加强银行结算账户管理，维护经济金融秩序稳定，根据《中华人民共和国中国人民银行法》和《中华人民共和国商业银行法》等法律法规，制定本办法。

第2条 存款人在中国境内的银行开立的银行结算账户适用本办法。

本办法所称存款人，是指在中国境内开立银行结算账户的机关、团体、部队、企业、事业单位、其他组织（以下统称单位）、个体工商户和自然人。

本办法所称银行，是指在中国境内经中国人民银行批准经营支付结算业务的政策性银行、商业银行（含外资独资银行、中外合资银行、外国银行分行）、城市信用合作社、农村信用合作社。

本办法所称银行结算账户，是指银行为存款人开立的办理资金支付结算的人民币活期存款账户。

第3条 银行结算账户按存款人分为单位银行结算账户和个人银行结算账户。

（1）存款人以单位名称开立的银行结算账户为单位银行结算账户。

单位银行结算账户按用途分为基本存款账户、一般存款账户、专用存款账户、临时存款账户。个体工商户凭营业执照以字号或经营者姓名开立的银行结算账户纳入单位银行结算账户管理。

（2）存款人凭个人身份证件以自然人名称开立的银行结算账户为个人

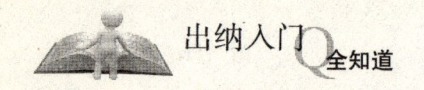

银行结算账户。

政府储蓄机构办理银行卡业务开立的账户纳入个人银行结算账户管理。

第4条 单位银行结算账户的存款人只能在银行开立一个基本存款账户。

第5条 存款人应在注册地或住所地开立银行结算账户。符合本办法规定可以在异地（跨省、市、县）开立银行结算账户的除外。

第6条 存款人开立基本存款账户、临时存款账户和预算单位开立专用存款账户实行核准制度，经中国人民银行核准后由开户银行核发开户登记证。但存款人因注册验资需要开立的临时存款账户除外。

第7条 存款人可以自主选择银行开立银行结算账户。除国家法律、行政法规和国务院规定外，任何单位和个人不得强令存款人到指定银行开立银行结算账户。

第8条 银行结算账户的开立和使用应当遵守法律、行政法规，不得利用银行结算账户进行偷逃税款、逃避债务、套取现金及其他违法犯罪活动。

第9条 银行应依法为存款人的银行结算账户信息保密。对单位银行结算账户的存款和有关资料，除国家法律、行政法规另有规定外，银行有权拒绝任何单位或个人查询。对个人银行结算账户的存款和有关资料，除国家法律另有规定外，银行有权拒绝任何单位或个人查询。

第10条 中国人民银行是银行结算账户的监督管理部门。

第2章 银行结算账户的开立

第11条 基本存款账户是存款人因办理日常转账结算和现金收付需要开立的银行结算账户。下列存款人，可以申请开立基本存款账户：

（1）企业法人。

（2）非法人企业。

（3）机关、事业单位。

（4）团级（含）以上军队、武警部队及分散执勤的支（分）队。

（5）社会团体。

（6）民办非企业组织。

（7）异地常设机构。

（8）外国驻华机构。

（9）个体工商户。

（10）居民委员会、村民委员会、社区委员会。

（11）单位的独立核算的附属机构。

（12）其他组织。

第12条 一般存款账户是存款人因借款或其他结算需要，在基本存款账户开户银行以外的银行营业机构开立的银行结算账户。

第13条 专用存款账户是存款人按照法律、行政法规和规章，对其特定用途资金进行专项管理和使用而开立的银行结算账户。对下列资金的管理与使用，存款人可以申请开立专用存款账户：

（1）基本建设资金。

（2）更新改造资金。

（3）财政预算外资金。

（4）粮、棉、油收购资金。

（5）证券交易结算资金。

（6）期货交易保证金。

（7）信托基金。

（8）金融机构存放同业资金。

（9）政策性房地产开发资金。

（10）单位银行卡备用金。

（11）住房基金。

（12）社会保障基金。

（13）收入汇缴资金和业务支出资金。

（14）党、团、工会设在单位的组织机构经费。

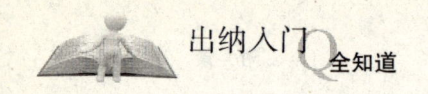

（15）其他需要专项管理和使用的资金。

收入汇缴资金和业务支出资金，是指基本存款账户存款人附属的非独立核算单位或派出机构发生的收入和支出的资金。

因收入汇缴资金和业务支出资金开立的专用存款账户，应使用隶属单位的名称。

第14条　临时存款账户是存款人因临时需要并在规定期限内使用而开立的银行结算账户。有下列情况的，存款人可以申请开立临时存款账户：

（1）设立临时机构。

（2）异地临时经营活动。

（3）注册验资。

第15条　个人银行结算账户是自然人因投资、消费、结算等而开立的可办理支付结算业务的存款账户。有下列情况的，可以申请开立个人银行结算账户：

（1）使用支票、信用卡等信用支付工具的。

（2）办理汇兑、定期借记、定期贷记、借记卡等结算业务的。

自然人可根据需要申请开立个人银行结算账户，也可以在已开立的储蓄账户中选择并向开户银行申请确认为个人银行结算账户。

第16条　存款人有下列情形之一的，可以在异地开立有关银行结算账户：

（1）营业执照注册地与经营地不在同一行政区域（跨省、市、县）需要开立基本存款账户的。

（2）办理异地借款和其他结算需要开立一般存款账户的。

（3）存款人因附属的非独立核算单位或派出机构发生的收入汇缴或业务支出需要开立专用存款账户的。

（4）异地临时经营活动需要开立临时存款账户的。

（5）自然人根据需要在异地开立个人银行结算账户的。

第17条　存款人申请开立基本存款账户，应向银行出具下列证明文件：

（1）企业法人，应出具企业法人营业执照正本。

（2）非法人企业，应出具企业营业执照正本。

（3）机关和实行预算管理的事业单位，应出具政府人事部门或编制委员会的批文或登记证书和财政部门同意其开户的证明；非预算管理的事业单位，应出具政府人事部门或编制委员会的批文或登记证书。

（4）军队、武警团级（含）以上单位以及分散执勤的支（分）队，应出具军队军级以上单位财务部门、武警总队财务部门的开户证明。

（5）社会团体，应出具社会团体登记证书，宗教组织还应出具宗教事务管理部门的批文或证明。

（6）民办非企业组织，应出具民办非企业登记证书。

（7）外地常设机构，应出具其驻在地政府主管部门的批文。

（8）外国驻华机构，应出具国家有关主管部门的批文或证明；外资企业驻华代表处、办事处应出具国家登记机关颁发的登记证。

（9）个体工商户，应出具个体工商户营业执照正本。

（10）居民委员会、村民委员会、社区委员会，应出具其主管部门的批文或证明。

（11）独立核算的附属机构，应出具其主管部门的基本存款账户开户登记证和批文。

（12）其他组织，应出具政府主管部门的批文或证明。

本条中的存款人为从事生产、经营活动纳税人的，还应出具税务部门颁发的税务登记证。

第18条 存款人申请开立一般存款账户，应向银行出具其开立基本存款账户规定的证明文件、基本存款账户开户登记证和下列证明文件：

（1）存款人因向银行借款需要，应出具借款合同。

（2）存款人因其他结算需要，应出具有关证明。

第19条 存款人申请开立专用存款账户，应向银行出具其开立基本存款账户规定的证明文件、基本存款账户开户登记证和下列证明文件：

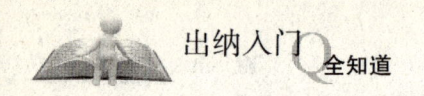

（1）基本建设资金、更新改造资金、政策性房地产开发资金、住房基金、社会保障基金，应出具主管部门批文。

（2）财政预算外资金，应出具财政部门的证明。

（3）粮、棉、油收购资金，应出具主管部门批文。

（4）单位银行卡备用金，应按照中国人民银行批准的银行卡章程的规定出具有关证明和资料。

（5）证券交易结算资金，应出具证券公司或证券管理部门的证明。

（6）期货交易保证金，应出具期货公司或期货管理部门的证明。

（7）金融机构存放同业资金，应出具其证明。

（8）收入汇缴资金和业务支出资金，应出具基本存款账户存款人有关的证明。

（9）党、团、工会设在单位的组织机构经费，应出具该单位或有关部门的批文或证明。

（10）其他按规定需要专项管理和使用的资金，应出具有关法规、规章或政府部门的有关文件。

第20条　合格境外机构投资者在境内从事证券投资开立的人民币特殊账户和人民币结算资金账户纳入专用存款账户管理。其开立人民币特殊账户时应出具国家外汇管理部门的批复文件，开立人民币结算资金账户时应出具证券管理部门的证券投资业务许可证。

第21条　存款人申请开立临时存款账户，应向银行出具下列证明文件：

（1）临时机构，应出具其驻在地主管部门同意设立临时机构的批文。

（2）异地建筑施工及安装单位，应出具其营业执照正本或其隶属单位的营业执照正本，以及施工及安装地建设主管部门核发的许可证或建筑施工及安装合同。

（3）异地从事临时经营活动的单位，应出具其营业执照正本以及临时经营地工商行政管理部门的批文。

（4）注册验资资金，应出具工商行政管理部门核发的企业名称预先核准通知书或有关部门的批文。

本条第（2）、（3）项还应出具其基本存款账户开户登记证。

第22条 存款人申请开立个人银行结算账户，应向银行出具下列证明文件：

（1）中国居民，应出具居民身份证或临时身份证。

（2）中国人民解放军军人，应出具军人身份证件。

（3）中国人民武装警察，应出具武警身份证件。

（4）香港、澳门居民，应出具港澳居民往来内地通行证；台湾居民，应出具台湾居民来往大陆通行证或者其他有效旅行证件。

（5）外国公民，应出具护照。

（6）法律、法规和国家有关文件规定的其他有效证件。

银行为个人开立银行结算账户时，根据需要还可要求申请人出具户口簿、驾驶执照、护照等有效证件。

第23条 存款人需要在异地开立单位银行结算账户，除出具本办法第17条、18条、19条、21条规定的有关证明文件外，应出具下列相应的证明文件：

（1）经营地与注册地不在同一行政区域的存款人，在异地开立基本存款账户的，应出具注册地中国人民银行分支行的未开立基本存款账户的证明。

（2）异地借款的存款人，在异地开立一般存款账户的，应出具在异地取得贷款的借款合同。

（3）因经营需要在异地办理收入汇缴和业务支出的存款人，在异地开立专用存款账户的，应出具隶属单位的证明。

属本条第（2）、（3）项情况的，还应出具其基本存款账户开户登记证。

存款人需要在异地开立个人银行结算账户，应出具本办法第22条规定的证明文件。

第24条 单位开立银行结算账户的名称应与其提供的申请开户的证

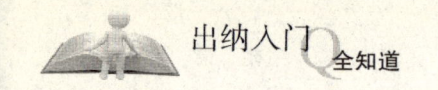

明文件的名称全称相一致。有字号的个体工商户开立银行结算账户的名称应与其营业执照的字号相一致；无字号的个体工商户开立银行结算账户的名称，由"个体户"字样和营业执照记载的经营者姓名组成。自然人开立银行结算账户的名称应与其提供的有效身份证件中的名称全称相一致。

第 25 条　银行为存款人开立一般存款账户、专用存款账户和临时存款账户的，应自开户之日起 3 个工作日内书面通知基本存款账户开户银行。

第 26 条　存款人申请开立单位银行结算账户时，可由法定代表人或单位负责人直接办理，也可授权他人办理。

由法定代表人或单位负责人直接办理的，除出具相应的证明文件外，还应出具法定代表人或单位负责人的身份证件；授权他人办理的，除出具相应的证明文件外，还应出具其法定代表人或单位负责人的授权书及其身份证件，以及被授权人的身份证件。

第 27 条　存款人申请开立银行结算账户时，应填制开户申请书。开户申请书按照中国人民银行的规定记载有关事项。

第 28 条　银行应对存款人的开户申请书填写的事项和证明文件的真实性、完整性、合规性进行认真审查。

开户申请书填写的事项齐全，符合开立基本存款账户、临时存款账户和预算单位专用存款账户条件的，银行应将存款人的开户申请书、相关的证明文件和银行审核意见等开户资料报送中国人民银行当地分支行，经其核准后办理开户手续；符合开立一般存款账户、其他专用存款账户和个人银行结算账户条件的，银行应办理开户手续，并于开户之日起 5 个工作日内向中国人民银行当地分支行备案。

第 29 条　中国人民银行应于 2 个工作日内对银行报送的基本存款账户、临时存款账户和预算单位专用存款账户的开户资料的合规性予以审核，符合开户条件的，予以核准；不符合开户条件的，应在开户申请书上签署意见，连同有关证明文件一并退回报送银行。

第 30 条　银行为存款人开立银行结算账户，应与存款人签订银行结算账户管理协议，明确双方的权利与义务。除中国人民银行另有规定的以外，应建立存款人预留签章卡片，并将签章式样和有关证明文件的原件或复印件留存归档。

第 31 条　开户登记证是记载单位银行结算账户信息的有效证明，存款人应按本办法的规定使用，并妥善保管。

第 32 条　银行在为存款人开立一般存款账户、专用存款账户和临时存款账户时，应在其基本存款账户开户登记证上登记账户名称、账号、账户性质、开户银行、开户日期，并签章。但临时机构和注册验资需要开立的临时存款账户除外。

第 3 章　银行结算账户的使用

第 33 条　基本存款账户是存款人的主办账户。存款人日常经营活动的资金收付及其工资、奖金和现金的支取，应通过该账户办理。

第 34 条　一般存款账户用于办理存款人借款转存、借款归还和其他结算的资金收付。该账户可以办理现金缴存，但不得办理现金支取。

第 35 条　专用存款账户用于办理各项专用资金的收付。

单位银行卡账户的资金必须由其基本存款账户转账存入。该账户不得办理现金收付业务。财政预算外资金、证券交易结算资金、期货交易保证金和信托基金专用存款账户不得支取现金。基本建设资金、更新改造资金、政策性房地产开发资金、金融机构存放同业资金账户需要支取现金的，应在开户时报中国人民银行当地分支行批准。中国人民银行当地分支行应根据国家现金管理的规定审查批准。

粮、棉、油收购资金、社会保障基金、住房基金和党、团、工会经费等专用存款账户支取现金应按照国家现金管理的规定办理。

收入汇缴账户除向其基本存款账户或预算外资金财政专用存款户划缴款项外，只收不付，不得支取现金。业务支出账户除从其基本存款账户拨入款项外，只付不收，其现金支取必须按照国家现金管理的规定办理。

银行应按照本条的各项规定和国家对粮、棉、油收购资金使用管理规

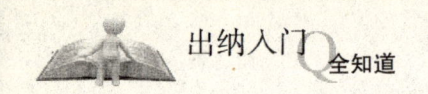

定加强监督，对不符合规定的资金收付和现金支取，不得办理。但对其他专用资金的使用不负监督责任。

第36条 临时存款账户用于办理临时机构以及存款人临时经营活动发生的资金收付。

临时存款账户应根据有关开户证明文件确定的期限或存款人的需要确定其有效期限。存款人在账户的使用中需要延长期限的，应在有效期限内向开户银行提出申请，并由开户银行报中国人民银行当地分支行核准后办理展期。临时存款账户的有效期最长不得超过2年。

临时存款账户支取现金，应按照国家现金管理的规定办理。

第37条 注册验资的临时存款账户在验资期间只收不付，注册验资资金的汇缴人应与出资人的名称一致。

第38条 存款人开立单位银行结算账户，自正式开立之日起3个工作日后，方可办理付款业务。但注册验资的临时存款账户转为基本存款账户和因借款转存开立的一般存款账户除外。

第39条 个人银行结算账户用于办理个人转账收付和现金存取。下列款项可以转入个人银行结算账户：

(1) 工资、奖金收入。
(2) 稿费、演出费等劳务收入。
(3) 债券、期货、信托等投资的本金和收益。
(4) 个人债权或产权转让收益。
(5) 个人贷款转存。
(6) 证券交易结算资金和期货交易保证金。
(7) 继承、赠与款项。
(8) 保险理赔、保费退还等款项。
(9) 纳税退还。
(10) 农、副、矿产品销售收入。
(11) 其他合法款项。

第40条 单位从其银行结算账户支付给个人银行结算账户的款项，

每笔超过 5 万元的，应向其开户银行提供下列付款依据：

（1）代发工资协议和收款人清单。

（2）奖励证明。

（3）新闻出版、演出主办等单位与收款人签订的劳务合同或支付给个人款项的证明。

（4）证券公司、期货公司、信托投资公司、奖券发行或承销部门支付或退还给自然人款项的证明。

（5）债权或产权转让协议。

（6）借款合同。

（7）保险公司的证明。

（8）税收征管部门的证明。

（9）农、副、矿产品购销合同。

（10）其他合法款项的证明。

从单位银行结算账户支付给个人银行结算账户的款项应纳税的，税收代扣单位付款时应向其开户银行提供完税证明。

第 41 条 有下列情形之一的，个人应出具本办法第 40 条规定的有关收款依据。

（1）个人持出票人为单位的支票向开户银行委托收款，将款项转入其个人银行结算账户的。

（2）个人持申请人为单位的银行汇票和银行本票向开户银行提示付款，将款项转入其个人银行结算账户的。

第 42 条 单位银行结算账户支付给个人银行结算账户款项的，银行应按第 40 条、第 41 条规定认真审查付款依据或收款依据的原件，并留存复印件，按会计档案保管。未提供相关依据或相关依据不符合规定的，银行应拒绝办理。

第 43 条 储蓄账户仅限于办理现金存取业务，不得办理转账结算。

第 44 条 银行应按规定与存款人核对账务。银行结算账户的存款人收到对账单或对账信息后，应及时核对账务并在规定期限内向银行发出对

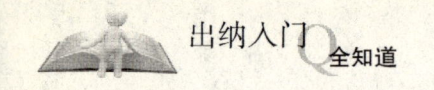

账回单或确认信息。

第 45 条　存款人应按照本办法的规定使用银行结算账户办理结算业务。

存款人不得出租、出借银行结算账户，不得利用银行结算账户套取银行信用。

第 4 章　银行结算账户的变更与撤销

第 46 条　存款人更改名称，但不改变开户银行及账号的，应于 5 个工作日内向开户银行提出银行结算账户的变更申请，并出具有关部门的证明文件。

第 47 条　单位的法定代表人或主要负责人、住址以及其他开户资料发生变更时，应于 5 个工作日内书面通知开户银行并提供有关证明。

第 48 条　银行接到存款人的变更通知后，应及时办理变更手续，并于 2 个工作日内向中国人民银行报告。

第 49 条　有下列情形之一的，存款人应向开户银行提出撤销银行结算账户的申请：

（1）被撤并、解散、宣告破产或关闭的。

（2）注销、被吊销营业执照的。

（3）因迁址需要变更开户银行的。

（4）其他原因需要撤销银行结算账户的。

存款人有本条第（1）、（2）项情形的，应于 5 个工作日内向开户银行提出撤销银行结算账户的申请。

本条所称撤销是指存款人因开户资格或其他原因终止银行结算账户使用的行为。

第 50 条　存款人因本办法第 49 条第（1）、（2）项原因撤销基本存款账户的，存款人基本存款账户的开户银行应自撤销银行结算账户之日起 2 个工作日内将撤销该基本存款账户的情况书面通知该存款人其他银行结算账户的开户银行；存款人其他银行结算账户的开户银行，应自收到通知之日起 2 个工作日内通知存款人撤销有关银行结算账户；存款人应自收到通知之日起 3 个工作日内办理其他银行结算账户的撤销。

第 51 条　银行得知存款人有本办法第 49 条第（1）、（2）项情况，存款人超过规定期限未主动办理撤销银行结算账户手续的，银行有权停止其银行结算账户的对外支付。

第 52 条　未获得工商行政管理部门核准登记的单位，在验资期满后，应向银行申请撤销注册验资临时存款账户，其账户资金应退还给原汇款人账户。注册验资资金以现金方式存入，出资人需提取现金的，应出具缴存现金时的现金缴款单原件及其有效身份证件。

第 53 条　存款人尚未清偿其开户银行债务的，不得申请撤销该账户。

第 54 条　存款人撤销银行结算账户，必须与开户银行核对银行结算账户存款余额，交回各种重要空白票据及结算凭证和开户登记证，银行核对无误后方可办理销户手续。存款人未按规定交回各种重要空白票据及结算凭证的，应出具有关证明，造成损失的，由其自行承担。

第 55 条　银行撤销单位银行结算账户时应在其基本存款账户开户登记证上注明销户日期并签章，同时于撤销银行结算账户之日起 2 个工作日内，向中国人民银行报告。

第 56 条　银行对一年未发生收付活动且未欠开户银行债务的单位银行结算账户，应通知单位自发出通知之日起 30 日内办理销户手续，逾期视同自愿销户，未划转款项列入久悬未取专户管理。

第 5 章　银行结算账户的管理

第 57 条　中国人民银行负责监督、检查银行结算账户的开立和使用，对存款人、银行违反银行结算账户管理规定的行为予以处罚。

第 58 条　中国人民银行对银行结算账户的开立和使用实施监控和管理。

第 59 条　中国人民银行负责基本存款账户、临时存款账户和预算单位专用存款账户开户登记证的管理。

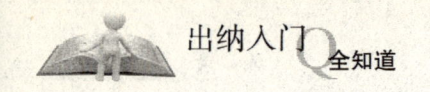

任何单位及个人不得伪造、变造及私自印制开户登记证。

第60条 银行负责所属营业机构银行结算账户开立和使用的管理，监督和检查其执行本办法的情况，纠正违规开立和使用银行结算账户的行为。

第61条 银行应明确专人负责银行结算账户的开立、使用和撤销的审查和管理，负责对存款人开户申请资料的审查，并按照本办法的规定及时报送存款人开销户信息资料，建立健全开销户登记制度，建立银行结算账户管理档案，按会计档案进行管理。

银行结算账户管理档案的保管期限为银行结算账户撤销后10年。

第62条 银行应对已开立的单位银行结算账户实行年检制度，检查开立的银行结算账户的合规性，核实开户资料的真实性；对不符合本办法规定开立的单位银行结算账户，应予以撤销。对经核实的各类银行结算账户的资料变动情况，应及时报告中国人民银行当地分支行。

银行应对存款人使用银行结算账户的情况进行监督，对存款人的可疑支付应按照中国人民银行规定的程序及时报告。

第63条 存款人应加强对预留银行签章的管理。单位遗失预留公章或财务专用章的，应向开户银行出具书面申请、开户登记证、营业执照等相关证明文件；更换预留公章或财务专用章时，应向开户银行出具书面申请、原预留签章的式样等相关证明文件。个人遗失或更换预留个人印章或更换签字人时，应向开户银行出具经签名确认的书面申请，以及原预留印章或签字人的个人身份证件。银行应留存相应的复印件，并凭以办理预留银行签章的变更。

第6章 罚　则

第64条 存款人开立、撤销银行结算账户，不得有下列行为：

（1）违反本办法规定开立银行结算账户。

（2）伪造、变造证明文件欺骗银行开立银行结算账户。

（3）违反本办法规定不及时撤销银行结算账户。

非经营性的存款人，有上述所列行为之一的，给予警告并处以1 000元的罚款；经营性的存款人有上述所列行为之一的，给予警告并处以1万元以上3万元以下的罚款；构成犯罪的，移交司法机关依法追究刑事责任。

第65条 存款人使用银行结算账户，不得有下列行为：

（1）违反本办法规定将单位款项转入个人银行结算账户。

（2）违反本办法规定支取现金。

（3）利用开立银行结算账户逃避银行债务。

（4）出租、出借银行结算账户。

（5）从基本存款账户之外的银行结算账户转账存入、将销货收入存入或现金存入单位信用卡账户。

（6）法定代表人或主要负责人、存款人地址以及其他开户资料的变更事项未在规定期限内通知银行。

非经营性的存款人有上述所列（1）至（5）项行为的，给予警告并处以1 000元罚款；经营性的存款人有上述所列（1）至（5）项行为的，给予警告并处以5 000元以上3万元以下的罚款；存款人有上述所列第（6）项行为的，给予警告并处以1 000元的罚款。

第66条 银行在银行结算账户的开立中，不得有下列行为：

（1）违反本办法规定为存款人多头开立银行结算账户。

（2）明知或应知是单位资金，而允许以自然人名称开立账户存储。

银行有上述所列行为之一的，给予警告，并处以5万元以上30万元以下的罚款；对该银行直接负责的高级管理人员、其他直接负责的主管人员、直接责任人员按规定给予纪律处分；情节严重的，中国人民银行有权停止对其开立基本存款账户的核准，责令该银行停业整顿或者吊销经营金融业务许可证；构成犯罪的，移交司法机关依法追究刑事责任。

第67条 银行在银行结算账户的使用中，不得有下列行为：

（1）提供虚假开户申请资料欺骗中国人民银行许可开立基本存款账户、临时存款账户、预算单位专用存款账户。

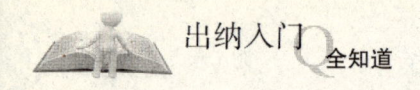

（2）开立或撤销单位银行结算账户，未按本办法规定在其基本存款账户开户登记证上予以登记、签章或通知相关开户银行。

（3）违反本办法第42条规定办理个人银行结算账户转账结算。

（4）为储蓄账户办理转账结算。

（5）违反规定为存款人支付现金或办理现金存入。

（6）超过期限或未向中国人民银行报送账户开立、变更、撤销等资料。

银行有上述所列行为之一的，给予警告，并处以5 000元以上3万元以下的罚款；对该银行直接负责的高级管理人员、其他直接负责的主管人员、直接责任人员按规定给予纪律处分；情节严重的，中国人民银行有权停止对其开立基本存款账户的核准，构成犯罪的，移交司法机关依法追究刑事责任。

第68条 违反本办法规定，伪造、变造、私自印制开户登记证的存款人，属非经营性的处以1 000元罚款；属经营性的处以1万元以上3万元以下的罚款；构成犯罪的，移交司法机关依法追究刑事责任。

第7章 附　则

第69条 开户登记证由中国人民银行总行统一式样，中国人民银行各分行、营业管理部、省会（首府）城市中心支行负责监制。

第70条 本办法由中国人民银行负责解释、修改。

第71条 本办法自2003年9月1日起施行。1994年10月9日中国人民银行发布的《银行账户管理办法》同时废止。

企业会计准则——基本准则

中华人民共和国财政部令第 33 号

根据《国务院关于＜企业财务通则＞，＜企业会计准则＞的批复》（国函［1992］178 号）的规定，财政部对《企业会计准则》财政部令第 5 号）进行了修订。修订后的《企业会计准则－基本准则》已由部务会议讨论通过，现予公布，自 2007 年 1 月 1 日起施行。

部长：金人庆

二〇〇六年二月十五日

第一章 总 则

第一条 为了规范企业会计确认、计量和报告行为，保证会计信息质量，根据《中华人民共和国会计法》和其他有关法律、行政法规，制定本准则。

第二条 本准则适用于在中华人民共和国境内设立的企业（包括公司，下同）。

第三条 企业会计准则包括基本准则和具体准则，具体准则的制定应当遵循本准则。

第四条 企业应当编制财务会计报告（又称财务报告，下同）。财务会计报告的目标是向财务会计报告使用者提供与企业财务状况、经营成果和现金流量等有关的会计信息，反映企业管理层受托责任履行情况，有助于财务会计报告使用者作出经济决策。

财务会计报告使用者包括投资者、债权人、政府及其有关部门和社会公众等。

第五条 企业应当对其本身发生的交易或者事项进行会计确认、计量和报告。

第六条 企业会计确认、计量和报告应当以持续经营为前提。

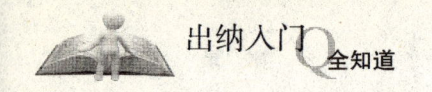

第七条　企业应当划分会计期间，分期结算账目和编制财务会计报告。

会计期间分为年度和中期。中期是指短于一个完整的会计年度的报告期间。

第八条　企业会计应当以货币计量。

第九条　企业应当以权责发生制为基础进行会计确认、计量和报告。

第十条　企业应当按照交易或者事项的经济特征确定会计要素。会计要素包括资产、负债、所有者权益、收入、费用和利润。

第十一条　企业应当采用借贷记账法记账。

第二章　会计信息质量要求

第十二条　企业应当以实际发生的交易或者事项为依据进行会计确认、计量和报告，如实反映符合确认和计量要求的各项会计要素及其他相关信息，保证会计信息真实可靠、内容完整。

第十三条　企业提供的会计信息应当与财务会计报告使用者的经济决策需要相关，有助于财务会计报告使用者对企业过去、现在或者未来的情况作出评价或者预测。

第十四条　企业提供的会计信息应当清晰明了，便于财务会计报告使用者理解和使用。

第十五条　企业提供的会计信息应当具有可比性。

同一企业不同时期发生的相同或者相似的交易或者事项，应当采用一致的会计政策，不得随意变更。确需变更的，应当在附注中说明。

不同企业发生的相同或者相似的交易或者事项，应当采用规定的会计政策，确保会计信息口径一致、相互可比。

第十六条　企业应当按照交易或者事项的经济实质进行会计确认、计量和报告，不应仅以交易或者事项的法律形式为依据。

第十七条　企业提供的会计信息应当反映与企业财务状况、经营成果和现金流量等有关的所有重要交易或者事项。

第十八条 企业对交易或者事项进行会计确认、计量和报告应当保持应有的谨慎，不应高估资产或者收益、低估负债或者费用。

第十九条 企业对于已经发生的交易或者事项，应当及时进行会计确认、计量和报告，不得提前或者延后。

第三章 资　产

第二十条 资产是指企业过去的交易或者事项形成的、由企业拥有或者控制的、预期会给企业带来经济利益的资源。

前款所指的企业过去的交易或者事项包括购买、生产、建造行为或其他交易或者事项。预期在未来发生的交易或者事项不形成资产。

由企业拥有或者控制，是指企业享有某项资源的所有权，或者虽然不享有某项资源的所有权，但该资源能被企业所控制。

预期会给企业带来经济利益，是指直接或者间接导致现金和现金等价物流入企业的潜力。

第二十一条 符合本准则第二十条规定的资产定义的资源，在同时满足以下条件时，确认为资产：

（一）与该资源有关的经济利益很可能流入企业；

（二）该资源的成本或者价值能够可靠地计量。

第二十二条 符合资产定义和资产确认条件的项目，应当列入资产负债表；符合资产定义、但不符合资产确认条件的项目，不应当列入资产负债表。

第四章 负　债

第二十三条 负债是指企业过去的交易或者事项形成的、预期会导致经济利益流出企业的现时义务。

现时义务是指企业在现行条件下已承担的义务。未来发生的交易或事项形成的义务，不属于现时义务，不应当确认为负债。

第二十四条 符合本准则第二十三条规定的负债定义的义务，在同时

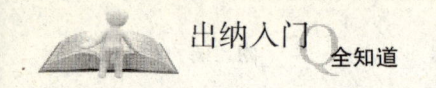

满足以下条件时，确认为负债：

（一）与该义务有关的经济利益很可能流出企业；

（二）未来流出的经济利益的金额能够可靠地计量。

第二十五条 符合负债定义和负债确认条件的项目，应当列入资产负债表；符合负债定义、但不符合负债确认条件的项目，不应当列入资产负债表。

第五章 所有者权益

第二十六条 所有者权益是指企业资产扣除负债后由所有者享有的剩余权益。

公司的所有者权益又称为——股东权益。

第二十七条 所有者权益的来源包括所有者投入的资本、直接计入所有者权益的利得和损失、留存收益等。

直接计入所有者权益的利得和损失，是指不应计入当期损益、会导致所有者权益发生增减变动的、与所有者投入资本或者向所有者分配利润无关的利得或者损失。

利得是指由企业非日常活动所形成的、会导致所有者权益增加的、与所有者投入资本无关的经济利益的流入。

损失是指由企业非日常活动所发生的、会导致所有者权益减少的、与向所有者分配利润无关的经济利益的流出。

第二十八条 所有者权益金额取决于资产和负债的计量。

第二十九条 所有者权益项目应当列入资产负债表。

第六章 收 入

第三十条 收入是指企业在日常活动中形成的、会导致所有者权益增加的、与所有者投入资本无关的经济利益的总流入。

第三十一条 收入只有在经济利益很可能流入从而导致企业资产增加或者负债减少、且经济利益的流入额能够可靠计量时才能予以确认。

第三十二条　符合收入定义和收入确认条件的项目，应当列入利润表。

第七章　费　用

第三十三条　费用是指企业在日常活动中发生的、会导致所有者权益减少的、与向所有者分配利润无关的经济利益的总流出。

第三十四条　费用只有在经济利益很可能流出从而导致企业资产减少或者负债增加、且经济利益的流出额能够可靠计量时才能予以确认。

第三十五条　企业为生产产品、提供劳务等发生的可归属于产品成本、劳务成本等的费用，应当在确认产品销售收入、劳务收入等时，将已销售产品、已提供劳务的成本等计入当期损益。

企业发生的支出不产生经济利益的，或者即使能够产生经济利益但不符合或者不再符合资产确认条件的，应当在发生时确认为费用，计入当期损益。

企业发生的交易或者事项导致其承担了一项负债而又不确认为一项资产的，应当在发生时确认为费用，计入当期损益。

第三十六条　符合费用定义和费用确认条件的项目，应当列入利润表。

第八章　利　润

第三十七条　利润是指企业在一定会计期间的经营成果。利润包括收入减去费用后的净额、直接计入当期利润的利得和损失等。

第三十八条　直接计入当期利润的利得和损失，是指应当计入当期损益、会导致所有者权益发生增减变动的、与所有者投入资本或者向所有者分配利润无关的利得或者损失。

第三十九条　利润金额取决于收入和费用、直接计入当期利润的利得和损失金额的计量。

第四十条　利润项目应当列入利润表。

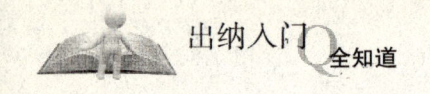

第九章　会计计量

第四十一条　企业在将符合确认条件的会计要素登记入账并列报于会计报表及其附注（又称财务报表，下同）时，应当按照规定的会计计量属性进行计量，确定其金额。

第四十二条　会计计量属性主要包括：

（一）历史成本。在历史成本计量下，资产按照购置时支付的现金或者现金等价物的金额，或者按照购置资产时所付出的对价的公允价值计量。负债按照因承担现时义务而实际收到的款项或者资产的金额，或者承担现时义务的合同金额，或者按照日常活动中为偿还负债预期需要支付的现金或者现金等价物的金额计量。

（二）重置成本。在重置成本计量下，资产按照现在购买相同或者类似资产所需支付的现金或者现金等价物的金额计量。负债按照现在偿付该项债务所需支付的现金或者现金等价物的金额计量。

（三）可变现净值。在可变现净值计量下，资产按照其正常对外销售所能收到现金或者现金等价物的金额扣减该资产至完工时估计将要发生的成本、估计的销售费用以及相关税费后的金额计量。

（四）现值。在现值计量下，资产按照预计从其持续使用和最终处置中所产生的未来净现金流入量的折现金额计量。负债按照预计期限内需要偿还的未来净现金流出量的折现金额计量。

（五）公允价值。在公允价值计量下，资产和负债按照在公平交易中，熟悉情况的交易双方自愿进行资产交换或者债务清偿的金额计量。

第四十三条　企业在对会计要素进行计量时，一般应当采用历史成本，采用重置成本、可变现净值、现值、公允价值计量的，应当保证所确定的会计要素金额能够取得并可靠计量。

第十章　财务会计报告

第四十四条　财务会计报告是指企业对外提供的反映企业某一特定日

期的财务状况和某一会计期间的经营成果、现金流量等会计信息的文件。

财务会计报告包括会计报表及其附注和其他应当在财务会计报告中披露的相关信息和资料。会计报表至少应当包括资产负债表、利润表、现金流量表等报表。

小企业编制的会计报表可以不包括现金流量表。

第四十五条 资产负债表是指反映企业在某一特定日期的财务状况的会计报表。

第四十六条 利润表是指反映企业在一定会计期间的经营成果的会计报表。

第四十七条 现金流量表是指反映企业在一定会计期间的现金和现金等价物流入和流出的会计报表。

第四十八条 附注是指对在会计报表中列示项目所作的进一步说明，以及对未能在这些报表中列示项目的说明等。

第十一章 附　则

第四十九条 本准则由财政部负责解释。

第五十条 本准则自 2007 年 1 月 1 日起施行。